The Sakya Jetsunmas

The Hidden World of Tibetan Female Lamas

西藏女性上師的隱密世界

伊莉莎白・A・班納德——著
Elisabeth A. Benard

普賢法譯小組——譯

一九九〇年代中期，尊貴的傑尊姑秀仁波切正在口傳一份法本。

謹獻給
所有發願了知
一切有情眾生皆具覺性智慧
——亦即實相自性光明——
之行者
欽瑪吹

西藏西部和中部的地圖

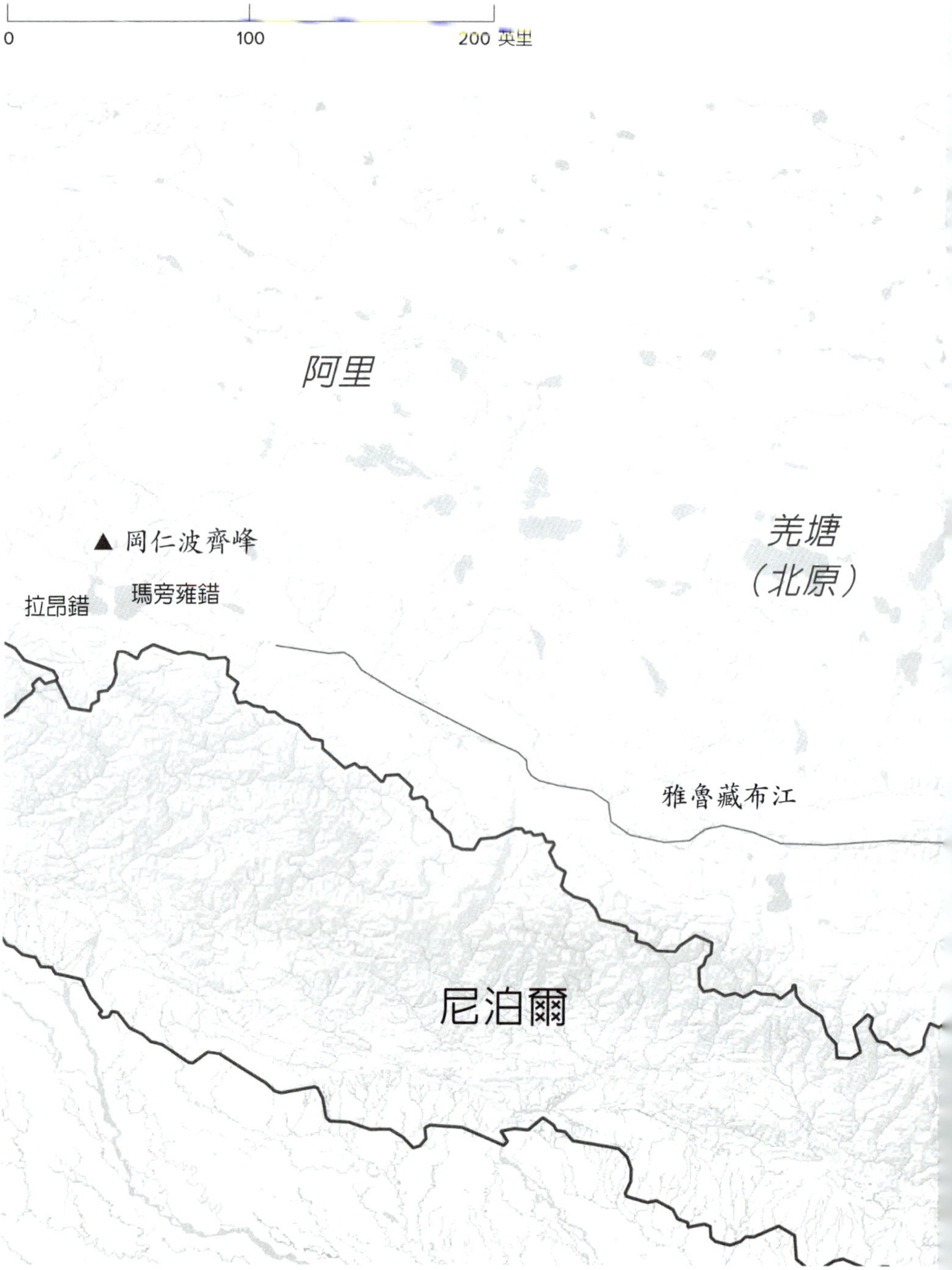
0
100
200 英里
阿里
▲ 岡仁波齊峰
拉昂錯
瑪旁雍錯
羌塘
（北原）
雅魯藏布江
尼泊爾

西藏
那曲
納木錯
念青唐古拉山
篇波那爛陀寺
後藏
拉薩
衛藏
則東寺
桑耶寺
日喀則市
納塘寺
俄爾寺
薩迦寺
江孜鎮
錫金
不丹
印度
布拉馬普特拉河

目錄

中譯本序

第四十一任薩迦法王怙主貢瑪赤千仁波切

His Holiness
The Gongma Trichen

SUPREME HEAD OF THE SAKYAPA ORDER
OF TIBETAN BUDDHISM

༄༅། །ཐེ་ཝན་སམནྟཱབྷདྲ་གསུང་འགྱུར་ཚོགས་པ་ནས་རྒྱལ་བའི་བཀའ་དང་རྗེས་འཇུག་མཁས་པས་མཛད་པའི་བསྟན་བཅོས་རྣམ་ཐར་དང་བཅས་པ་དུ་མ་ཞིག་བསྒྱུར་བའི་ཁྲོད་ལས། ད་ལམ་ངོས་ཀྱི་གཅེན་མོ་རྡོ་རྗེ་བཙུན་འཆི་མེད་ལགས་ཀྱི་སྐུ་ཆེའི་ལོ་རྒྱུས་དང་འབྲེལ་བའི་རྣམ་ཐར་དབྱིན་སྐད་ལས་འདི་བཞིན་རྒྱ་སྐད་དུ་ཕབ་བསྒྱུར་གནང་བ་ལ་བསྔགས་བརྗོད་དང་རྗེས་སུ་ཡི་རང་ཞུ།

སྤྱི་ཕྱོག་ནས་ཡུལ་གྲུ་གང་སར་སངས་རྒྱས་ཆོས་གཞུང་ཐུགས་དམ་ཉམས་བཞེས་བསྐོར་བའི་སྐྱེས་བུ་དམ་པ་བསམ་གྱིས་མི་ཁྱབ་པ་བྱོན་ཞིང་། དེ་དག་གི་རྣམ་པར་ཐར་པ་ཡིག་རིགས་དུ་མར་བཞུགས་པ་མཐོང་ཐོས་ཀྱི་ཡུལ་དུ་གྱུར་ཀྱང་། ཕྱིའི་སྣང་ཚོད་ལྟར་ལ་སྐྱེས་པ་དང་བུད་མེད་ཉམས་བཞེས་གནང་མཁན་གྲངས་འབོར་གྱི་ཆ་ནས་བསྡུར་བ་ཡིན་ན། བུད་མེད་ཉུང་ཞིང་དེ་བས་ཀྱང་དེ་དག་གི་རྣམ་ཐར་དཀོན་པ་མ་ཟད། སྒོས་སུ་དེང་གི་ཆར་རྒྱལ་སྤྱིའི་ཐོག་ཕོ་མོ་འདྲ་མཉམ་གྱི་ལྟ་ཚུལ་ལ་ཡང་དོ་སྣང་ཆེན་པོར་བསྐྱེབས་པའི་སྐབས་འདི་འདྲ་ཞིག་ལ་བསམས་ཀྱང་། རྣམ་ཐར་འདི་ལྟ་བུ་ཞིག་བྱུང་ན་རྒྱལ་སྤྱིའི་བུད་མེད་རྣམ་པར་སེམས་ཤུགས་དང་སྤྲོ་བ་འཕེལ་བའི་རྒྱུ་རུ་འགྱུར་བའི་དགེ་མཚན་དུ་མ་ཞིག་མཆིས་པར་སྣམ་ཞིང་། ཕབ་བསྒྱུར་དང་དཔར་སྐྲུན་གྱི་དགེ་ཚོགས་རླབས་པོ་ཆེ་འདིའི་མཐུ་ལ་བརྟེན་ནས་མ་རྒན་རིགས་དྲུག་གི་སེམས་ཅན་ཐམས་ཅད་རྣམ་མཁྱེན་རྒྱལ་བའི་གོ་འཕང་ལ་སྤྱོར་དུ་རེག་ཐུབ་པའི་སྨོན་འདུན་བཅས། རྒྱལ་ས་ཌེ་ལི་ནས། ས་སྐྱ་ཁྲི་ཆེན་པས། ཕྱི་ལོ་ ༢༠༢༣ ཟླ་ ༩ ཚེས་ ༡༥ དགེ་བར་ཕུལ། །

台灣普賢法譯小組翻譯了許多佛陀的話語、後世智者們所造的論典，以及相關傳記。如今，在這些譯作之中，他們已將家姊——尊貴的傑尊企美——的生平事蹟相關的傳記，自英文翻譯爲漢文。爲此，謹致讚歎與隨喜。

一般而言，各地都會出現實修佛陀核心教法、不可思議的諸大德，而他們不同語種的傳記也都是人們得以見聞的。然而，從外在的現象看來，若將實修者的男女人數兩相比較，女性不僅較少，他們的傳記更顯得稀罕。此外，今日國際對於男女平權觀點的關注益深；考慮到這種局勢，我認爲這類傳記的出現，將成爲大大增上女性意志及興致的因，有諸多益處。願藉翻譯、出版〔此書〕的偉鉅善根，令六道慈母眾生都能速證一切智智的佛果。

薩迦赤千

二〇二三年四月十五日，誌於台北

前言

本書廣泛探究了薩迦昆氏家族中的偉大女性修行者。迄今爲止，還沒有學者寫過相關的事蹟，這是第一本介紹她們非凡人生的英語著作。歷史文獻中很少描寫女性的生平，即使如此，女性也只是作爲母親或配偶而被簡短提及，且往往保持匿名。書中所收錄的資料來源豐富，包括訪談、傳記、日誌，以及口傳。

昆氏家族史上最傑出的幾位女性——傑尊瑪企美丹貝尼瑪、傑尊瑪丹貞旺嫫、怙主貝瑪聽列——在這本書中都有詳盡的記載，內容包括她們在自己所屬時代，於教導最高階和最著名的喇嘛時所扮演的關鍵角色，對未來數個世代的重要影響，以及個人的修行成就。

至於昆氏家族傳承的文化、物質、歷史及修道等方面的樣貌，本書也提供了精闢的描繪，並講述了這些女性修行者如何在家族的鼓勵和支持下，開展自己的佛法修持。

伊莉莎白．班納德這幾年來，多次採訪我和胞弟薩迦怙主貢瑪赤千仁波切。她對這項任務的探究和執行，將爲整個英語世界的修行者帶來特定的訊息和啓發。

Chimey Luding

尊貴的傑尊姑秀企美祿頂仁波切

寫於二〇二〇年五月七日

作者序文及致謝

一九七四年，我第一次來到尼泊爾，在那裡遇到了一群我立刻就喜歡上的人。當時我對他們的歷史或作爲難民的困境一無所知，只是被他們的風度所吸引。這事情很難形容，只是感覺他們眞的很想瞭解人類同胞。他們都是被迫逃離家鄉共產主義的藏人，儘管困難重重，依然選擇了流亡生活。幾個月過後，我回到家，便忘了他們。

一九七六年九月，我在紐約，對學習梵文很感興趣，於是去了西藏中心，那裡正在開設梵文課程。我在該處遇見了三位藏人：一位是偉大的藏族喇嘛穹拉惹對仁波切；一位是格桑益西，他後來在印度達蘭薩拉成爲第十四世達賴喇嘛的行政官員；還有一位是藏族歷史學家尼瑪多傑，他是西藏中心的梵文老師。他們都有著燦爛的笑容，也似乎都很想知道我爲什麼來到西藏中心。我因此認定他們是「道地的」藏人。如今回憶起來，我才明白這樣的相遇改變了我一生的軌跡。我和他們三位的友誼持續至今，還與其中一位成爲夫妻。那時，我仍在哥倫比亞大學攻讀亞洲宗教學的學士學位，如同這一代的許多人一樣受到禪宗所吸引，而這最初的興趣從未停止。

三年之內，我嫁給了尼瑪多傑，他喜歡被稱爲「西藏先生」，所以我在嫁給尼瑪時就知道我必須喜歡西藏，因爲我每天都會聽到它。他對西藏的熱愛大大地影響了我。最後我拿到了哥倫比亞大學藏傳佛教的博士學位。多年來，我研究並教授西藏的文化、歷史，以及最重要的——藏傳佛教。藏傳佛教信仰中普遍存在的一個詞，就是「札西」（吉祥），例如某些相遇、某些日子、某些「巧合」，被認爲是吉祥的。還有一個相關詞彙是「滇哲」（緣起），這個詞在相互依存的哲學意義上較少使用到，而是表示機緣巧合或不同事物以善巧的方式聚集在一起。

此外，當一個人在特定藏傳佛教上師的陪伴之下，他的世界觀是可以轉變的。一般僵固的時空感暫時停止了。有時候，只有一小時的事件會變得好像延續了好幾小時，因爲體驗的強度深深觸動人心。此外，感官變得敏銳，覺知可以穿透看似堅不可摧、但卻其實脆弱的表面障礙。原本看起來拘束、受限的空間瞬間瓦解，而使人置身於廣闊的自由之境。

如今這本書完成了，回想從發現藏傳佛教薩迦派的女性上師開始，研究她們的生平，到最後整理出一本關於她們的書籍，我看見整個歷程中，許多事物如何以殊勝的因緣聚合在一起。雖然我是作者，但這本書仰賴著無數人——大家都貢獻其自身的能力而共同成就此書，以作爲向不爲人知的女性上師之頂禮。首先，我要感謝尊貴的傑尊姑秀仁波切與第四十一任薩迦法王允許我寫下他們的生平，感謝他們持續分享他們對自己與傑出女性上師生平的種種知識和回憶，以及多年來對此計畫的不斷鼓勵。接下來，我要感謝我的丈夫尼瑪多傑，他和我一樣深受行者傳記的啓發。他願意分享他對西藏的信仰、歷史、語言和俗語的知識——並幫助我理解許多文本——他就像海洋一樣廣闊。

這些年來，我有幸結識了許多知曉薩迦昆氏家族的人。通常是偶然，然後導致了一次又一次的際遇。例如，當我在印度拉賈普爾與一位西藏朋友住在一起時，她向我介紹了企旺祖古，他是拉賈普爾薩迦中心的前主任，一位帶領淨化儀式的喇嘛。我接受了一場淨化儀式，並在該次訪問中，發現他對薩迦昆式家族很了解。他甚至認識撫養尊貴的傑尊姑秀和第四十一任薩迦法王的姨媽達嫫聽列巴久。而當時我正在尋找認識達嫫聽列巴久的人，她在尊貴的傑尊姑秀和第四十一任薩迦法王的生活中扮演相當重要的角色。你可以說，這僅僅是個巧合，但藏人卻有不同的解讀。他們會說，我遇到企旺祖古的主要原因，是要聆聽他如何回憶達嫫聽列巴久——也就是說，我們的會面是因緣和合。這在我的研究中經常發生。很多時候我覺得自己被「引導」而遇到某個人、某個地方或某個文本。

其他一些我進行過詳盡採訪的人，包括：第三世德松仁波切的妹妹，已故的阿尼企美卓瑪（1922-2015）；第三世德松仁波切的侄女，達嫫蔣揚薩迦，她也是已故吉札達欽薩迦的妻子；吉札達欽薩迦的姊妹，傑尊瑪才亙旺嫫薩迦與傑尊瑪企美旺嫫薩迦；以及卓龐仁千慈林（1931 年生），在其女兒達嫫蘭澤薩迦（1964 年生）的協助下進行訪談。此外，我還採訪了尊貴的傑尊姑秀與第四十一任薩迦法王的老師阿羅仁波切之轉世；第四十一任薩迦法王的妻子，嘉嫞札西拉吉；嘉嫞札西拉吉的長侄，貢噶永丹霍秋藏，他也是印度錫金南嘉藏學研究院的前任主任；第四十二任薩迦法王大寶金剛仁波切的妻子達嫫格丹敦吉；傑尊姑秀與第四十一任薩迦法王的侄子俄爾塔澤・喇嘛貢噶仁波切；第四十一任薩迦法王的長期弟子傑・古德伯格，又名阿旺桑丹，現被稱作喇嘛傑；札西巴惹（1916-1984，達嫫聽列巴久的胞弟）的第二任妻子，噶玉準；薩迦度母宮的長期侍者，阿嘉卓噶和她的兒子慈林多傑。另外，我採訪了錫金俄爾寺的前任住持丹增達瓦（1936 年生）；以及研究俄爾寺與薩迦史的藏族歷史學家，已故的東彤仁波切；專精於薩迦史的藏族歷史學家，已故的格西圖傑旺楚（1928-2018）。這些受訪者分享他們的回憶，並提供有關歷史事件中鮮爲人知的細節，種種方面都彌足珍貴。感謝以上的所有人。

接著要感謝邀請我去發表研究結果的各個機構。首先是紐澤西州華盛頓區的藏傳佛教學習中心，以及紐約拉孜基金會和哥倫比亞大學，還有巴黎的法國世界藏學研究協會。我還分別受邀參加了在德國波恩和加拿大溫哥華召開的第十一屆和十三屆國際藏學協會研討會。感謝專門研究西藏女性生活的西藏學者尼柯拉・施耐德，還有法國國立東方語言文化學院的藏族語言和文學學者弗朗西斯・羅賓，邀請我提交一篇關於女性上師的文章，後來發表在《藏學研究評論》（*Revue d'Études Tibétaines*）第三十四期（二〇一五年十二月刊）。

另外要感謝「人物寶庫」（The Treasury of Lives）此絕佳網站的負責人亞歷克斯・加德納邀請我發表一些關於女性上師生平的早期版本。也深深感謝爲本書繪製地圖的「人物寶庫」編輯凱薩琳・楚吉。我鼓勵大家瀏覽該網站，其中收錄大量的西藏人物傳記。

要感謝的人，還有研究薩迦歷史和西藏藝術的學者大衛・傑克森，他多年來給予襄助並分享其所收藏的照片，以及西藏學者兼譯者傑夫・舍寧，特別是他在我與格西圖傑旺楚合作的過程中幫忙尋找資訊，而且我們對薩迦和昆氏家族的一切事物都擁有共同的興趣。此外，已故的 E. 基恩・史密斯將大量的藏文文本數位化而保存了珍貴的手稿，並慷慨分享了一些重要作品；多產的西藏傳記譯者賽勒斯・斯登則講述了他的一些回憶。

接下來的幾個段落，將列出許多慈悲關心本計畫，並在各個階段予以助益的「善知識」（梵文，kalyānamitra）。其中最重要的是普瑞亞・貝弗利・摩恩，她的多年奉獻和努力不懈，輔助我度過了最沮喪的時期。若是沒有她每週的建議和鼓勵，這本書可能永遠都寫不成。親愛的普瑞亞，非常感謝你。感謝欽哲基金會提供我阿育王獎學金，讓我完成了手稿。感謝維多利亞・R. M. 斯科特，她是一位出色的編輯，具有極大的耐心和無限的精力！她將我的寫作進行編輯和簡化，除了讓文中出現的人名前後一致，還創建主要人物列表和薩迦家族人名表以幫助讀者，使得本書更易於閱讀。此外，若想完成一項工作時，科特・舒瓦比乃是正確的人選。謝謝庫爾特，幫助尋找文本和人物。其中一位人物，是薩迦尼師學院的尼師德千旺嫫，她寄給我一份重要的經文。我對此深表謝意。

在整個過程中，朋友們閱讀了本書的部分內容並提出了建議。我要感謝戴安娜・科特勒、安妮・大衛斯、傑・古德伯格、艾比・佩蒂和卡洛琳・斯萬。也要特別感謝艾德文娜・威廉姆斯和楊瑾，仔細並深入閱讀手稿。再來是感謝艾普麗爾・卓噶這位出色的藝術家，她為本書封面提供想法並分享多張照片。我也很高興能和傑夫・桑德森及其太太拉若一起集思廣益。當我拼命尋找能製作五張家譜圖的專業知識時，是凱特・亨特拯救了我，她慷慨地接受了挑戰，創作了全面的家譜，並幫助我簡化了一些章節——非常感謝妳，凱特。我十分欣賞戈帕・坎普貝爾優雅的封面和內頁設計，它讓書中的所有元素都以一種清晰、平衡的方式散發著光芒，與內容相得益彰。

感謝紐約沃爾登大悲遍空寺的雀宗瑪・貢噶雀諄，感謝她對發行本書所提供的一切幫助。也深深感謝薩千基金會、薩迦大樂寺、薩班基金會、戴安娜・科特勒、莉萊・斯卡德、邁克・爾維克和其他捐助者的慷慨捐助。由於我爲這本書工作了很長一段時間，如果我忘記要向誰致謝，還請見諒。感謝所有伸出援手的人。如果有任何錯誤，都是我一人造成的。

本書於二〇二一年初首次印刷，由薩班基金會免費發送。由於供不應求，薩班基金會很高興得知香巴拉出版社有興趣製作並發行電子書和之後的印刷品。我很高興與香巴拉出版社的妮可・歐迪賽爾斯及塔克爾・弗雷合作，確保世界各地的讀者得以遇見《西藏女性上師的隱密世界》。

伊莉莎白・班納德

寫於華盛頓州塔科馬市

紅杉與松樹林間

二〇二二年一月

各章節主要人物

第一章

傑尊姑秀（1938 年生），當今的薩迦傑尊瑪（第八章與第九章）

傑尊瑪才亙旺嫫（1936 年生），吉札達欽薩迦的妹妹

傑尊瑪企美旺嫫（1939 年生），吉札達欽薩迦的妹妹 *

第二章

薩迦五祖：

- 薩千貢噶寧波（1092-1158）
- 洛本索南澤莫（1142-1182）
- 傑尊札巴嘉贊（1147-1216）
- 薩迦班智達貢噶嘉贊（1182-1251）
- 法王八思巴（1235-1280）

第三章

傑尊瑪企美丹貝尼瑪（1756- 約 1855），四位薩迦法王及其他諸多弟子的老師，也是第一位傳授道果法的女性傳法師

---

* 另一位傑尊瑪企美聽列旺嫫（1900- 約 1955）是察速聽列仁千的第三個女兒（見第六章主要人物）

第三十一任薩迦法王薩千貢噶羅卓（1729-1783），傑尊瑪企美丹貝尼瑪的伯伯，也是她的主要老師

第三十九任薩迦法王察速聽列仁千（1871-1935），傑尊瑪企美丹貝尼瑪略傳的作者

第四章

傑尊瑪丹貞旺嫫（1836-1896），她的侄孫女怙主貝瑪聽列（詳見第五章）、三位薩迦法王以及許多康區和其他地區人們的老師；她是第二位傳授道果法的女性傳法師

第三十六任薩迦法王阿旺貢噶索南（1842-1882），傑尊瑪丹貞旺嫫的胞弟，也是她的主要弟子之一

確吉朗波（1844-1866），傑尊瑪丹貞旺嫫最小的胞弟，陪同她去康區後死於地震

祖古念札丹貝旺楚（1854-1898），傑尊瑪丹貞旺嫫的一位主要弟子

第三十九任薩迦法王察速聽列仁千（1871-1935），傑尊瑪丹貞旺嫫的侄孫，她的主要弟子之一，也是她傳記的作者

第五章

怙主貝瑪聽列（1874- 約 1950），傑尊姑秀（見第八章、第九章）的姑婆，是許多喇嘛的上師，弟子中包括著名的究給企千（1920-2007）；她是第三位傳授道果法的女性傳法師，被藏人尊爲「怙主」（保護者）

第三十九任薩迦法王察速聽列仁千（1871-1935），是貝瑪聽列的兄長，畢生記錄薩迦昆氏家族的日誌（詳見第六章）

達嫫拉日策瑪企美（生卒年分不詳），貝瑪聽列和察速聽列仁千的母親，是一位虔誠的修行者，也是位書迷，以作爲一位傑出說書人而聞名

第六章

第三十九任薩迦法王察速聽列仁千（1871-1935），終生的日誌記錄者；他也分別是幾位薩迦傑尊瑪的弟子、兄弟與父親

傑尊瑪俄朱旺嫫（1880-1939），人稱傑尊瑪俄旺，察速聽列仁千的妹妹，曾隨他一起前往拉薩

傑尊瑪貢噶旺嫫（1896-1929），察速聽列仁千的大女兒

傑尊瑪格桑雀諄（1898-？），人稱傑尊瑪卡拉，察速聽列仁千的二女兒

傑尊瑪企美聽列旺嫫（1900-約1955），察速聽列仁千的三女兒

達欽（早年稱號為「法王子」）貢噶仁千（1902-1950），察速聽列仁千的長子，傑尊姑秀與第四十一任薩迦法王的父親

法王子貢噶嘉贊（1904-約1943），又名阿旺貢噶嘉贊，察速聽列仁千的次子，傑尊姑秀與第四十一任薩迦法王的叔叔

傑尊瑪貢噶丹貝尼瑪（1914-約1952），人稱傑尊瑪貢丹，察速聽列仁千的四女兒

傑尊瑪格桑雀諄（1917-1962），人稱傑尊瑪瓊娃（意思是「較年幼的

那一位」），察速聽列仁千的五女

堪蔣巴臧波（1901-1961），薩迦南寺的住持，度母宮的顧問，也是察速聽列仁千日誌的編纂者

第七章

達嫫聽列巴久（1906-1975），傑尊姑秀與第四十一任薩迦法王的姨媽

達嫞索南卓噶（1918-1947），傑尊姑秀與第四十一任薩迦法王的母親；她是達嫫聽列巴久的妹妹，姊妹共夫

達欽貢噶仁千（1902-1950），傑尊姑秀與第四十一任薩迦法王的父親

第八章

傑尊姑秀（1938 年生），弟子遍佈世界各地，是第四位（也是最年輕的）傳授道果法的女性傳法師

第四十一任薩迦法王（1945 年生），阿旺貢噶．帖千巴跋．聽列桑佩．旺吉嘉波，傑尊姑秀的胞弟

達嫫聽列巴久（1906-1975），傑尊姑秀與第四十一任薩迦法王的姨媽（詳見第七章）

第九章

傑尊姑秀（1938 年生），弟子遍佈世界各地，是第四位（也是最年輕的）傳授道果法的女性傳法師

第四十一任薩迦法王（1945 年生），傑尊姑秀的胞弟

嘉孃札西拉吉（1952 年生），第四十一任薩迦法王的妻子

達嫫蔣揚薩迦（1934 年生），吉札達欽薩迦的妻子

終章

傑尊瑪貢噶聽列（2007 年生），傑尊姑秀的侄孫女

法王子虛空金剛仁波切（2010 年生），傑尊姑秀的侄孫

傑尊瑪貢噶企美旺嫫（2013 年生），傑尊姑秀的侄孫女

薩迦家族人名表❶

全書採用的人名簡稱 （生卒年及全名詳列於後）	與其他主要人物的關係
達欽貢噶仁千（1902-1950） 達欽・阿旺貢噶仁千	與兄弟同娶達嫫聽列巴久及其妹妹達墉索南卓噶為妻；傑尊姑秀與第四十一任薩迦法王的父親
達嫫蔣揚薩迦（1934 年生） 達嫫・蔣揚貝瑪・巴吉布崔；出生名：索南澤宗・蔣揚巴默	吉札達欽薩迦的妻子；第三世德松仁波切（1906-1987）的侄女
達嫫拉日策瑪企美（生卒年分不詳） 達嫫・拉日策瑪・企美仁增巴拉	怙主貝瑪聽列的母親
達嫫聽列巴久（1906-1975） 達嫫・聽列巴久臧嫫；出生名：德千雀宗本修	達欽貢噶仁千及其兄弟阿旺貢噶嘉贊的妻子（無子女），與其妹妹達墉索南卓噶共夫； 傑尊姑秀與四十一任薩迦法王的姨媽，將他們撫養成人
達墉企美貢噶卓瑪（1878-1940 年代初期） 薩迦達墉・企美貢噶・卓瑪仁增・巴傑拉嫫；出生名：策丹卓瑪，來自貴族拉格夏家族	第三十九任薩迦法王察速聽列仁千的妻子；五位傑尊瑪及兩位法王子的母親

編按：○為原註；●為譯註。

❶ 由於部分人物的全名很長，不易閱讀，因此加上音界號，方便讀者辨識，但不表示其有任何階層或從屬方面的關係。

全書採用的人名簡稱 （生卒年及全名詳列於後）	與其他主要人物的關係
達墉索南卓噶（1918-1947）	與姊姊達嫫聽列巴久共夫，嫁給達欽貢噶仁千及其兄弟阿旺貢噶嘉贊；傑尊姑秀與第四十一任薩迦法王的母親（早逝）
第三十九任薩迦法王 察速聽列仁千（1871-1935）	第三十九任薩迦法王（1915-1935 在位）；畢生記錄家史及日誌
法王子貢噶嘉贊（1904- 約 1943）：見阿旺貢噶嘉贊	
嘉墉札西拉吉（1952 年生） 札西拉吉，來自德格的霍秋藏家族	第四十一任薩迦法王的妻子
傑尊姑秀（1938 年生） 尊貴的傑尊姑秀・企美祿頂；出生名：企美歐瑟・布崔仁增聽列	第四十一任薩迦法王的胞姐；謝伊姑秀・仁千祿頂的妻子；祿頂堪仁波切的母親，另有三子及早夭的一女
傑尊瑪・企美丹貝尼瑪（1756- 約 1855）	第三十一任薩迦法王薩千貢噶羅卓（1729-1783）的侄女
傑尊瑪企美旺嫫（1900- 約 1955） 傑尊瑪・企美聽列旺嫫；也稱為傑尊瑪・企美丹貝準美、企美丹貝尼瑪	第三十九任薩迦法王察速聽列仁千的三女兒；傑尊姑秀的姑姑
傑尊瑪貢噶聽列（2007 年生） 傑尊瑪・貢噶聽列巴德	傑尊姑秀的侄孫女
傑尊瑪・貢噶企美旺嫫（2013 年生）	傑尊姑秀的侄孫女
傑尊瑪・阿旺澤津拉嫫（2011 年生）	傑尊姑秀的侄孫女

全書採用的人名簡稱 （生卒年及全名詳列於後）	與其他主要人物的關係
傑尊瑪俄旺（1880-1939） 傑尊瑪．俄朱旺嫫	怙主貝瑪聽列的妹妹；第三十九任薩迦法王察速聽列仁千的妹妹
傑尊瑪丹真旺嫫（1836-1896） 傑尊瑪．丹真旺嫫．格桑確吉尼瑪	怙主貝瑪聽列的姑婆；第三十九任薩迦法王察速聽列仁千的姑婆
吉札達欽薩迦（1929-2016） 吉札達欽薩迦仁波切；尊者達欽仁波切	圓滿宮長子；達嫫蔣揚薩迦的丈夫
怙主貝瑪聽列（1874- 約 1950） 傑尊瑪．貝瑪聽列；有幾處資料顯示她被稱作「天族征服者家族傑尊瑪．貝瑪聽列」	傑尊瑪．丹真旺嫫的侄孫女；第三十九任薩迦法王察速聽列仁千的妹妹
阿旺貢噶嘉贊（1904- 約 1943） 阿旺貢噶．丹貝嘉贊；也稱為法王子貢噶嘉贊	達欽貢噶仁千的胞弟；與其兄共娶達嫫聽列巴久及其妹妹達嫞索南卓噶； 傑尊姑秀與第四十一任薩迦法王的叔叔
第四十一任薩迦法王（1945 年生） 自二〇一七年起被稱為貢瑪赤千仁波切；出生名有兩個：阿育金剛、阿旺貢噶．帖千巴跋．聽列桑佩．旺吉傑布	傑尊姑秀的胞弟；嘉嫞札西拉吉的丈夫；傑尊瑪．貢噶聽列的祖父
第四十二任薩迦法王（1974 年生） 大寶金剛薩迦，大寶金剛仁波切	第四十一任薩迦法王和嘉嫞札西拉吉的長子；傑尊瑪．貢噶聽列的父親
第四十三任薩迦法王（1979 年生） 智慧金剛薩迦，智慧金剛仁波切	第四十一任薩迦法王和嘉嫞札西拉吉的幼子

引言

在有關西藏修行者的傳記中，不乏傑出男性持明者的生平事蹟，比如十一世紀時著名的密勒日巴（1052–1135），或當代第十四世達賴喇嘛（1935 年生）。這些傳記對精進修道的描繪栩栩如生，於今作爲眾生皆能覺悟的典範，鼓舞著人們勉力修持。然而，關於女性修行者的傳記卻很少見。當我發現一千年來，西藏的薩迦昆氏家族一直培育家族女兒們成爲專業修行者時，便感到歡喜雀躍。本書著重且記載出身於薩迦昆氏家族之偉大女性修行者的隱密世界。昆氏家族的非同尋常之處在於，幾個世紀以來整個家族致力於支持和引導自己的孩子成爲持明者，不是爲了聲名權勢等一己之利，而是爲了確保家族後代有適當的方法來幫助他人減輕痛苦，引領人們踏上證悟或成佛之路。

昆氏傳承

昆氏家族是西藏最偉大的宗教家族之一，擁有源流最爲長遠的相續佛教領袖世系。千百年來，由於歷代薩迦祖師們的慈悲之心，以釋迦牟尼佛的教法作爲證悟法門，源源不斷流傳至今。第四十一任薩迦法王貢瑪赤千仁波切曾經說過：「佛陀給了男人和女人平等的權利修行。可是由於文化和環境，男性上師較多。」① 於八世紀應邀來到西

① 《薩迦傳統是什麼？》（2018），紐約：西藏之家。https://www.youtube.com/watch?v=GqGLvDUYOugm。

藏的偉大印度密宗大師蓮花生大士呼應了佛陀的觀點：「證悟的基礎是人身。至於是男是女，沒有多大區別。不過，女人若已發展出決意覺悟的心，那麼女身是更方便的。」② 不幸的是，從佛教早期開始，女性就必須超越認爲女人在修道上不如男人的文化偏見。

然而，若是一個女人有善緣，投生到了昆氏家族，她的家庭會供應她一切所需，讓她能夠成熟並成爲一名完全證悟的瑜伽女。在更加深入了解出生在昆氏家族之女性成員的生活後，很顯然地，昆氏家族會訓練他們的女兒，並給予她們和兒子們一樣的機會和支持。儘管如此，雖然關於男性薩迦法座持有者——歷代薩迦法王的書籍很多，要找到有關昆氏家族傑出女兒的全面資料卻非常困難。

昆氏傑尊瑪與她們的家庭

有關西藏女性修行者的歷史，除了主要的上師，如瑪姬拉准（1055-1149）有好幾部長篇傳記專門敘述，其他的資料都是稀少罕見。包括瑪姬拉准在內的大多數女性，都必須面對文化與宗教的偏見。她們的生平在歷史文獻中很少被討論，除了簡短提及某人的母親或配偶之外，女性經常保持匿名。然而，西藏的女性佛教徒一直都爲解脫而努力不懈，卻沒有多少故事在講述她們自身的了悟與經歷。

本書揭示了「傑尊瑪現象」，包括：傑尊瑪（值得禮敬的「尊貴

---

②丹馬汀（Dan Martin）（2005）〈女性為幻象？〉，珍妮特嘉措（Janet Gyatso）、漢娜哈尼維克（Hanna Havnevik）編，英語方言協會：《女人在西藏》，紐約：哥倫比亞大學出版，第79頁。

女性」）是哪些人，她們如何獲得這個尊稱，以及薩迦傑尊瑪在西藏佛教修行者中的特殊地位。本書著重於描述三位在歷史上的薩迦傑尊瑪——傑尊瑪企美丹貝尼瑪、傑尊瑪丹貞旺嫫及其侄孫女怙主貝瑪聽列，另外還有一位當今仍在世的傑尊瑪傑尊姑秀企美祿頂，現居加拿大，在世界各地傳法。我在終章篇則講到了傑尊瑪貢噶聽列小時候的生活，她是第一位純素主義的傑尊瑪。

書中收錄的人物中，時代最早的傑尊瑪是企美丹貝尼瑪，儘管關於她的資料極少，但她的一生是如此非凡而史無前例，以致完全不容忽視。她是第一位傳授薩迦派義理和修行核心——殊勝之道果法——的女性上師。傑尊瑪企美丹貝尼瑪的修證激勵許多人成為她的弟子，包括四位薩迦法王及其夫人與孩子（包括女兒和兒子）。傑尊瑪企美丹貝尼瑪也是俄爾寺一些最傑出喇嘛的上師，俄爾寺是薩迦派的著名道場，只允許男性僧人學習。這些俄爾巴喇嘛繼而教授他們的弟子，而這些弟子又成為下一代具有影響力的上師。

下一位介紹的傑尊瑪是傑尊瑪丹貞旺嫫，她自幼年起就精進修行，成為一名偉大的上師。有幸的是，她的主要弟子之一——她的侄孫第三十九任薩迦法王，撰寫了她的傳記。他在其中寫道：「在整個西藏，沒有一個人像她，她無可比擬。」③ 傳說傑尊瑪丹貞旺嫫能顯現為金剛亥母的忿怒尊形象，也就是人頭一側長著一張野豬臉的女性

③ 察速聽列仁千（2009）《薩迦祖師家譜傳補編》，第 416 頁，第四十一任薩迦法王的金禧年長壽供養委員會。

本尊。儘管傑尊瑪丹貞旺嫫在必要時可能會顯得兇猛，但絕大多數的時候，她都是一位仁慈的上師，毫無分別地教導任何求教的人。她也是第二位傳授道果法的女性上師。

接著介紹的第三位傑尊瑪是傑尊瑪貝瑪聽列，她獲得了「怙主」的頭銜，這是一個很少授予女性喇嘛的尊貴頭銜。儘管她相當具有影響力，也是一位偉大的大成就者，但卻因爲女性的身份受到歧視。到了晚年，她對傳法似乎不再感到興趣，而是成爲一名瑜伽女，選擇在薩迦附近的山洞裡，以瑜伽女的身份生活和修行。怙主貝瑪聽列是第三位傳授道果法的女性。

第四位傳授道果法的女性是傑尊姑秀企美祿頂，她從六歲起就接受佛法培訓，十一歲開始傳法，十八歲便成爲獲得完整授權的法脈持有者。她和胞弟第四十一任薩迦法王一起接受同樣的教法和閉關。傑尊姑秀從印度移居加拿大後，於第四十一任薩迦法王的請求下開始再次傳法。她在加拿大、美國、德國、匈牙利等地都開設了佛法中心，教學的足跡遍及全球。

本書還描繪了一位局內人對兩任薩迦法王家族的看法，其中包括「達嫫」（夫人）的角色，而「達嫫」是對薩迦昆家族妻子的稱號。第三十九任薩迦法王的日誌展現了他四位手足、他的妻子、手足的五位女兒和兩位兒子，以及手足兒子們的「共妻」之間的互動。④從這些家庭動態裡，我們了解到每一名家庭成員是如何學習佛法的，又是如

④ 關於西藏的一妻多夫制，另見第一章注 18、第四章注 2 和第七章注 13。

何爲家庭、薩迦人民以及西藏中央政府服務。

第四十一任薩迦法王的家庭也是本書的特寫之一，人物包括他的妻子嘉孀札西拉吉、他的姊姊傑尊姑秀、他們的母親達孀索南卓噶，以及索南卓噶的姊姊達嫫聽列巴久。薩迦法王與傑尊姑秀的父母早逝，而由姨媽聽列巴久帶大。雖然達孀索南卓噶和姊姊達嫫聽列巴久都不是傑尊瑪，但她們是挽救昆氏家族的關鍵角色。她的妹妹達孀索南卓噶是達欽阿旺貢噶仁千的第三任妻子，這是因爲後者的第一任妻子悲劇性地死於生產，第二任妻子達嫫聽列巴久則無法生育。達嫫聽列巴久頗富遠見，在他們以及其他很多西藏人逃亡印度之前，她爲侄子和侄女找到最好的老師。除了盡到管理度母宮的一切職責外，她也是一位模範修行者。

本書還介紹了昆氏家族和薩迦（意思是「灰土之地」）的概況。薩迦從最初不起眼之地發展爲藏傳佛教研究和修行的主要中心，以及重要的朝聖地。薩迦的拉康欽莫（大佛殿）是西藏最大的寺廟之一，因薩迦昆氏傑出的喇嘛而聞名。昆氏家族世世代代多位子嗣都成爲了法座持有者，也就是薩迦法王。即使在流亡的今日，薩迦法王的傳統仍得到全世界修行者的高度尊重。

傑尊瑪的隱密世界

誕生在薩迦昆氏家族的每個女兒，甫出母胎便被授予「傑尊瑪」（「尊貴的女性」）的稱號。這個稱號並非昆氏家族所獨有，且通常是保留給傑出的成人女性修行者，因此藏族女嬰在出生時就獲得此稱號的情形並不常見。偉大的薩迦傑尊瑪——這裡首次以英文介紹——教導了各自所屬時代的一些最著名男性上師。有些時候，她們也會教導侄孫女，後者則於未來成爲著名上師。這種從一位女性修行者到另一位女性修行者的教法傳承相當罕見，而且很少有文獻記載。

最尊貴的傑尊瑪是持明者，這個梵文術語指的是了悟實相眞實自性的人。如此的智慧並非智識上的理解，而是一種直接的體驗，其揭露並打破人和現象中普遍存在的幻象。這些持有智慧的人，能夠識破那看似具有實質卻不過僅爲強大幻象面紗的實相，而被稱爲「持明（者）」。想要臻此境界，需要大量的適當訓練、禪修、安忍、精進和信心，最終獲得對實相的直接體驗。

凡夫可能有著一顆不安的心，由念頭主導並伴隨著喋喋不休的言語，又或者有一顆如風中樹葉般散亂的心。偉大的喇嘛則安住於念頭與念頭之間的空隙，了知喋喋不休只是微不足道的干擾，便不會對此做出反應。心於是維持鎮定自若。

當今最重要的女性上師之一傑尊姑秀，與她的胞弟第四十一任薩迦法王，曾共同在一些極具了證之西藏上師的座下學習，其中一位上師爲利美運動（不分教派運動）的偉大上師蔣揚欽哲確吉羅卓（1893-1959），他曾寫道：

吾人至要之建言

萬法之源乃汝心

善於變化及操弄

不察即受彼牽引
細察無根亦無基
無來無住且無去
輪涅諸般一切法
不過淨染心投射
實相之中本不存
大悲覺性之本源
無始以來本然空
雖離一切之性相
並非死寂斷滅空
而為光明自顯現⑤

這就是一位持明兼偉大上師的心之寫照。書中出現的四位傑尊瑪都曾受教於持明，儘管她們並沒有被冠以「持明」（藏 rigzin）的稱號，但其人生則反映出自身對「明」（梵 vidya；藏 rigpa；又譯為「覺、本覺、明覺」）或「光明自顯現的大悲覺性之源」的直接體悟。

有了這種覺性，這些傑尊瑪在西藏形塑了無數的生命，並且被尊為上師而受到緬懷，就像今日傑尊姑秀在世界各地訓練和指導佛教的修行者一樣。當我和她在一起時，於我們的談話中，有一種從世俗到

⑤ https://safricachamtrulrinpoche.wordpress.com/2012/06/26/my-vital-advice。

神聖的無縫轉化，似乎沒有什麼是完全世俗或勝義的。在傑尊姑秀面前，世俗與勝義兩者融爲一體，沒有任何清晰的界限。人們與她相處時，會感受到一種無邊無際的關懷、關愛和助人的願望。她結合了智慧、力量和良善的勝妙品質。

雖然薩迦傑尊瑪與男嗣們接受同樣的教導，但西藏人不見得都能接受女性喇嘛爲上師。例如有一次，怙主貝瑪聽列到藏北游牧區傳授長壽灌頂時，當地的一些尼師就喝斥她道：「你是什麼人？一個女人，竟然來給我們灌頂？」據說貝瑪聽列在聽到這些話後，摘下耳環，並掛在從帳篷屋頂煙孔射進來的陽光上。⑥尼師們意識到自己的偏見，爲自己對偉大的傑尊瑪如此不敬而感到追悔莫及。

薩迦昆氏家族的浩繁家譜，從十一世紀的大師創立時就開始記載了，而且歷代皆有增補（詳見第一章），第三十九任薩迦法王察速聽列仁千寫下最後主要更新的部分。然而，如此龐大的家譜（僅存於西藏）卻幾乎僅記錄家族的男性成員。儘管薩迦昆氏家族有許多女兒以及兒子，我們卻很難在家譜中找到有名有姓的傑尊瑪，更不用說她們的詳細生平了。即使是像傑尊瑪丹貞旺嫫如此尊貴的喇嘛，也只在成千上百的家譜章節中占一章。關於她的條目正是上文提到的，由她的侄孫第三十九任薩迦法王所記錄。察速聽列仁千不僅增補了家譜，還留下了另一項無價的資料來源——他從八歲開始書寫的生平日誌。

⑥ 大衛 P. 傑克森（David P. Jackson）（2020）《偉大的喇嘛：金剛乘上師究給赤千仁波切生平》，第 31 頁，加德滿都：金剛出版社。

（詳見第一章和第六章）。

昆氏家族的家譜中，有關日後成爲薩迦法王之子嗣們的記錄相當詳盡，而薩迦傑尊瑪的訊息卻難得一見，正如西藏歷史學家卡蘿爾·麥克格拉納瀚描述的性別邏輯，她說道：「階級在許多領域都是一個重要因素，而我發現在形成生產模式或敘事模式時，性別是一個比階級更能造成影響的因素。」⑦ 換言之，就算傑尊瑪是擁有年鑒及祖先家譜之顯赫貴族家庭的一部分，但女性家族成員的生平仍極少得到記錄。

因此，傑尊瑪的隱密生平很難被人發現，但她們的故事卻值得受到揭示與知曉。爲了搜尋薩迦傑尊瑪的資料，必須意志堅定地閱讀有關她們父親、叔伯、兄弟以及老師的傳記，於此也許能找到關於她們的隻言片語。以傑尊瑪企美丹貝尼瑪爲例，她是四位薩迦法王及其兄弟、妻子和兒女們的上師，但在家譜中竟然沒有屬於她的章節，關於她的資料，我是在她大堂兄傳記中的字裡行間發現的，而她的堂兄並不是一位偉大的喇嘛。由此可見，尋找有關傑尊瑪的資料實爲困難重重。

在尋找傑尊瑪丹眞旺嫫和怙主貝瑪聽列的資料時，很幸運地有第三十九任薩迦法王詳盡的日誌，記載了他的姑婆兼老師傑尊瑪丹眞旺嫫以及他的妹妹怙主貝瑪聽列這兩位傑尊瑪一生中的事件。關於怙主貝瑪聽列的生平，我也在印度、尼泊爾和西雅圖採訪到認識她的人，

---

⑦ 卡蘿爾·麥克格拉納瀚（Carole McGranahan）（2010）《敘述安排：西藏與歷史可能性的性別邏輯》，第 52 冊第 4 集，第 776 頁，社會及歷史的比較研究。

從他們深具說服力的話語中，我彷彿看到她就在我的眼前。

接著是傑尊姑秀，我以十年的時間在她加拿大的家中多次採訪她。我還分別在位於印度烏塔蘭恰爾邦拉賈普爾的度母宮，以及位於紐約沃爾頓的度母宮住處，多次採訪第四十一任薩迦法王。他們兩位都是重要的上師，教學計畫繁重，爲了約到幾個小時的採訪時間，我有時得等上一年多。他們倆是一起長大的，所以我從這兩位聽到了許多相同的故事。有時他們的回憶相距不大，有時他們對某時、某地和某事則有不同的敘述，或者各自補充一些新的資訊。他們對自己早年生活的詳細描述，讓本書具有獨特意義，若沒有他們的指導與支持，我便無法收集到這些具體資訊。

另外，我也採訪到許多熟悉達嫫聽列巴久的人，她是傑尊姑秀與第四十一任薩迦法王的姨母，是她將兩人撫養長大。我還採訪到許多認識傑尊姑秀和第四十一任薩迦法王的人，爲了這些訪問，我穿梭於印度、尼泊爾、錫金、西藏、美國、加拿大和歐洲，常常感覺自己只是個管道，以便透過我來傳達薩迦傑尊瑪及其親人的精彩人生。

本書是爲所有佛教修行者，以及對傑出的薩迦昆氏家族女性修行者之生平感興趣的人們而作，謹以此書讚頌這些薩迦傑尊瑪的一生。

祈祝一切吉祥，諸位順心如意

1

薩迦傑尊瑪現象

西藏薩迦傑尊瑪的生平之所以受到隱藏，並非出於有意，而純粹只是被忽略。記錄一個女人的生活，不比記錄一個男人的生活細節來得重要。大多數的藏人不知道薩迦傑尊瑪，也沒有西藏學者寫過關於她們的文章。這是第一本記錄她們非凡人生的書籍。①傑尊瑪是個藏文術語，主要用於特定的女性修行者。②傑尊等同於梵文 bhattarika，這個詞有很多含義，在這種情況下最合適的含義是「可敬的」或者「值得崇拜的人」。它被用作本尊和學識淵博者的頭銜，尤其是在佛教中。傑尊這個稱號何時在西藏流行已不可考，但到了十一世紀，著名的瑜伽士密勒日巴被稱爲傑尊密勒日巴。相較於眾多擁有傑尊稱號的男性上師，擁有此稱號的女性上師可說是少之又少。在女人名字的前面，可以冠上傑尊或傑尊瑪（傑尊的陰性形式）。

什麼樣的女性可以獲得這一稱號？爲什麼？至少有兩種獲得傑尊瑪頭銜的重要方式：「透過繼承王位和獲得果位」——也就是藉由培養出受到宗教和世俗團體認可的證道境界。兩者相互關聯，也可以重疊。第一種獲得傑尊瑪頭銜的方式，是出生於貴族家族。出生在薩迦昆氏家族或寧瑪派敏卓林赤千家族的女兒們，出生即自動獲得傑尊瑪的稱號，是因爲西藏人認爲一名女孩出生在這樣的家庭，純然是因爲她們諸多前世的福德和修證。尊貴的傑尊姑秀企美祿頂仁波切（以下稱為傑尊姑秀，正傳見於第八章與第九章）是一位傑尊瑪，出生時就

① 此章節的一些文獻資料，最初曾在伊莉莎白．班納德（2015）《為道而生：薩迦傑尊瑪現象》中出版，第 34 冊第 1–20 頁，藏學研究評論。

② 在西藏，尼師的其中一個名稱為尊瑪；但非所有傑尊瑪皆為尼師，反之亦然。

獲得了這個稱號。當代另一位啓發人心的傑尊瑪，也就是敏卓林傑尊瑪．康卓慈玲巴準仁波切也是如此獲得稱號的，她於一九六八年生於印度卡林邦。③她是藏傳佛教寧瑪派與噶舉派的傳承持有者，在這兩派中都有眾多弟子。

第二種獲得傑尊瑪頭銜的方式，是透過實修獲得成就，從而獲得成就者的名聲。整個西藏社區都可以給予這種認證。例如著名修賽寺的傑尊洛欽仁波切，就是一位傑出的瑜伽女，弟子眾多，活了一百多歲。④儘管她的修法大多出自寧瑪派及噶舉派，她卻認爲自己是個不分教派或利美運動的修行人，並以斷法而聞名。⑤此外，尊貴的喇嘛也可以認證女性並授予她傑尊瑪的稱號。最近就有一個例子，英國尼師丹津葩默（1943 年生）獨居雪洞閉關十二載，還做了許多其他嚴格的修行，竹巴噶舉傳承的第十二世嘉旺仁波切便於二〇〇八年二月授予其傑尊瑪的頭銜。⑥精心策劃的公開儀式在尼泊爾加德滿都舉行，仁波切說他給丹津葩默這個頭銜，「是爲了表彰她作爲尼師的修行成就，以及她爲提高藏傳佛教女性修行者地位所做的努力。」他說道：

③第十六世噶瑪巴於一九七一年認證康卓仁波切，她是楚布寺的偉大空行母，康卓烏金措嫫。參見米凱拉哈斯（Michaela Hass）（2013）《空行母之力：12 位偉大女性形塑藏傳佛教在西方的傳承發展》，第 15-40 頁，波士頓和倫敦：雪獅。

④漢娜．哈夫涅維克（Hanna Havnevik）（1999）《傑尊洛欽仁波切（1865-1951）自傳所述之生平》，奧斯陸大學。

⑤斷法是一種藏傳佛教的禪修方式，包含觀想斬斷個人身體並作為給予他人的供養。藉由善巧地修持斷法，將可培養佈施的福德，減弱愛我執，並獲得對勝義諦的了悟。

⑥見哈斯（2013）關於丹津葩默（Tenzin Palmo）的章節，第 68-90 頁。

「男人總是被賦予進行所有修持的特權，但女人卻沒有。這是非常可悲的。但現在不同了。如果我沒有為了世界上所有女性和吉祥竹巴傳承的利益，而將傑尊瑪的頭銜授予尊者丹津葩默，那將是不仁慈的。」⑦

有鑑於其他傑尊瑪的生活經歷，以及普遍文化不願支持女性及其修行，相較於西藏其他自治宗派的女性，薩迦傑尊瑪非比尋常且幾乎獨特的地位顯得尤其重要。傑尊洛欽是一個典型的例子，她甚至被自己的老師貝瑪嘉措（卒於 1889 年）虐待。以下事件只是她面臨的眾多困難之一：

洛欽在夏天時遇到了她的喇嘛。到了冬天，上師從山洞搬到附近另一座小尼師院，在那裡給予大量的教授。他們靠化緣得到食物，無論洛欽到何處，人們都對她表示極大的敬意並慷慨佈施。離她不遠的一名喇嘛得到的齋飯要少得許多，看到洛欽這麼受人歡迎，這名喇嘛仇恨極了。終於，他忍無可忍，就到貝瑪嘉措面前說，洛欽得到非常多的供養。貝瑪嘉措問到那有何不妥，這名喇嘛說：「沒什麼，但是她到處跟人說她是金剛亥母（西藏地位最高的

⑦ 參見 http://tenzinpalmo.com/index.php?option=com_content&task=view&id=18&Itemid=1（2008 年 6 月的報導）。

女性本尊）的化身。」貝瑪嘉措沉默不語。然而幾天後，當洛欽帶著自己收到的供養物來到他面前，貝瑪嘉措勃然大怒，不僅拒絕她的供養，還指責她撒謊並假裝自己是金剛亥母的化身。洛欽難以置信地看著老師，結果他抓起她的供養，登上尼院的屋頂，將供品和他自己的靴子從上面朝著洛欽猛扔過去。洛欽雖然受傷了，依然蹲下，將上師的靴子拾起來放在頭上，以示恭敬。這次事情過後，即使貝瑪嘉措對洛欽視若無睹，但洛欽仍堅持參加上師的授課。⑧

各種討論藏人對女性看法的文本都重申，由於女性的身體和依賴家庭的支持，因此必須比男性忍受更多的痛苦。不少文獻更強調了西藏的基本女性觀：「由於生爲女性屬於劣生，意味著她們在前世造就了比男性較差的業力。因此，從輪迴中解脫的可能性被認爲十分渺茫，由於她們的福德較少，所以在現世實踐佛法的機會將更少。此外，如果女性選擇獨自生活在一個與世隔絕的地方，她們的身體會使她們更加脆弱。西藏修道傳記，或稱「南塔」（字面意思是「從輪迴中解脫的故事」），經常講述男女在修行方面的難處。雖然男性的出家受到鼓勵並得到僧團的支持，但一些有心修道的女性則必須受到脅

⑧參見「瑜伽女計畫」（The Yogini Project）網站的 Shukseb Jetsunma Chönyi Zangmo 介紹。在這個略傳當中，傑尊洛欽指的就是修賽傑尊瑪．確英臧波，或修賽傑尊。

迫而結婚，在不支持她的婆婆面前忍受卑鄙的折磨，或者與家人斷絕關係，才有機會將她們的生命獻給佛法修持。比較女性修行者與男性修行者的修道經歷，很少有家庭會爲女兒提供能持續專注修行的方法和場所。

然而，薩迦傑尊瑪卻不必面對這些問題，相反地，她們的地位類似於受人尊敬的男性祖古，或獲得認證的轉世。儘管大多數的薩迦傑尊瑪並沒有被認證爲祖古轉世——傑尊瑪貢噶聽列（見終章）除外——但她們與轉世祖古的相似處値得關注。首先，人們認爲唯有已經累積多世福報的人，才會投生到薩迦昆氏家族；薩迦昆氏家族的許多子嗣被認定爲其祖父、叔伯或某位親人的轉世。⑨其次，和轉世祖古一樣，傑尊瑪也是從幼年起就獲得開始修道學習的機會。第三，傑尊瑪所需的一切生活資具都會得到供給，她們去世後，財產會傳給未來的傑尊瑪，就像一位祖古的財產與物品會傳給他自己的轉世一樣。

薩迦昆氏家族經歷了無數次的分支，但自十九世紀初開始，則有兩個主要的支系：度母宮與圓滿宮（見圖表 1 至 5）。直到一九五九年，兩宮的主要居所都落在薩迦地區（見圖表 2），並且都提供專門給女兒的住所或拉章，拉章是一個居住、學習、禪修和進行宗教儀式的地方。一九五九年之前，家族鼓勵傑尊瑪過著尼師的生活，追尋佛法修持，只是她們不進入薩迦的尼院，而是住在自己的拉章中。

---

⑨ 例如傑尊姑秀的胞弟第四十一任薩迦法王（1945 年生）就被認證為他祖父和寧瑪派伏藏師鄔金聽列林巴（1895-1945，也被稱為阿龐伏藏師）二人的共同轉世。

傑尊姑秀描述傑尊瑪的傳統地位如下：

問：為什麼女性上師這麼少？

答：……如今在解放（1959 年）之後，情況發生了變化。否則，傳統上，我不可能結婚。一旦你出生在昆氏家族，你就會自動成為尼師。是否受戒成為尼師，是自己的選擇，但必須穿著法袍。然後要領受喜金剛和勝樂金剛等諸多灌頂，在那些場合就要領受金剛乘的戒律。⑩ 在金剛乘戒律裡，有一種是尼師戒。這些是嚴謹的戒律，因此是不能結婚的。

問：所以如果身為一位出生於昆氏家族的女性，就不能過世俗生活，是嗎？

答：不能的，你需要一直學習、念誦、禪修。有些尼師會做些縫紉、編織、串珠等手工藝品。這些規矩不是來自西藏政府，而是我們家族自己制定的。⑪

在我對傑尊姑秀的一次採訪中，⑫ 她解釋說，在他們十幾歲之

⑩ 每一位薩迦傑尊瑪都會領受無上瑜伽續灌頂，這是最高的密宗灌頂。當一位密宗修行者接受這樣的灌頂之後，就必須遵守別解脫戒、菩薩戒、密乘戒這三種戒律。

⑪ 見 http://vajrasana.org/chime1.htm（2009 年 5 月報導。2016 年 5 月使用）。

⑫ 我於二〇〇八年、二〇一〇年、二〇一三年和二〇一七年對傑尊姑秀進行大量的採訪，採訪地點在加拿大英屬哥倫比亞省的列治文，以及美國紐約的沃爾頓（見參考資料）。

前，薩迦傑尊瑪通常會居住在出生的宮殿中，直到接近二十歲，然後搬到由各自宮殿所維護而代代相傳的拉章。每個宮殿有五個拉章。如果一個家庭有五個以上的女兒，有些女兒便會合用一個拉章。爲了提供食物和收入，女兒們還會得到由僕人和犛牛耕種的田地，以及由游牧民照料的公犛牛和母犛牛。傑尊姑秀說道：

「一切都有了。就像投生在欲界的天道那樣，僕人、財物等一切具足。只要傑尊瑪實際修持且不做惡行，家裡就會供給一切所需。當某位傑尊瑪去世後，直系親屬可使用其個人物品，但土地和牲畜則屬於拉章，不能賣掉。這些必須為未來的女兒保留。」

有些傑尊瑪成了偉大的學者，在薩迦和康區（西藏東南地區）教學。其他人則保持低調，安靜祥和地進行修行、持誦。由於拉章的一切都是爲修行而建，其中包括禪修房，所以有些傑尊瑪會在拉章度過一生。基本上是一個終生的閉關。即使某位傑尊瑪並未認眞修行，但生活低調平靜，只是偶爾外出，比如在夏天野餐，她仍可以留在拉章。

傑尊姑秀也指出一些傑尊瑪的醜聞，她們結婚並離開薩迦地區。不過，這只是少數例外，絕大多數的薩迦傑尊瑪都擁有極好的聲名，皆爲守戒的尼師，並持之以恆地修行。而且，因爲傑尊瑪多半被視爲大修行人，是具有極高了證的女性，要爲她們找到合適的伴侶便非常困難。傑尊姑秀提到一則有意思的故事：

「薩迦家族的女兒大多都沒有出嫁，因為她們被認為是很厲害的修行人，不能嫁給普通凡夫。在法王八思巴的時期，有一位美麗的傑尊瑪嫁給了西藏西部的一個富戶。她從來不和丈夫同床，還警告他若是同床，會對他的家族不利。然而丈夫不聽警告，還是和她同床，不久之後，丈夫的家族成員都死光了。在這個不幸的事件發生後，薩迦傑尊瑪全都成了尼師。」

因此，眾人便認爲只有少數男人能配得上與傑尊瑪結婚。

另一則軼事，是關於圓滿宮的傑尊瑪姊妹才亙旺嫫和企美旺嫫（見圖 1）她們幼年開始接受培訓的故事。傑尊瑪才亙如此說道：

「我們六歲就開始學習，先是背誦藏文字母表，然後學習讀寫。⑬ 我們必須背誦許多文本，最早背誦的文本之一包括《普賢行願品》。到了八歲，則背誦佛教護法瑪哈嘎拉（又稱大黑天）的酬謝護法儀軌。我們每天從早晨八點學習到下午四點，中間有一次短短的午餐休息，主要的

⑬ 在傳統西藏，貴族家庭的女孩會學習讀寫，但許多其他家庭的孩子只學識字。西藏人認為若是不擔任「官職」，或非出身於「官吏」家庭，就沒有必要學會寫字。

圖 1、傑尊瑪才亙旺嫫和傑尊瑪企美旺嫫攝於西藏薩迦的圓滿宮。

休息日是藏曆每月的初八、十五和三十。我們的第一位老師是本樂釋迦，第二位老師是本樂貢噶。

當我們成為青少年時，就搬進拉章居住。我十四歲時搬進我姊姊圖登旺嫫居住的北寺區札西慈拉章。搬家是漸進式的，我先只待幾天後回宮，接著慢慢延長居住在拉章的時間，這樣來回幾次之後才永久搬進拉章。

我在拉章進行了幾次閉關。第一個重要閉關是伏魔金剛手的閉關，我在老師的指導下閉關了一個月。期間聽說家人要到溫泉區度假時，我真想一起去，可是我明白自己應該遵守閉關誓言。家母非常善解人意，她從溫泉回來時給我帶了許多果乾。

後來，我大姊搬去了江孜，我二姊格桑雀諄搬進來和我一起住。到了十八歲，我做了極重要的喜金剛閉關，為期七個月。這期間我的兄長聽列仁波切也住在拉章。」⑭

傑尊瑪被賦予平等的學習機會，跟隨所有教導她們兄弟的導師或喇嘛。傑尊姑秀總是強調，當她和弟弟第四十一任薩迦法王在西藏的時期，他們受到同樣的教導，進行同樣的閉關。薩迦傳承中最重要的教法與修法爲「道果法」，這是結合經論（顯教）與密宗（密教）的完整、漸進修行系統，提供一條具有指引的成佛之道。第四十一任薩迦法王如此闡述道果法：

「道果法的名稱顯示出，這個殊勝體系囊括了薩迦義

⑭ 二〇〇七年八月二十八日於華盛頓州西雅圖，傑尊瑪才亙旺嫫家中的個人對話。這兩位傑尊瑪是達嫫蔣揚薩迦的丈夫吉札達欽薩迦的姊妹（詳見第八章、第九章）。

理與修持的核心，並且能帶來了悟輪迴與涅槃不二的成果。輪涅不二，意味著我們當下所經歷的輪迴顯相，其自身轉化為本智的清淨顯相……而此同樣的基礎，也由不同的眾生所感受、看見，這就是所謂的輪涅不二。」⑮

在其他場合，他也如此說過：

「此一珍貴教法的要義，在於世間存有（輪迴）與證悟成佛（涅槃）無二，由此可知，涅槃只是輪迴的轉變。由於心即是輪迴和涅槃的根基，因此不必為了獲得涅槃而捨棄輪迴。證悟的關鍵即在於了悟其無二無別。」⑯

理想情況下，薩迦昆氏家族的每一位子女都要領受道果法的傳授，學著進行相關的禪修、念誦及法事。所有的子嗣都被期許成爲道果法的法脈持有人，繼續傳揚此一無間斷的法教。

儘管女兒們會和兒子們一起接受教導、學習禪修和法事，也會進行必要的閉關，但只有少數能成爲法脈持有者，將道果法傳授給其他人。儘管如此，一九五五年，傑尊姑秀十七歲時，便講授道果法三個月

⑮ 尊者薩迦法王（2006）〈前言〉，收錄於賽勒斯．斯登編譯的《以果為道：薩迦道果法傳承之核心》，波士頓：智慧出版社。

⑯ http://www.sakyatsechenthubtenling.org/lineage-and-teachers/。【編按】如今該網頁已無法閱讀。

（見第八章），而成爲薩迦史上第四位傳授道果法的女性傳法上師。⑰

傑尊瑪和她們的兄弟有一樣的殊榮，卻不用承擔同樣的責任與義務。她們的兄弟，尤其是長子，必須結婚生子。爲了保證能養育出男性的繼承人，有時候兩兄弟會娶同一位女子爲妻。⑱男性家族成員還必須了解重要的佛教典籍，精通必要的法事。在成爲自己更喜歡的獨身僧人或結婚延續家族血統之間，他們很少有選擇。每一位男性成員都被訓練成爲下一任的法座持有者——也就是下一任薩迦法王，但只有一人會從父親或叔伯那裡繼任法王的位置。相較之下，昆氏家族的女兒們就不用承擔這樣的義務來服務大眾。

不過，當法王出門朝聖或參訪西藏其他地區及尼泊爾、印度等地時，家中的傑尊瑪長輩也偶爾會主理事務。圓滿宮傑尊瑪姐妹才亙旺嫫和企美旺嫫說：「我們是自由的。我們被鼓勵學習和修持佛法，但我們也能享受更世俗的生活，這都看我們自己的選擇。」換句話說，薩迦傑尊瑪得到家庭與社會的鼓勵，希望她們成爲佛教修行人，她們在精神與物質上都得到支持，她們是西藏女性中完美的特例。

---

⑰ 四位傳授道果法的傑尊瑪是：傑尊瑪企美丹貝尼瑪（第三章），傑尊瑪丹真旺嫫（第四章），怙主貝瑪聽列（第五章）和傑尊姑秀（第八章）。

⑱ 愛麗絲．特拉弗斯（Alice Travers）（2008）〈封閉與開放：甘丹頗章貴族（1880-1959）的婚姻策略研究〉，發表於《世界西藏研究協會期刊》第 4 期，第 6-7 頁。一九五九年前的西藏，兄弟一妻多夫制在貴族與佃戶家庭中並非罕見。見梅爾文．古德斯坦因 （Melvyn C. Goldstein）（1971）〈中藏的階層、一妻多夫和家庭結構〉，《西南人類學期刊》第 27 冊第 1 期，第 64-74 頁。

薩迦達嫫

薩迦昆氏家族中另一個由女性擔任的重要角色是「達嫫」〔「夫人」，「達欽」（老爺）的妻子〕。嫁入昆氏家族的女性會獲得達嫫的頭銜，不過這一稱號並非昆氏家族專有，其他許多西藏貴族家庭中的婦女都會冠以達嫫的稱號。

這裡要指出的是，所有昆氏家族男性子嗣的婚姻都經過精心安排，且祕而不宣。傑尊姑秀解釋說，薩迦昆氏的婚姻之所以總是保密，是因爲從過去以來，所有如此進行的婚姻自始至終都會是靈性的結合。妻子被視爲密宗修行者（佛父）之明妃（佛母）。⑲ 妻子在此被視爲本尊，而非平常凡人。傑尊姑秀解釋道：「舉行盛大婚禮的喇嘛，如凡夫一般，並非修行者。」

傑尊姑秀的胞弟第四十一任薩迦法王也說過，⑳ 新娘被視爲「桑嫞」（「祕密的母親」，靈性伴侶之意），不過她總是被稱爲達嫫，此爲較高階的稱號，桑嫞則更平民化。在第三十九任薩迦法王察速聽列仁千的日誌中也寫道：「今日，新娘將成爲昆氏兄弟的智慧明妃（藏音 rig ma；梵文 kulika）。與智慧明妃結合，是爲了獲得智慧（藏音

⑲ 在藏傳佛教中，明妃是其配偶的平等伴侶，而非視如日本藝伎或歐洲往昔所稱情婦那樣的情人。

⑳ 我於二〇〇四年二月、二〇〇七年十二月、二〇一二年六月、二〇一三年六月以及二〇一八年十二月，在印度拉賈普爾的度母宮和紐約沃爾頓採訪尊者第四十一任薩迦法王。

yeshe，梵文 jnana），以達致證悟。」㉑

因此，薩迦昆氏家族所著重的是世俗與修道的相融並存。達嫫不僅要能操持一個大家庭，關照薩迦人民的諸多事務，還必須與一名熟練的密宗行者丈夫在靈性上同步。學者米蘭達．肖指出：「在這個層面上，雙方互相滲入彼此的生命，實際融合彼此的業力，使得靈性目標合二爲一。這是密宗雙修法被稱作業印的原因之一。」㉒ 如此，家族與身體的結合產生繼承人，成爲能夠延續薩迦昆氏家族法脈的殊勝修行者，而可如理如法地教導並傳授佛法。這是薩迦昆氏家族傳承的核心，因此挑選合適的達嫫至關重要。㉓

如果達嫫的丈夫成爲薩迦法王，也就是薩迦派的法座持有者，她也將肩負更多的責任與義務。過往在西藏的時候，薩迦法王在一生中通常會去拉薩一次或兩次，正式拜訪尊者達賴喇嘛。現在，薩迦法王必須出訪世界各地的許多薩迦派寺院、尼院及佛法中心。他也要參加西藏流亡政府的各項儀式聚會，比如參加讚頌和守護達賴喇嘛長壽的法會等各種宗教集會。另外還有無數政要、官員及高階喇嘛要求私人會面或特別教導，以及各項傳法。此外，信徒們也會請法王爲其自身或新生兒祝福，以及占卜決定是否該搬家、換工作、動手術、申請簽

㉑ 察速聽列仁千（1974）《薩迦法王察速聽列仁千自傳回憶錄》，兩冊，第 2 冊第 87 頁，德拉敦薩迦中心。

㉒ 米蘭達．肖（Miranda Shaw）（1994）《激情證悟：佛教密宗中的女性》，第 171 頁，普林斯頓大學出版社。業印（karmamudra）是佛教金剛乘中藉由身體或觀想明妃作為修持的方式。

㉓ 關於如何挑選達嫫的細節，請見下面的第七章。

證出國等等。

傑尊姑秀的弟媳嘉嫞札西拉吉㉔於一九七四年在印度普魯瓦拉嫁給了第四十一任薩迦法王。她回憶起自己出嫁時，父親給予的教誨：

「你在薩迦傳承中會是一個重要的角色。你必須尊敬第四十一任薩迦法王和他的姨媽達嫫聽列巴久（見第六章）。盡你所能給予一切服務。不要把尊者當成丈夫，他是你的上師。請把他當作你的根本上師。」

嘉嫞繼續說道：

「當我成為達嫫後，我學會了如何接待各種不同的人，若是我沒有嫁入昆氏家族，就不會學到那麼多。我學會了如何尊重喇嘛，承事他們。我必須應對人們社交和修行上的需求。尤其是幫助處於困境中的人，我學會了如何將愛給予人們。我盡己所能地幫助人們，安慰他們。這是我自己願意去做的，尊者並沒有要求我這麼做。」

這樣的方式是種典範，第四十一任薩迦法王和嘉嫞在接待任何人

㉔ 當達嫫有了孩子，她便稱作「達嫞」（「夫人」），如果丈夫成為薩迦法王，她便稱作「嘉嫞」（「母后」）。二〇〇七年十二月，我在印度拉賈普爾度母宮，嘉嫞札西拉吉的家中採訪她。

時，態度都親切溫暖，彷佛面前的人是他們這一天裡唯一見面的人。卡洛琳．斯萬是第四十一任薩迦法王和傑尊姑秀的長期弟子，她回憶起自己去印度拉賈普爾的新度母宮時，說道：「嘉鏞有很多責任——照看整個度母宮的建築——從大理石地板到水管修理——眞是了不起的成就。」嘉鏞自己也說：

「我也必須料理度母宮的各種社交事務。若是有高階喇嘛光臨，我得做好安排——準備茶會的帳篷、決定食物並邀請客人。我幫忙印度與尼泊爾薩迦寺的工作。以前在西藏時會有溝通上的問題，現在沒有了，許多僧人都直接找我，不會去麻煩尊者。有些人有經濟上的困難，若數目不大，我會幫忙解決；若數目較大，我則和尊者商議。小事情由我解決，但遇到困境時就和尊者商議。」

我問嘉鏞，作爲一位達嫫，在印度與在西藏有何不同，她回答說：

「我覺得在印度更辛苦些，因為這裡是民主社會，不像在西藏具有權勢。在西藏，達嫫可以下命令，人們也會去執行。如此更制度化。薩迦有各個部門，部門的管理者各掌其事。在西藏，達嫫負責度母宮，監管整個度母宮，手下有一名主廚、一名總管、尊者的主要侍者們、採辦貨物的主管、廚房倉儲的主管、管理馬匹騾子的主管、清掃的主管、田莊牧場的主管。這些人都是度母宮的要員，達嫫掌管他們，他們則向她彙報。在印度就不同了，達嫫沒有多少權勢，處處得求人幫助。」

毫無疑問地，嘉婻札西拉吉是位了不起的女性，她以謙虛、優雅、奉獻的精神，多年來持續不斷地爲第四十一任薩迦法王與度母宮服務。

資料來源

薩迦傑尊瑪之研究最重要的書面歷史資料來源是《薩迦世系史》㉕。更著名的有第二十七任薩迦法王蔣貢美札（1597-1659）所著的《大家譜》，由第三十一任薩迦法王薩千貢噶羅卓（亦名貢羅）續編，第三十九任薩迦法王察速聽列仁千最後增補。㉖在此浩如煙海的家族譜系史料中，我們有幸找到了傑尊瑪的名字，以及她們的父母或老師。有時，如果某位傑尊瑪的兄弟或叔伯是薩迦法王或著名學者，我

㉕昆氏家族有著大量的世系史。較早期的是十五世紀時由達倉譯師謝拉仁謙（Taktsang Lotsāwa Sherab Rinchen，sTag tshang lo tswa ba shes rab rin chen）與莫瑟巴多傑嘉辰（Müsépa Dorjé Gyeltsen，Mus srad pa rdo rje rgyal mtshan）所著。感謝賽勒斯．斯登提供此項資訊。

㉖關於傑尊瑪的資料，散佈於薩千貢噶羅卓的續編及察速聽列仁千的最後補充中。見薩千貢噶羅卓（2009）《薩迦家譜》。印度：薩迦法王金禧年長壽供養委員會出版；察速聽列仁千（2009）《薩迦家譜增補及歷代法脈傳承祖師傳》。印度，薩迦法王金禧年長壽供養委員會出版。

們可能會在其中發現其被提及，跟隨後者前往西藏首都拉薩，或者一同參加達賴喇嘛等重要上師的教導。

除了家譜，另一項重要文獻資料來源是第三十九任薩迦法王察速聽列仁千所寫的日誌，他從八歲起就開始記錄日誌，後來由他的兩個兒子和一名主要弟子堪蔣巴臧波編輯爲厚厚的兩函（每函有八百多頁）《薩迦法王察速聽列仁千自傳回憶錄》（見第六章）。這份資料提供了許多現代資訊，尤其是有關第四章與第五章所出現的兩位傑尊瑪典範。一位是傑尊瑪丹貞旺嫫，她是察速聽列仁千的姑婆，也是他的主要上師之一；另一位是他的妹妹，怙主貝瑪聽列，她是傑尊姑秀的姑婆，也是重要金剛瑜伽母法教的主要法脈持有者之一。第六章描述了察速聽列仁千的家庭，包括他的五位女兒。

除了這些文獻資料，本書還採用了薩迦昆氏家族代代相傳的口述傳統，尤其是出自度母宮的資料，來自他們當代家庭成員的回憶。㉗我認識第四十一任薩迦法王超過四十年，於是在研究過程中尋求他的幫助，他也表達了熱情與關注。他對計畫即刻贊許，爲我的研究開啓了多方大門。由於他的同意與支持，我所找到的每一位受訪人都迅速答應了我的採訪請求。我最依賴的兩位受訪人，當然是第四十一任薩迦法王和他的姊姊尊貴的傑尊姑秀。他們的口述對於本書而言乃無價之寶。

㉗ 如前所述，我採訪了傑尊姑秀和第四十一任薩迦法王（詳見參考資料）。我也採訪了圓滿宮家族的成員，雖然不及度母宮頻繁或廣泛（詳見參考資料）。

一九五〇年代，中國共產黨的軍隊入侵西藏，成千上萬的藏人逃離了他們深愛的祖國。一九五九年，如同第十四世達賴喇嘛流亡印度，傑尊姑秀和胞弟第四十一任薩迦法王也一樣流亡到印度。一九六〇及一九七〇年代，西藏的大多數寺院、廟宇、宗教建築等都遭到系統性地毀壞，抹去西藏歷史與所有宏偉的痕跡，這是西藏史上最黑暗的時期之一。

一九八三年，我第一次來到薩迦地區，看到薩迦的絕大部分遭到破壞，心中充滿悲哀。幸運的是，薩迦寺仍豎立在這片土地上。一九六〇年代，大寺的大殿、佛堂和各分殿變成了馬廄，寺裡無價的工藝品被掠奪至中國境內，最終被賣掉。包括度母宮在內的薩迦寺其餘建築，都被徹底毀掉。上個世紀，朝聖者和遊客曾造訪過薩迦。薩迦作為西藏的聖地、薩迦家族的發源地，以及在藏傳佛教薩迦派建立過程中的關鍵地位，我覺得有必要介紹薩迦的簡史。因此，本書的下一章將對薩迦做一番概述。

2

薩迦的多重含義

「薩迦」這個名稱指的是一座城鎮、一個封地，也是藏傳佛教的教派之一，由統治這片土地上千年的顯赫家族所建立。薩迦的字面意思是「灰白土」（藏音 sa skya），因爲這片土地的獨特之處在於它是灰白色的。薩迦封地位於西藏中部的南面，涵蓋約二千一百多平方英里。①

城鎮與封地

人們居住的主城被稱作丹薩（首府），不過大多數人都把它稱爲薩迦。城鎮由仲曲河分爲南北兩部，河流向西北匯入雅魯藏布江（同一條河流到了印度之後則稱為布拉馬普特拉河），最終注入孟加拉灣。雖然薩迦的緯度與埃及開羅、美國佛羅里達的傑克森維爾相近，② 但它海拔高於一萬四千英尺（約四千二百六十七公尺）。此區夏季溫度很低，小麥不能生長，只有青稞才能存活。

薩迦的光輝歷史，始於昆氏的貢卻嘉波（1034-1102），他日後成爲薩迦昆氏家族的先祖。③ 某個夏日，昆氏貢卻嘉波和一些新進弟子在一座山上野餐，他們坐在一片高山草甸中，俯瞰山谷。一時之間，貢卻嘉波乍然靈光閃現，看著這片有著河流貫穿的灰白色土地，便向弟子們宣布要在仲曲河的北岸興建一座寺廟。一〇七三年，寺廟破土

---

① 凱西奈利（C.W.Cassinelli）及艾克沃（Robert Ekvall）（1969）《西藏的一個封地：薩迦的政治制度》，第 XV 頁，紐約：伊薩卡康沃爾大學出版社。想了解薩迦的讀者，推薦此書。

② 薩迦的精確位置是北緯 28°54’18.00”，東經 88°01’4.80”。

③ 關於昆氏貢卻嘉波的生平與成就，詳見羅納爾德．大衛森（2005）《西藏的復興：佛教密宗在西藏文化中的重生》，第 271-274 頁，紐約：哥倫比亞大學出版社。

動工，建成後被稱爲郭絨新企噶波。從這座單獨的建築開始，整座城鎮沿著仲曲河兩側逐漸擴展。有了寺廟後，薩迦才出現在地圖上，丹薩成爲封地的首府。仲曲河的南岸寬闊平緩，北岸是一座岩石嶙峋的低矮山脈，被稱作本波山，上面有許多天然岩洞。幾百年來，南北兩岸興建了許多宗教建築，昆氏貢卻傑布的後裔持之以恆地照料這些寺廟，定期大規模地整修。④ 薩迦成爲學習傳承的聖地，朝聖者從西藏的四面八方湧來。

昆氏家族及其在薩迦派中的重要作用

昆氏家族法脈與藏傳佛教薩迦派有著緊密的連結。家族別稱爲拉日、昆氏和薩迦。在古代，昆氏家族最早被稱作拉日——天神族。家族史及西藏史都強調這個尊貴的家族是從光明天界降臨到青藏高原的，傳說其最早的祖先都有極高的成就，有些可以飛翔，有些可以把衣服掛在光線上。而這些都是了知實相和超越顯相的徵兆。

後來，家族的名稱變爲昆氏，意思是「衝突」「仇殺」。記載說道：光明天界的一位天神與一魔開戰，爭鬥的原因不詳，但最終天神殺死了魔，並娶其妻。依此緣起所結合而誕生的孩子即名爲昆巴傑，意思是「生於仇殺」。這是昆氏家族名稱的表層含義。但更重要的一層意義是，由於該魔代表了無明，昆氏的深層含義即是「滅除無

④ 見傑夫．舍寧（Jeff Schoening）〈薩迦宗教建築〉（1990），收錄於勞倫斯．艾普斯坦因與理查 F. 謝本編輯之《紀念藏文拼音設計者特瑞爾威利之論文集》第 11-47 頁，紐約：李維斯頓 E. 梅倫出版社。

明」，而無明乃一切痛苦的根本。

喇嘛兼學者密格瑪策天說：「昆氏家族的起源可以追溯到天神族，被稱作『沃瑟拉』（光明天神）……據說文殊師利（智慧菩薩）化現出三位光明天界的天神來利益眾生。」⑤ 從這段簡短的引述可以了解到，昆氏家族將他們的祖先追溯至神聖的起源，懷著利益眾生的發心而特意降臨西藏。這份關聯至今仍然持續，修行人將昆氏家族的許多成員視為高度了證的人。昆氏家族的男性後代，大多被視為文殊菩薩（佛陀智慧的體現）、觀世音菩薩（佛陀悲心的體現）以及金剛手菩薩（佛陀大力的體現）的化身，而一些女性後代則被視為偉大的女性本尊金剛瑜伽母的化身。

本書第五章所記述的傑尊瑪是怙主貝瑪聽列，她被上師列為《續部總集》傳承的主要弟子，授記名為拉日昆氏董傑尊瑪貝瑪聽列，而「拉日」指的是家族的神聖起源。怙主貝瑪聽列造訪康區（西藏東南部）的期間，在授予灌頂時，衣袍從肩上滑落，她便將手中的寶瓶懸置空中，騰出雙手整理衣袍。有些僧人認為女人主持灌頂儀式實為不敬，便跑來想要搗亂，怙主貝瑪聽列對此心知肚明，所以特意顯示神通。當那些僧人看到「神通」後，心中的無明驅散，儀式結束後都爭先恐後地請求她給予加持。

雖說家族的起源可追溯到神族祖先，但從歷史上來看，薩迦昆氏

---

⑤ 密格瑪策天（Migmar Tseten）著（2008）《薩迦傳承寶藏：上師言教》，第 229 頁，波士頓及倫敦：香巴拉出版社。

家族起源於魯易旺波，他是西藏史上最早剃度的七名僧人之一，於八世紀晚期在西藏最早的寺院桑耶寺（建於西元七七九年）出家。不過直到十一世紀，當昆氏貢卻嘉波在薩迦建寺，且貢卻嘉波開始被稱作「昆氏薩迦巴」後，⑥ 薩迦這個名號才開始與昆氏家族相連。如今，這個家族依然沿用薩迦和昆氏的合併稱號。

隨著家族的聲名和權勢日益盛隆，每一代都有一位男性成員成爲薩迦法王，這一職位有著各種不同的尊號，例如貢瑪（殊勝者）、赤千（大法座）、崔津（法座持有者）。本書多使用法王的稱號。此尊號一次授予一個兒子或者姪子，且只有昆氏家族才有資格成爲薩迦法王。⑦

爲了使家族血脈完好無染，昆氏家族的部分子嗣必須結婚生子，即使如此，他們仍需受持與僧人相似的諸多戒律。爲了顯示僧俗結合的雙重身分，他們會身著象徵在家層面的白裙，上衣則爲表示修道層面的紅衫。與此相反的是，那些出家爲僧的男性成員，就會穿著全身的紅袍（搭配一些藏紅色的布料作為無袖衣衫的一部分）。

昆氏貢卻嘉波的兒子是薩千貢噶寧波（1092-1158），由他開始了薩迦五祖，以「白衣三祖與紅衣二祖」聞名，其中三人在家，二人出家。在家的三祖是薩千貢噶寧波以及他的兩個兒子洛本索南澤莫（1142-1182）和傑尊札巴嘉贊（1147-1216）。出家的二祖一位是薩迦

⑥ 策丹（2008），第 228-232 頁。
⑦ 關於薩迦法王王位的資訊，參見附錄 C。

班智達，或簡稱薩班（1182-1251），他是薩千幼子巴千歐布（1150-1203）的兒子，還有一位是法王八思巴（1235-1280），他是薩班的侄子。

幾百年來，家族不斷地分支，每一個分支都被稱爲「拉章」（住處或房舍）。昆氏家族最後一個單獨的拉章爲堆確拉章，其後在十九世紀時分支爲度母宮與圓滿宮。⑧這兩個分支至今持續興盛。現度母宮位於印度拉賈普爾，圓滿宮在美國西雅圖。

薩迦派

薩迦派是藏傳佛教四大教派之一，發源於十一世紀晚期，正值西藏佛教的後弘期。當時有許多藏人進入印度，尋找上師學習珍貴的佛法。藏族弟子遇見個別擁有殊勝教法的不同上師，而那些教法與其說是在義理上有所差異，不如說是忠於特定上師的教誡傳承。薩迦傳承由昆氏貢卻嘉波開始，他是卓彌譯師釋迦耶喜（993-1072）的弟子。釋迦耶喜曾到印度學習梵文，並得到眞正的道果法教授傳承，是一位傑出的譯師。

道果法此重要的傳承起源於九世紀或十世紀的印度瑜伽士學者畢瓦巴（又稱毗儒巴），他是八十四大成就者之一。道果法是薩迦最重要的教法之一（見第一章），它以漸進的方式涵蓋了完整的佛教道路，從必要的加行開始，到最高層次的佛果。昆氏貢卻嘉波接受道果

⑧見第三章堆確拉章家譜表。

法後，與其子孫代代相傳而不斷修持，並傳續道果教法。薩迦派便是以這些教法為著重之處而建立，且至今仍日益昌隆。

薩迦派也從前往印度學習的藏族譯師那裡，接受了其他殊勝教法。馬譯師傳授了金剛瑜伽母傳承，名為「那若卡雀瑪」，並成為薩迦派最主要的核心教法之一而不斷傳續，至今仍有許多喇嘛在口傳並教授。巴日譯師（1040-1111）則傳授了許多密宗修持，最重要的就是「百成就法」。⑨

第四十一任薩迦法王貢瑪赤千仁波切曾說過，薩迦派有三殊勝、三授記和三淨相，而促使昆氏傳承得以創建，並保證教法的興旺不衰：

- 蓮花生大士於八世紀時曾預言，未來將有雄偉的寺院建在本波山上，為眾生帶來極大的利益，將教法弘揚廣大，傳布四方。他還加持了這片土地，在四個方位建造佛塔，成為未來薩迦寺院蓋建的地方。
- 當印度學者阿底峽尊者於一〇四二年來到這個地區時，他有一個淨相。他在後來成為薩迦的空曠灰土上看到七個梵文字母，因而預言該處將有許多偉大的菩薩轉世降生。由於阿底峽的授記，薩迦家族的喇嘛們被認定是觀世音菩

⑨ 在近期（2019 年 11 月）菩提伽耶度母宮薩迦寺的落成典禮上，開始進行「百成就法」的傳法。這項傳法將在薩迦寺舉行，長達幾年之久，直到最後完成。

薩、文殊菩薩和金剛手菩薩的化身。

- 昆氏貢卻嘉波的兒子薩迦貢噶寧波曾看見道果法的印度祖師畢瓦巴示現，祖師將整個身體覆蓋住薩迦灰土的山谷，並宣告：「這片土地是屬於我的。」⑩

在藏傳佛教傳統中，淨相既被認爲是神祕現象，也是教導或教誡的重要傳授來源。

薩迦寺

仲曲河將薩迦分爲兩大區域。十三世紀時，薩迦昆氏家族和薩迦派開始吸引越來越多的修行人與具大信心的追隨者，河的南岸出現了大片寺廟建築群，⑪ 總稱爲拉康欽莫寺，或大寺（見圖 2），是西藏最大的寺廟之一。⑫ 其外牆每一面的邊長都達二百六十英尺。⑬ 主寺有兩層樓高的寬闊大廳，也稱作講經堂，可容納七千名僧人，是西藏唯一、最大的寺廟講經堂。大寺建成後，共有一百五十六根柱子，每根直徑都厚達五到六英尺。

⑩ 參見《薩迦傳統是什麼？》(2008)。紐約西藏之家，http://www.youtube.com/watch?reload=9&v=GqGLvDUYOug。

⑪ 參見馬修・阿凱斯特（Matthew Akester）(2004)〈傑瑞拉康（Gyere Lhakhang）的遺蹤〉，《西藏期刊》總第 29 期，第 3 期，第 55-64 頁。如今不復存在的傑瑞拉康寺，是拉康欽莫寺的建築靈感來源。

⑫ 凱西奈利與艾克沃（1969），第 12 頁。

⑬ 同上，第 290 頁。

圖 2、薩迦的拉康欽莫寺，也稱為薩迦大寺，攝於二〇〇七年。

大寺建築群佔據了仲曲河南岸寬闊平緩的地帶。大寺的高牆內，各個殿宇住滿了講授佛法義理的喇嘛與跟隨他們學習的僧人。附近不遠處就是度母寺，是薩迦四寶之一（見以下段落）。度母宮與圓滿宮也都在南岸。

北岸是本波山，山形低矮，岩石嶙峋，有許多天然洞穴。幾百年來，北岸充滿大大小小的建築，最大的是五層樓高的喜拓拉章❶，樓上是薩迦法王及其眷屬的冬季居處，行政官員則住在樓下。還有北寺，是教授密宗的地方。有幾座建築裝飾著美麗的金色金屬屋頂，光

❶ 喜拓（Zhitog），網路上翻譯成「細脫」，但前者比較接近藏音，且用字更為文雅，故予採用。

輝燦爛數英里。同屬薩迦四寶之一的尊勝寶塔在西北面，整個北岸遍布供奉各個本尊的寺廟，還有爲護法修建的護法殿。一些傑尊瑪所居住的拉章，也坐落在北岸中部。靠近仲曲河的地方則聚居著許多薩迦本地的人民。朝聖者對吉祥薩迦都會心生敬畏。

數百年來，成千上萬的藏民作爲朝聖者來到薩迦朝拜、供養，並參觀無數令人歎爲觀止的建築。一九五六年，第四十一任薩迦法王的未來妻子嘉媂札西拉吉只有四歲，她和自己的大家族——包括家人以及大堂兄貢噶永丹霍秋藏一家——從康區（西藏東南部）的故鄉出發，到薩迦朝聖。那時的她，一點都沒想到二十年後，她會在印度嫁給第四十一任薩迦法王。他們家與昆氏家族圓滿宮的人很熟，所以在那裡受到款待。圓滿宮的侍者是他們參觀寺廟時的主要嚮導。札西拉吉的堂兄（圖 3）對於薩迦有這麼多寺廟感到驚奇，大寺尤其讓他印象深刻。他回憶自己一九五六年遊覽大寺時說：

> 「薩迦寺是我當時見過的最大寺廟之一。若有人站在寺廟的一角，另一人從對面的一角看他，便會感覺他非常渺小。進入主寺後，我看到沿著後牆滿滿排列著許多尺寸比真人還大的雕像，他們巨大無比且令人印象深刻。」⑭

---

⑭ 二〇〇九年四月二十三日，我在位於錫金甘托克的藏學研究院採訪了貢噶永丹霍秋藏，他是藏學研究院的前任主任。

圖3、嘉嫞札西拉吉的大家庭，攝於錫金甘托克，一九六四或一九六五年。貢噶永丹霍秋藏位於左上，年輕的嘉嫞札西拉吉位於右上。

薩迦寺內有許多很不尋常的東西（見圖4）。比如東北面的柱子稱爲「忽必烈可汗柱」，是忽必烈賜予薩迦第五祖八思巴的禮物。八思巴是忽必烈的國師，基於此一地位，他得以集資建造薩迦寺。據說，這根巨大柱子的用木「是靠人力從中國運來的，固定車架的鐵釘痕跡仍然清晰可見。這根柱子具有政治和精神的雙重作用，它由中國的蒙古皇帝忽必烈可汗所賜，表示皇帝認可薩迦的特殊政治地位和權力。每年元旦，薩迦政府的領導人會向柱子獻上一條白色哈達，僧人也會

圖 4、薩迦寺的主殿，攝於薩迦。

在收到一筆給予寺院的大額佈施後，在柱子上獻上一條哈達。」⑮

薩迦寺（如今殘存的部分）裡還有一個特殊的法螺，據說它屬於佛陀本人，後由印度國王法護送給中國皇帝。忽必烈成爲中國皇帝時，又送給了八思巴。⑯ 來到薩迦朝聖的人認爲，以頭頂碰觸法螺便能加持滿願。

忽必烈可汗賜予的另一項重要禮物，是金字藏文經書。貢噶永丹霍秋藏回憶起自己一九五六年的見聞：

「主殿後頭另有一室，裡面滿是經書，可說堆得像山一樣高。其中有一部書像一張桌子那麼大，這部散頁經書長六英尺、寬一點五英尺，用一個鐵環裝訂成冊。經名為《般若波羅蜜多經》，通常分為十六冊，而這巨大的經書包含了所有十六冊的內容。它的書頁是藍色箔紙，上面用金、銀、珍珠、綠松石、貝母泥書寫成經文。令人嘆為觀止。」⑰

在貢噶永丹霍秋藏參觀大寺的多年前，一八八二年十二月初，印度學者薩拉特・相德拉・達斯（1849-1917）來到薩迦寺，他寫道：

⑮ 参見凱西奈利與艾克沃（1969），第 291 頁。西藏人會在各種場合敬獻哈達，既用來歡迎或告別，也用來祝賀或其他的讚揚，所有藏族人都互贈哈達來慶祝新年。這根柱子象徵八思巴與忽必烈之間的關係，也彰顯了薩迦在西藏所具有的特殊地位。

⑯ 舍寧（1990），第 11 頁。

⑰ 二〇〇九年四月二十三日，於錫金甘托克採訪貢噶永丹。

「這裡保存著許多用金字書寫的卷冊，頁面長六英尺、寬十八英寸。頁面空白處畫滿了彩飾，最上頭的四冊有千佛畫像。這些書頁用鐵環裝訂成冊，是由忽必烈皇帝下令製作的，在八思巴第二次進京時賜予了他。」⑱

一九○○年十一月，日本僧人河口慧海（1866-1945）寫道：

「我們一進入房間，就沉迷於耀眼的金色海洋中，其輝煌完全難以言表。天花板和柱子都包裹著金色織錦，三百多幅畫像都以細金印製。房間中央是一尊高達三十五英尺的釋迦牟尼佛像，據說是泥胎鍍金的。」⑲

薩迦的大部分建築，除薩迦寺外，在灰色的外牆上都會有特別的白、紅、藍三色垂直寬豎條。據說白色豎條代表觀世音菩薩，慈悲的化身；紅色豎條代表文殊菩薩，智慧的化身；藍色的則代表金剛手菩薩，大力的化身。⑳ 這三位菩薩被稱爲三怙主。

藏傳佛教的目標是證悟成佛，以饒益對實相無知而不斷投生輪迴

⑱ 薩拉特・相德拉・達斯（Sarat Chandra Das）（1902）《拉薩與西藏中部行記》，第 241 頁。W. W. 洛克希爾編輯。紐約：E. P. 德頓出版社。

⑲ 河口慧海（Ekai Kawaguchi）（1909）《西藏三年》，第 242 頁，倫敦：貝納爾斯神智學會出版社。

⑳ 這是一種普遍的解釋，但不是唯一的解釋。有人說這三種顏色代表另一重要護法本尊普巴金剛的臉。

的有情眾生。爲了幫助眾生，我們需要依靠這三位菩薩的能力——慈悲、智慧和大力。許多偉大的薩迦派喇嘛被認爲是其中一位或多位菩薩的化身。在西藏境內和境外，許多薩迦派的建築都有這標誌性的配色組合，不斷地提醒人們發展和培養悲、智、力這三種品質。

薩迦四寶

薩迦有許多的建築與神聖工藝品，其中的四樣被稱爲「薩迦四寶」。朝聖者若時間有限，也會盡可能地參觀這薩迦四寶。第一寶是一尊特別的度母像。巴日譯師仁千札克（1040-1111），人稱巴日譯師，他在薩迦建設成爲聖地的過程中極具影響力。薩迦人相信，無論他走到哪裡，度母都與他相伴。有一天，巴日譯師看見度母融入一塊白松石中，他撿起石頭，發現石頭變成了一尊度母像。他因此建造一座廟堂供奉度母，這座廟堂最常用的名字是度母寺，也叫卓瑪拉康。還有一個不大爲人所知的名字，稱爲白松石寺，因爲巴日把那尊小小特別的白松石度母像放在寺裡的金屬大度母像裡。度母寺存在了上千年，可惜在文化大革命中，中共摧毀了度母寺及裡面的所有東西。幸運的是，有人曾將那尊寶貴的白松石度母像藏了起來，後來它被安放進另一座薩迦主寺中的度母像裡。原先的那座度母寺則再也沒有重建。

薩迦四寶的第二寶是尊勝寶塔（或稱為舍利塔），是由巴日譯師下令建造，奉獻給主掌長壽與淨化的佛頂尊勝佛母。巴日圓寂後，他的舍利子被供奉在塔中。薩迦派信眾認爲尊勝寶塔是顯示昆氏家族幸福安康的標誌。

達媖蔣揚薩迦嫁給了圓滿宮的長子達欽薩迦仁波切，她從一九四〇年代末直到一九五九年都住在薩迦。她告訴我以下有關尊勝寶塔的事情。㉑ 自從一九五九年離開西藏後，她於一九八六年首次回到薩迦，幾乎所有一切都被摧毀殆盡。有著上千年歷史的廟堂、寺院、尼院和住宅都化爲瓦礫廢墟，實在讓她難以接受。但這滿目瘡痍並沒有粉碎她心中讓薩迦重生的希望。她叔叔傑出的德松仁波切曾囑咐她一定要參訪幾個地方，其中包括尊勝寶塔。達媖蔣揚薩迦說道：

> 「我在一九八六年去薩迦時，廟已經毀了，塔裡面的金子也被取走了。㉒ 所以當中國官員問我想要什麼時，我說：『請重建寶塔吧。』我當場就脫下手上的兩個金鐲，貢獻給寶塔的重建。」

當她一九九六年再次來到薩迦時，便開心地看到尊勝寶塔已經重建完善。㉓

㉑ 我曾於二〇〇七年六月、二〇一二年和二〇一八年在達媖蔣揚薩迦的華盛頓州西雅圖家中採訪她。

㉒ 一九八三年，當我去薩迦的時候，大型的尊勝寶塔已經受到破壞。然而，薩迦人卻發現原來放在大塔内的小塔，裡面供奉著佛頂尊勝佛母像。巴日譯師當年安放在大塔中的珍貴佛塔和佛像能夠失而復得，讓西藏人欣喜若狂。

㉓ 西藏的佛像、佛塔内，都會充滿著珍貴物品。佛頂尊勝佛母塔内裝臧有三十萬個佛頂尊勝佛母心咒。巴日還在其中裝進印度聖地的泥土、佛陀正覺菩提樹的一小塊、釋迦牟尼佛的舍利，以及迦葉佛所穿袈裟中的大衣（samghati，僧伽梨）。參見傑夫．舍甯（1983）的碩士論文《薩迦法座持有者的傳承》，第 79 頁。華盛頓大學。

薩迦四寶中的第三寶不僅製造過程非凡，來歷也不尋常。它被稱作「會飛行的黑皮革面具」，象徵威力無比的護法神瑪哈嘎拉。人們相信這枚面具是用一位對佛法非常敵視的印度國王的皮膚做的。據說該枚面具自己飛到西藏，來到大譯師仁千臧波（958-1055）的手中。仁千臧波的一名弟子，人稱馬譯師，得到了這枚面具。在薩迦初祖薩千貢噶寧波領受瑪哈嘎拉教法灌頂之後，馬譯師將面具給了薩千。傳說中還說道，當時馬譯師命令面具：「瑪哈嘎拉，我已經不需要你在身邊了。去吧，去當薩迦昆氏的護法吧！」㉔

面具跟隨薩千來到薩迦，從此遵照薩千及其後代的指示。直到今天，瑪哈嘎拉仍被認爲是薩迦派最重要的護法之一。這枚面具在一九六〇至一九七〇年代薩迦遭到破壞後消失，是薩迦四寶中目前唯一還沒找到的一個，誰也不知道它是否還留存於世。

第四寶是一尊文殊菩薩像，是薩迦班智達貢噶嘉贊爲他的主要上師之一——伯父傑尊札巴嘉贊所製作的。這尊菩薩像之所以成爲四寶之一，其一是因爲它由薩班親自製作與加持，其二是因爲它是薩班之伯父的主要禪修所依物，而其伯父是位出色的上師且具有不可思議的力量。最初，這尊菩薩像放在薩班祖父薩千所建的烏澤寧瑪殿中，一九六〇年代此殿被中國共產黨的軍隊摧毀，幸運的是，這尊文殊菩薩像在廢墟中被發現，如今安放在大寺的一間偏殿內。㉕

㉔ 賽勒斯．斯登（Cyrus Stearns）（2001）《光明生命：西藏道果法傳承早期祖師傳記》，第 141 頁，波士頓：智慧出版社。

㉕ 舍寧（1990），第 14 頁。

今日薩迦

吉祥薩迦的封地從十一世紀發展到二十世紀中期，昆氏家族的兩個分支在薩迦有著各自的宮殿，而整個薩迦的絕妙景色閃耀得猶如希望與皈依的燈塔。不幸的是，一九六〇及一九七〇年代，中國共產黨的軍隊幾乎摧毀了所有廟宇、住宅和寺院，只有薩迦寺得以倖存，這是由於它與「中國」皇帝蒙古可汗忽必烈有著關聯。從一九八〇年代中期起，一些極端限制開始鬆綁，薩迦和西藏其他地方一樣得以重建。然而，中國政府仍然施加了許多約束的規定。沒有人可以教授甚深的佛法典籍。人們會小心翼翼地祈請並擔憂可能的報復，以及是否會被貼上「祖國分裂者」的標籤，也就是叛國罪。昆氏家族的一些子孫儘管回鄉，卻只獲准在薩迦停留兩個小時，而且是凌晨三點到五點。他們不能接見任何人，也不能給予加持或法教，還要被迫在黎明前心情沉重地離開。

儘管在今日的西藏，作爲一名佛教徒依然艱辛困難，但流亡在外的薩迦派及其教法卻發揚光大。薩迦派的優秀上師能在世界上絕大多數的地方自由傳法，他們的弟子數量比起當初在西藏要增加許多。薩迦作爲一個地方或封地的聲望已然減低，但薩迦派和昆氏家族的重要性卻大幅攀升。

3

金剛瑜伽母化身：傑尊瑪企美丹貝尼瑪

如前所述，薩迦昆氏家族的女兒們甫出生，就獲得傑尊瑪的稱號。家族的兒子們被稱作法王子，關於他們的傳記比比皆是，而傑尊瑪的傳記，甚至是最傑出之傑尊瑪的傳記也不存在。其中最明顯的例子就是傑尊瑪企美丹貝尼瑪，有關她輝煌一生的記述相當少，只能在她大堂兄貢噶遍德的生平故事中找到，①而其爲她著名伯父兼上師薩千貢噶羅卓的兒子。②這些資料，可見於第三十九任薩迦法王察速聽列仁千對薩迦家譜的最終增補（參見第一章）。

傑尊瑪企美丹貝尼瑪受到人們的憶念，是因爲她成爲修行人的典範，而且是四位薩迦法王的上師，還教導過他們的兄弟、妻子、兒女，以及薩迦傳承中一些最受人尊敬的轉世者和重要上師。她爲人們所懷念的還有以下這三項重要成就：（1）在薩迦那若巴金剛瑜伽母教法及其附帶的教法中，她是唯一的女性傳法上師；③（2）她是迄今能傳授薩迦核心教導道果法（見第一章）的僅僅四名傑尊瑪之一；

---

①貢噶遍德嘉措（1766-1788）也稱為依凡臧波。參見《察速聽列仁千》（2009），第342-343頁。

②薩千貢噶羅卓是第三十一任薩迦法王（在位時間1741-1783），他是偉大的行者、上師，也是多產的作家。在他座下學習的人，有許多是來自藏傳佛教各教派的喇嘛，包括寧瑪派的吉美林巴（1730-1798）、格魯派的第三世圖觀洛桑確吉尼瑪（1732-1802），後者於一七五七至一七六一年間到訪中藏，於薩迦學習。

③於薩迦派那若巴教法中的這些祖師傳承當中，第二十七任上師為薩千貢噶羅卓（1729-1783），第二十八任為俄爾塔澤傑蔣巴南卡企美（1765-1820）；第二十九任為蔣巴南卡勒派倫朱（生卒年不詳）；第三十任為企美丹貝尼瑪；第三十一任為阿旺仁千，也被稱作札西仁千，他是第三十五任薩迦法王（參見第五章圖表3）。藏名多為男女通用，所以若沒有冠上傑尊瑪的稱號，人們不會知道企美丹貝尼瑪是位女性。（不過，有關這份傳承上師列表，現存的少數版本中會特別指出企美丹貝尼瑪是位尼師。）

（3）在「遠離四種執著」的教法傳承中，她是唯一的女性傳法上師。

家庭背景

傑尊瑪企美丹貝尼瑪於一七五六年藏曆十一月二十二日出生於薩迦（見圖表 1）。這一日是她傑出祖先八思巴（見第二章）的圓寂日，所以被認爲是殊勝日，也預示了她未來的卓越成就。她的出生名很普通，是藏族女孩常用的企美布崔（意思是：會帶來兒子的不朽者）。④ 她的父親是阿旺圖多旺楚，是著名的薩千貢噶羅卓的胞弟；她的母親是傑帕的公主札西楊千。母親在生下她之後，不久就去世了，父親也在隔年去世，⑤ 而她是唯一的孩子。好在有她的伯父薩千貢噶羅卓照顧她。

早期受教及上師

從幼年起，伯父薩千貢噶羅卓就成爲傑尊瑪企美丹貝尼瑪的主要上師。有一天，薩千看到著名俄爾艾旺卻丹寺的創建人俄欽貢噶臧波（1382-1456）顯現在眼前，向他預言他將會有四名如「梁柱」的弟子，八名如「光芒」的弟子。事實上，後來傑尊瑪企美丹貝尼瑪成爲伯父的「梁柱」弟子之一，意思是會延續其法教的最親近弟子之一。

---

④ 雖說布崔是藏族女兒的名字，但為一個將成為尼師並接受相關訓練的傑尊瑪選擇此名，似乎有點奇怪。

⑤ 參見薩千貢噶羅卓（2009）。關於傑尊瑪企美丹貝尼瑪母親的死，見第 751 頁；關於她父親的死，見第 753 頁，書中描述她父親在死後三日中都保持禪定狀態。

圖表 1、堆確拉章

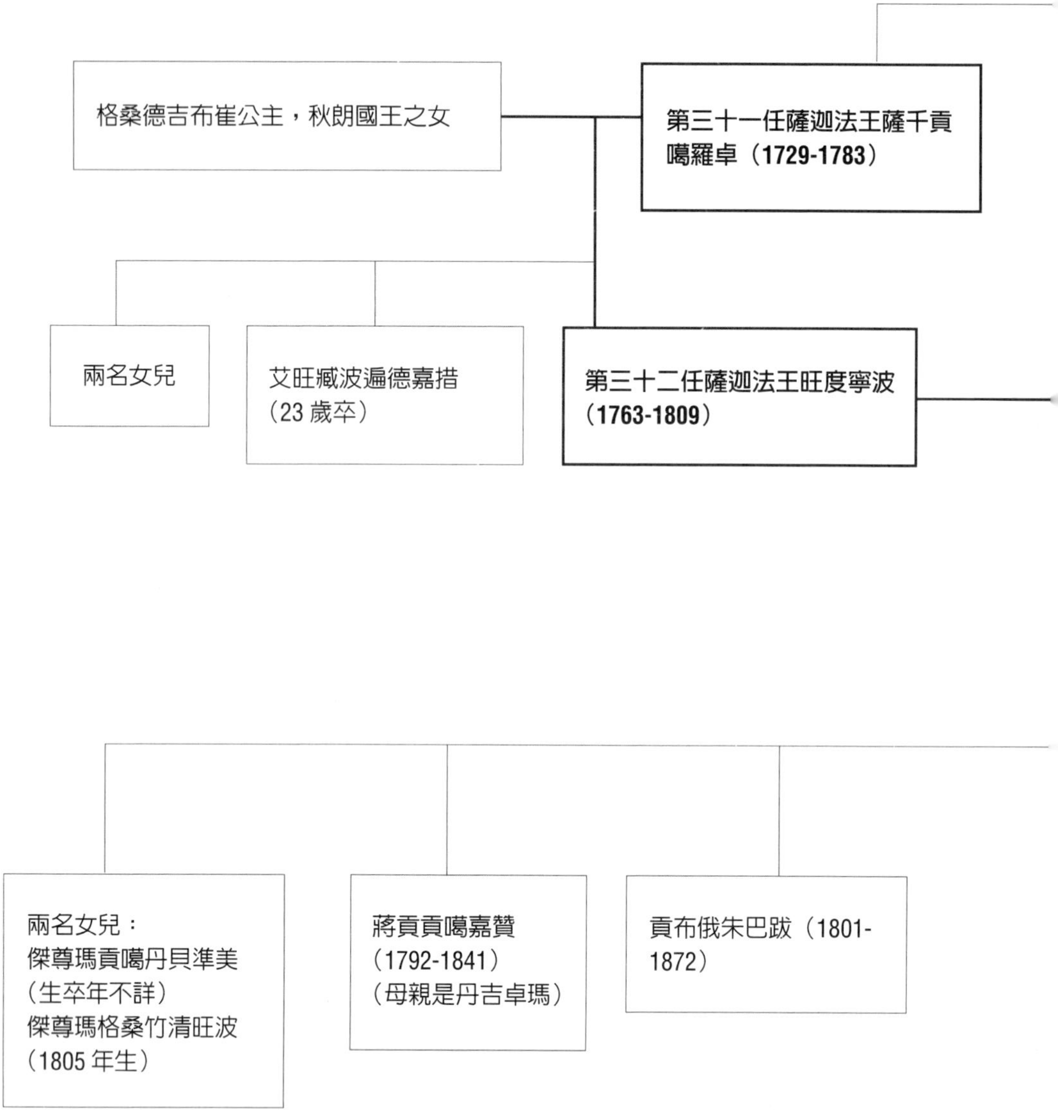
格桑德吉布崔公主，秋朗國王之女
第三十一任薩迦法王薩千貢噶羅卓（1729-1783）
兩名女兒
艾旺臧波遍德嘉措（23 歲卒）
第三十二任薩迦法王旺度寧波（1763-1809）
兩名女兒：
傑尊瑪貢噶丹貝準美（生卒年不詳）
傑尊瑪格桑竹清旺波（1805 年生）
蔣貢貢噶嘉贊（1792-1841）（母親是丹吉卓瑪）
貢布俄朱巴跋（1801-1872）

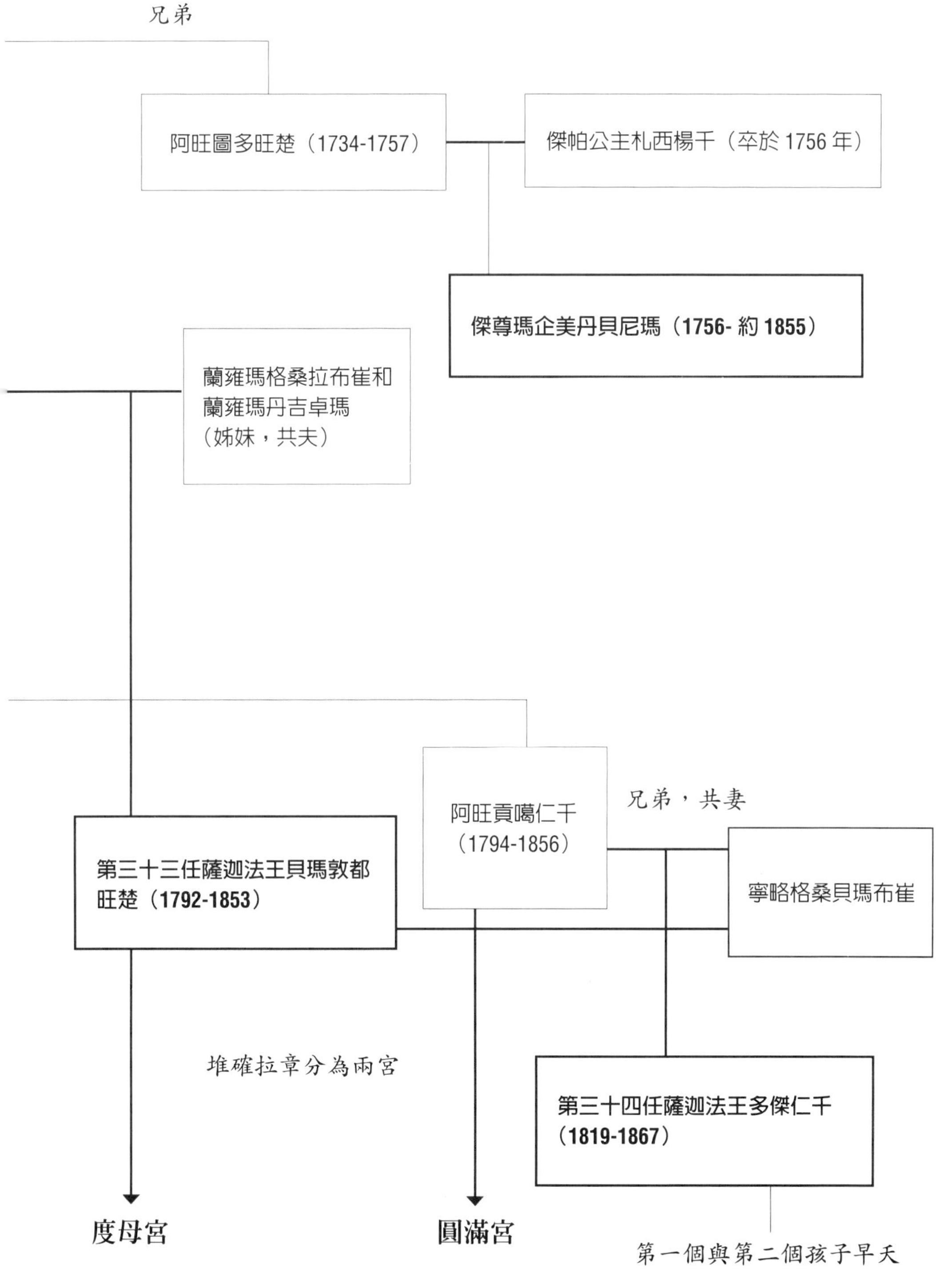
兄弟
阿旺圖多旺楚（1734-1757）
傑帕公主札西楊千（卒於 1756 年）
傑尊瑪企美丹貝尼瑪（1756- 約 1855）
蘭雍瑪格桑拉布崔和
蘭雍瑪丹吉卓瑪
（姊妹，共夫）
阿旺貢噶仁千
（1794-1856）
兄弟，共妻
第三十三任薩迦法王貝瑪敦都旺楚（1792-1853）
寧略格桑貝瑪布崔
堆確拉章分為兩宮
第三十四任薩迦法王多傑仁千
（1819-1867）
度母宮
圓滿宮
第一個與第二個孩子早夭

此外，她與幾位俄爾寺的喇嘛都有很深的緣分。

在藏傳佛教中，行者會依據個人的性情氣質、所遇見的具德上師以及家族傳統，而領受不同種類的灌頂。由於薩迦昆氏家族的成員都會成爲佛法上師，所以他們領受的灌頂都有著可預期的模式。在薩迦傳承中，最重要的本尊有喜金剛、那若卡雀瑪、普巴金剛及四面普明大日如來。

這些本尊的各種灌頂由不同的傳承所持有，每一種灌頂都伴隨著特定的教法和相關論著。由於在傑尊瑪企美丹貝尼瑪大堂兄的傳記中缺乏足夠的資訊，我們只有少許關於她日常修持的細節，不過我們可以推測出她主要修持的一些方向。

首先，我們從她堂兄的傳記中可知，她的伯父薩千貢噶羅卓將所有那若金剛瑜伽母的教法都傳授給她。日後，與此教法的甚深因緣使她以金剛瑜伽母的轉世聞名於世，這份相信是她傳說中的一個重要部分。

對藏傳佛教徒而言，金剛瑜伽母的灌頂和教法是一項極爲重要的修行，對薩迦派來說尤其如此。許多偉大的薩迦傑尊瑪都被認爲是金剛瑜伽母的化身。金剛瑜伽母的信仰者分屬不同的傳承，對薩迦派而言，此教法最受歡迎的傳承源自印度大成就者那若巴（956-1040），⑥他是當時北印度著名那爛陀大學的知名學者。

根據傳說，那若巴爲自己的聰敏、深解佛教義理而感到自豪。

⑥那若巴的生卒年有多種說法。

一天晚上，他去小解時，碰到清掃廁所的老太婆。作爲一位知名的學者，那若巴不想搭理那位低種姓的老太婆，可是，老太婆卻問他：「你懂佛法嗎？」那若巴斜眼瞟著她，不屑一顧地回答道：「我研讀聲明、因明、戒律，以及如何了知事物」。她繼續問：「那你懂嗎？」那若巴敷衍她：「當然。」她又問：「你所懂的，是法教的字面意思，還是意義？」那若巴回答：「字面意思。」老太婆聽了面露喜色。那若巴又說：「也懂意義。」老太婆這時卻哭了起來，因爲她知道那若巴說的不是眞的。

那若巴是個偉大的學者，他能駕馭自己的感受，也總是在掌控之中，此時突然感到困惑和猶豫。他納悶：這名老太婆是誰？爲何她能如此泰然自若地質問他？後來，他發現這名老太婆是金剛瑜伽母的化身，之所以選擇成爲印度社會中最低賤工作的廁所清潔工，就是爲了刺激那若巴，讓他領悟：他必須離開那爛陀大學，以便尋找眞正能幫助他去除傲慢而獲得了證的上師。金剛瑜伽母成功了。

那若巴留下了大量有關金剛瑜伽母的修法指導，世稱金剛瑜伽母十一瑜伽法。此法在薩迦昆氏家族世代已經流傳了近千年。傑尊瑪企美丹貝尼瑪從她著名的伯父薩千貢噶羅卓那裡，得到此法的灌頂與相關的廣大教導。

其次，薩千貢噶羅卓還將薩迦的主要教法道果法傳授給她。修行人透過聽聞教導、思惟內涵、專注禪修，並進行相關的單獨長時閉關，將可了悟自心本性。傑尊瑪企美丹貝尼瑪最開始接受的是道果法顯宗層次的教授，之後再單獨接受密宗層次的教授，而後者更爲需要親身體驗，也更為深奧。她的上師薩千貢噶羅卓是道果法的偉大老師與傑出修行者，尤其精通密宗層次。傑尊瑪企美丹貝尼瑪一生顯密並修，成為此教法公認的上師，因而向眾人傳法無數。

雖然缺乏正式的記錄，但我們知道薩千貢噶羅卓還向傑尊瑪企美丹貝尼瑪傳授了許多其他重要的灌頂。列入記錄的教法之一，是出自《淨除一切惡趣續》的四面普明大日如來，⑦ 主尊由十二位眷屬圍繞，是有人過世時所修的法門。藏傳佛教中，許多喇嘛的重要職責之一就是主持葬禮，協助亡者得以轉生上三道。咸信有許多獲得善趣的決定因素，絕大程度則取決於該人於生前及更久遠的前世中所具的意圖和行為，稱為業力。當然，就算是喇嘛，也沒有辦法準確地說出一個人將投生何處，但高度了證的喇嘛會透過星象、夢境和其他徵兆來蒐集跡象。諸如四面普明大日如來等修法，被認為可令亡者免於投生在地獄、餓鬼、畜生此三惡道。⑧

第三，「遠離四種執著」是薩迦派的重要口訣教法，而傑尊瑪企美丹貝尼瑪是此教法傳承唯一的女性傳法師，她直接從上師薩千貢噶羅卓那裡得到傳授。雖然我未能找到任何由她撰述的論著，但薩迦派

---

⑦ 二〇〇八年，第四十一任薩迦法王在姊姊傑尊姑秀（見第八章）要他研讀與傑尊瑪奇美丹貝尼瑪相關的事情後，在印度拉傑普爾的度母宮，告訴我關於後者領受四面普明大日如來灌頂等的資訊。

⑧ 關於藏傳佛教中三惡道的詳細描述，參見德松仁波切（1995）《修道的三個層次》，二〇〇三年第二次再版，波士頓：智慧出版社。

歷代大師對此法存在不少論著。⑨

「遠離四種執著」一直是全世界藏傳佛教徒的重要教法之一。傑尊瑪企美丹貝尼瑪身爲此法脈傳承中的一員，顯示了她的博學，也有助於我們理解爲何她被認爲是聖者。眾所周知，她屬於那若巴金剛瑜伽母教法的傳法上師，此外，她也是著名的「遠離四種執著」上師傳承中唯一的女性。

晚年事蹟以及與金剛瑜伽母的連結

一七八二年，在薩迦寺第二十五任住持蔣巴確吉札西（生卒年不詳）的主持下，二十六歲的傑尊瑪企美丹貝尼瑪領受了沙彌戒，法名企美丹貝尼瑪，意爲「無死佛法之日」。⑩

第二年，她親愛的伯父及上師薩千貢噶羅卓去世。葬禮中的一個環節是要挑選一名高度了證的喇嘛，在遺體火化的時候念誦特定本尊的修持儀軌。人們認爲如果一名修行人每天都修持某個本尊法，其心識中會產生與這名本尊相關的「印記」。其後，當微妙而剎那變化的心識相續之流從死亡轉而再次投生，該印記便於此一過程中受到啓動。火化時，由高度了證的喇嘛念誦相應的儀軌，將能觸發該印記，

⑨關於此核心教法的絕妙概述及論述，包含其法脈傳承，參見薩迦法王（2011）《情感心與理智心的解脫》，第 161-162 頁，波士頓：智慧出版社；另見究給企千仁波切（2003）《遠離四種執著：論傑尊札巴嘉贊之修心與見地的道歌》，紐約：艾薩卡雪獅出版社；以及薩迦法王（1982）《遠離四種執著：薩迦派基礎修心教言集》，伯克萊薩班基金會二〇一八年第二版，傑．古德伯格（阿旺桑丹）譯，新加坡：釋迦寺。

⑩「企美」為不朽或無死之意，「丹貝」為佛陀教導之意，「尼瑪」為太陽之意。

讓亡者具足成就佛果的因緣，而投生到特定本尊所在的刹界。一旦確認亡者所修的主要本尊後，就要挑選一名喇嘛作爲該本尊修法的「隸屬者」來念誦儀軌，換句話說，其必須是特別具有資格且受到高度敬重的喇嘛。

薩千貢噶羅卓的主修本尊之一是金剛瑜伽母，傑尊瑪企美丹貝尼瑪受到請託，要在她上師圓寂後的整整四十九天裡念誦金剛瑜伽母的祈願文與附加供養文。選擇一名年輕女性喇嘛，而非資深男性喇嘛來執行這些重要的儀式，顯示這位女性確實精通金剛瑜伽母的修法。這是極高的榮譽。幾十年後，著名薩迦派及不分教派（利美）運動的金剛上師蔣揚欽哲旺波（1820-1892）便宣揚，傑尊瑪企美丹貝尼瑪是名副其實的金剛瑜伽母。⑪

傑尊瑪企美丹貝尼瑪的聲譽日益增長，她是金剛瑜伽母化身的名聲也傳布開來。在她堂兄的傳記裡有一小段故事，提到當傑尊瑪企美丹貝尼瑪年老時，視力變得衰弱，她將金剛瑜伽母教法傳授給她的主要弟子之一竹本阿旺仁千（生卒年不詳），後者是來自德格具有大成就的瑜伽士。當傑尊瑪企美丹貝尼瑪向他傳法時，她的視力突然改善了。後來她告訴竹本：「看到西藏有像你這樣的喇嘛，我的眼睛便復原了。」⑫

在對第四十一任薩迦法王的一次採訪中，他表示這種事情之所以

---

⑪ 察速聽列仁千（2009），第 342 頁。

⑫ 同上，第 341-342 頁。

發生，是由於他們甚深的師徒關係。薩迦法王還說，當傑尊瑪企美丹貝尼瑪向竹本阿旺仁千傳授金剛瑜伽母的內加持儀軌時，需要以顱器盛取甘露讓他飲下。只見顱器裡的甘露液體自動沸騰起來，冒出無數氣泡。竹本阿旺仁千將沸騰的甘露一飲而盡，他對萬法實相（空性）的了解於剎那間整個開展。⑬ 她的聲名遠播，許多康區的上師與獲得認證的轉世者都聽聞她具有超凡的能力和智慧。雖然他們沒有機會親眼見到她，但都想要領受她的金剛瑜伽女傳承法教，並萬分努力地達成此事。很多喇嘛都對她讚譽有加。

弟子眾

傑尊瑪企美丹貝尼瑪弟子無數，遍布整個西藏。大多數薩迦昆氏家族的成員都從她那裡接受過共與不共的道果法，以及金剛瑜伽母教法，受法者包括度母宮的創始人、第三十三任薩迦法王貝瑪敦都旺楚，他的女兒傑尊瑪格桑竹清旺嫫（1805-？）和他的兒子第三十五任薩迦法王札西仁千；圓滿宮的創始人、第三十四任薩迦法王多傑仁千（亦稱為貢噶仁千），以及他的兒子第三十六任薩迦法王阿旺貢噶索南。

如前所述，傑尊瑪企美丹貝尼瑪與俄爾寺（見圖 5）有很深的關聯。俄爾寺有四個道場，被稱作四個拉章，分別是祿頂、康薩、塔澤和遍德。傑尊瑪企美丹貝尼瑪不僅教導了多位俄爾寺的住持，也

⑬ 二〇〇八年，於印度拉賈普爾採訪第四十一任薩迦法王。

圖 5、俄爾寺，西藏後藏，攝於一九三九年。

認證了第五十三任遍康（遍德拉章）住持貢噶丹貝羅卓（1822-1884）爲第三十四任住持巴登確瓊（1702-1760）的侄子轉世。在第四章，我們會看到貢噶丹貝羅卓成爲傑尊瑪丹眞旺嫫的一位重要老師。傑尊瑪企美丹貝尼瑪還教導過第四十四任俄爾塔澤的住持蔣巴南卡企美（1765-1820），而著名的不分教派上師蔣揚欽哲旺波就是蔣巴的轉世，他曾宣稱傑尊瑪企美丹貝尼瑪爲金剛瑜伽母的化身。她還教導過蔣巴的侄子第四十七任塔澤住持（1811-1821 在任）蔣巴貢噶丹津（1776-1862），他是深具影響力的傑出人物。

圓寂

傑尊瑪企美丹貝尼瑪最後的住所是仁增宮（持明宮），位於薩迦寺建築群（參見第二章）的東南角。她極爲高壽，至少九十多歲，當時人們稱呼她爲「傑尊瑪仁增嫫董」（仁增宮的賢善老婦）。她圓寂的具體日期已不可考，不過根據第三十三任薩迦法王貝瑪敦都旺楚的傳記記載，當法王在一八五三年去世後，傑尊瑪企美丹貝尼瑪還負責將其骨灰做成「擦擦」（小泥塔）。⑭ 由此可知，她於一八五〇年代中期仍然在世。

傑尊瑪企美丹貝尼瑪去世後，人們為紀念她而造了一尊金剛瑜伽母銀像，頭戴美麗的銀冠，鑲嵌珍貴寶石的飾物。她的舍利被置於金剛瑜伽母銀像內，安放在薩迦寺中。

本書開宗明義的部分就已經提到，傑尊瑪企美丹貝尼瑪是薩迦那若巴金剛瑜伽母教法傳承中唯一的女性傳法上師。每天都有無數修行人念誦金剛瑜伽母修法儀軌中的傳承上師，卻完全不知道其中第三十位法脈繼承者「企美丹貝尼瑪」是一名女性，更不知道她是位女性出家成就者。傳承上師中並不會全都標示傑尊瑪的稱號，包含「企美丹貝尼瑪」在內的許多西藏人名，都是中性的。

於是，「企美丹貝尼瑪」的名字就這樣平鋪直敘地和其他傳承上師放在一起，唯有當我們細察她的生平後，才會認識到她的成就，以及她對薩迦法王、俄爾寺住持和其他重要喇嘛的廣大影響。她的精英弟子，日後成為大部分遍布西藏境內之薩迦派僧眾的主要老師，進而影響了世世代代的未來修行者。

一名女性能對來自那若巴傳承其廣為流傳之深奧金剛瑜伽母修持的遺教、道果法的共法及不共法，以及「遠離四種執著」法的傳承產生如此巨大的影響，這可是一項不得了的發現。企美丹貝尼瑪在今日藏傳佛教徒當中，以身為金剛瑜伽母的化現而受人緬懷。

---

⑭ 察速聽列仁千（2009），第 381 頁；以及薩千貢噶羅卓（2009），第 573-574 頁。

4

衆人的喇嘛：傑尊瑪丹眞旺嫫

薩迦傳承另一位偉大的傑尊瑪，是傑尊瑪．丹貞旺嫫．格桑確吉尼瑪，她是傑出的學者、上師、行者及瑜伽女。關於她的全名，「傑尊瑪」表示受人尊敬的女性導師；「丹貞」是馬頭明王，代表慈悲的馬頭忿怒尊；「旺嫫」意味強大的女性；「格桑」表示吉祥；「確吉」的意思是法喜；「尼瑪」則指太陽。藏人爲他們的孩子取吉祥的名字，是因爲他們相信人生的開端就應該正向積極，以確保良善的開始，並希望有個美好的人生。傑尊瑪丹貞旺嫫名字中的每一個詞，都預示了她非凡一生的不同面向。

早年

在許多藏傳佛教偉大上師的傳記中，都能發現許多非比尋常的受孕、預示未來的夢兆，還有順利分娩的誕生等故事。傑尊瑪丹貞旺嫫的侄孫第三十九任薩迦法王察速聽列仁千撰寫了傑尊瑪丹貞旺嫫的傳記，他是傑尊瑪的主要弟子，並將傑尊瑪看作自己的根本上師之一，其中找不到任何有關出生殊勝徵兆的記述。① 實際上，除了傑尊瑪的父母及早期老師的資訊，他沒有寫下任何有關她早年生活的內容。阿旺貢噶仁千是她的父親，與自己的兄長第三十三任薩迦法王貝瑪敦都

---

① 察速聽列仁千（2009），第 413-418 頁。除另有注明，本章的大部分資料都來自於這份傳記。

旺楚（在位時間1806-1843）共娶一妻。② 但阿旺貢噶仁千成年不久後，就決定另娶妻室，並在薩迦為自己的新家庭建立了新住所，後被稱為圓滿宮（見圖表2）。和薩迦昆氏家族的大多數婚配一樣，他另娶的妻子也來自貴族家庭，是桑德家族的尼瑪達娃旺嫫。關於她的事蹟，我們幾乎一無所知，只知道她育有三女二男。

五名孩子中，傑尊瑪丹貞旺嫫居長。第二名孩子是傑尊瑪格桑丹津旺嫫（生卒年不詳），第五名最小的孩子是傑尊瑪竹清旺嫫（生卒年不詳）。長子是阿旺貢噶索南，後來成為第三十六任薩迦法王，一八六六至一八八二年在位。次子是怙主確吉朗波。這些是傑尊瑪丹貞旺嫫的直系親屬。

早期的老師

在薩迦昆氏家族中，通常是由父親或伯父為孩子指定老師。傑尊瑪丹貞旺嫫的伯父貝瑪敦都旺楚指定洛本羅迭臧波（生卒年不詳）做她的主要導師。洛本羅迭臧波教會她閱讀、念誦祈請文，為她打下堅實的基礎。

傑尊瑪丹貞旺嫫和薩迦昆氏家族的所有成員一樣，也領受了許多

---

② 西藏許多地方都實行一妻多夫制，通常幾個兄弟共娶一妻，或共娶幾個姊妹。共妻制的主要原因是出於經濟考量，若兄弟共娶一妻，則無需分配田莊與家產，可使家產完好無損。世代相傳之後，一個家庭的財富和土地就有比較多的機會可以增加，而不是分裂成小塊的土地，以致無法養活家庭。但在這種情況下，傑尊瑪丹真旺嫫的父親與他的第一任妻子分居，並娶了另一個女人，此時家庭就分裂了。兩兄弟分別建立了自己獨立的宮殿（參見第三章堆確拉章族譜圖表）。

圖表 2、圓滿宮

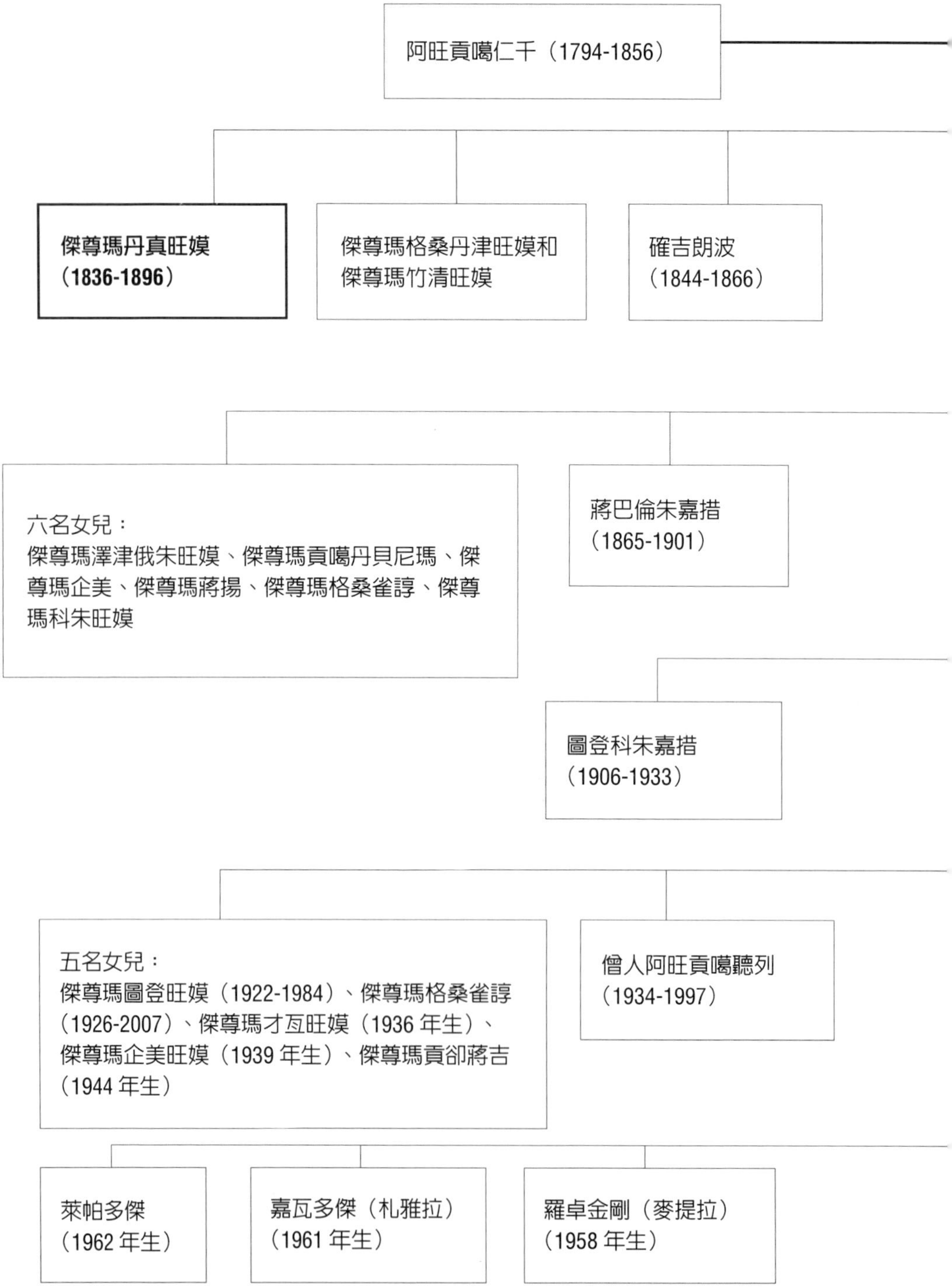
阿旺貢噶仁千（1794-1856）
傑尊瑪丹真旺嫫（1836-1896）
傑尊瑪格桑丹津旺嫫和傑尊瑪竹清旺嫫
確吉朗波（1844-1866）
六名女兒：傑尊瑪澤津俄朱旺嫫、傑尊瑪貢噶丹貝尼瑪、傑尊瑪企美、傑尊瑪蔣揚、傑尊瑪格桑雀諄、傑尊瑪科朱旺嫫
蔣巴倫朱嘉措（1865-1901）
圖登科朱嘉措（1906-1933）
五名女兒：傑尊瑪圖登旺嫫（1922-1984）、傑尊瑪格桑雀諄（1926-2007）、傑尊瑪才亙旺嫫（1936 年生）、傑尊瑪企美旺嫫（1939 年生）、傑尊瑪貢卻蔣吉（1944 年生）
僧人阿旺貢噶聽列（1934-1997）
萊帕多傑（1962 年生）
嘉瓦多傑（札雅拉）（1961 年生）
羅卓金剛（麥提拉）（1958 年生）

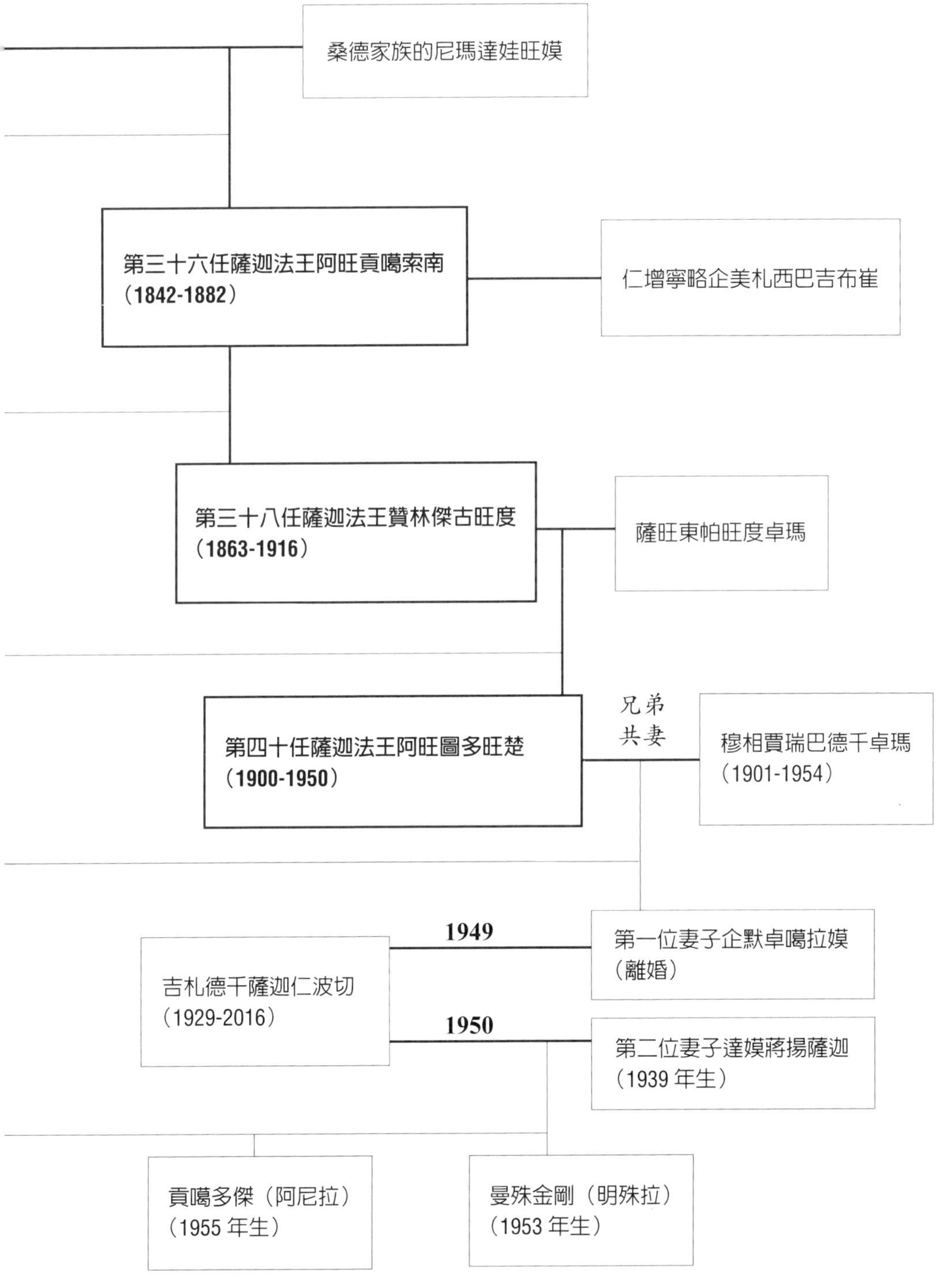
桑德家族的尼瑪達娃旺嫫
第三十六任薩迦法王阿旺貢噶索南（1842-1882）
仁增寧略企美札西巴吉布崔
第三十八任薩迦法王贊林傑古旺度（1863-1916）
薩旺東帕旺度卓瑪
兄弟共妻
第四十任薩迦法王阿旺圖多旺楚（1900-1950）
穆相貢瑞巴德千卓瑪（1901-1954）
1949
吉札德千薩迦仁波切（1929-2016）
第一位妻子企默卓噶拉嫫（離婚）
1950
第二位妻子達嫫蔣揚薩迦（1939 年生）
貢噶多傑（阿尼拉）（1955 年生）
曼殊金剛（明殊拉）（1953 年生）

重要的本尊灌頂，藏傳佛教徒相信這些本尊會在今生與來世都守護著他們。薩迦傳承中，這些本尊包括喜金剛、金剛瑜伽母、普巴金剛及四面普明大日如來。③根據不同的傳承，每位本尊都有不同的灌頂儀式、特別的教法及論述。她學習本尊的來歷、觀修的成就法、如何以數學般精確的方式製作出代表本尊居處且具有各項嚴飾的壇城、正確的食子供養，以及如何唱誦日常供養文與迴向文等。此外，她還學習每項修法的傳統唱腔及伴隨樂曲。④所有這些皆需要巨大的努力、年復一年堅持不懈的投入，以及爲了一切眾生獲得證悟的強烈願望（菩提心）。

所受教法

傑尊瑪丹貞旺嫫有許多老師。她的傳記中提到，她的父親和她的伯父貝瑪敦都旺楚如何爲她傳授各種教法，例如普巴金剛的灌頂以及如何修持儀軌和舉辦法會。普巴金剛是一位忿怒尊，能驅遣障礙並消除不利於慈悲和智慧增長的力量。昆氏家族從八世紀起就學習這項古老的修持方法。當偉大的印度瑜伽士蓮花生大士來到西藏時，昆氏的遠祖昆氏那堅扎拉西達曾領受過此法。每年陰曆七月，薩迦人都會以一整個月的時間來持續頌揚普巴金剛，即使在動盪的一九五九年，包括昆氏家族在內的許多藏人逃離家園而流亡時，仍進行了這些儀式，

---

③ 傑尊瑪丹真旺嫫所受過的本尊灌頂、教法，以及進行過的必要閉關甚多，所以此處並未記錄。

④ 察速聽列仁千（2009），第 414 頁。

清楚地表明了普巴金剛在薩迦派傳統中至高無上的重要性。

傑尊瑪丹貞旺嫫也領受了勝樂金剛灌頂，這是源於印度成就者奎師那帕達的傳承。⑤勝樂金剛的意思是「勝樂之輪」，其勝樂是了悟實相的標誌。此外，勝樂金剛屬於無上續部的灌頂，有時為了領受其他灌頂，必須先領受無上續部的主要灌頂，因而，這是為她往後領受其他重要灌頂鋪路。

藏傳佛教中，許多本尊都有各種不同的身相。勝樂金剛就有五十種不同樣貌，有些是以佛父母雙運的形式出現。男性本尊「佛父」象徵方便，即慈悲，目標為終生致力於幫助一切有情眾生。但當然，僅有慈悲是不夠的，女性本尊「佛母」則象徵智慧。如果沒有正確的見地或智慧，便不知道如何才能真正地幫助眾生，而只會創造出更多的問題與迷惑。要幫助他人，悲智雙運是必要的。

勝樂金剛外相為男性本尊，他的明妃是偉大的女性本尊金剛瑜伽母，或稱為金剛亥母。雖然她顯示為勝樂金剛的明妃，但對許多修行者來說，金剛瑜伽母就是主尊，而且在許多關於她的描繪中，金剛瑜伽母是以獨立的女性本尊形式出現，並沒有外在可見的男性本尊與之相配。⑥

由此我們來了解傑尊瑪丹貞旺嫫所接受的下一個本尊灌頂，也

⑤ 奎師那帕達（Krishnapada）亦被稱為奎師那洽亞（Krsnacarya）。從印度成就者傳承下來的勝樂金剛主要修法共有三支，薩迦昆氏家族擁有全部三個傳承。但此時傑尊瑪丹真旺嫫所領受的是源於奎師那帕達的傳承。

⑥ 參見伊莉莎白．英格麗希（Elizabeth English）（2002）《金剛瑜伽母的觀想、儀軌與形態》，波士頓：智慧出版社。

就是印度大成就者那若巴傳承的殊勝金剛瑜伽母教法。正如第三章所說，這個傳承在薩迦昆氏家族中代代相傳了近千年，一些偉大的薩迦傑尊瑪被認為是金剛瑜伽母的化身。⑦傑尊瑪丹貞旺嫫從她的家族那裡領受了金剛瑜伽母的灌頂及其廣大教法。根據她的傳記，她在一生中多次傳授此法。此教法與她的傳授成為她的重要遺教之一。

在她接受了這些根本灌頂後，她同父異母的兄長多傑仁千給予她薩迦主要修持的道果法教導，包括其共的顯宗法與「不共」的密宗法。傑尊瑪丹貞旺嫫的一生都在修持道果法的共與不共法，並因為大量傳授該法而成為公認的道果法大師。

對絕大多數人來說，這些本尊的知識和教法可能超出個人所能承載的能力範圍，但對於日後要成為佛法老師的人而言，只要有心理解並加以修持，盡可能多接受灌頂與教法是非常重要的。學生的傾向、氣質、能力及興趣十分多樣，一位善巧的老師必須因材施教。這並不是說教法會有所改變，而是因老師的知識豐富，足以做到為每一名弟子選擇合適的方式。因此在藏傳佛教中，行者會值遇廣泛而多樣的本尊。他們的形象各異，有的顯現為極忿怒，適合需要被降伏的人；有的顯現為甚寂靜，適合需要慈愛的人；有的顯現為佛父母雙運，以強調悲智雙運在達致證悟方面的重要性；還有一些顯現為半忿怒相，適合需要被鞭策的人，使他們繼續在修道上精進。

在藏傳佛教中，可看到包括一百位或更多本尊的匯集式修持法。

---

⑦ 傑尊瑪丹真旺嫫的弟子兼傳記作者察速聽列仁千，曾多次提及她是金剛瑜伽母的化身。

薩迦派就有頗爲著名的「百成就法」，傑尊瑪丹貞旺嫫從她同父異母的兄長多傑仁千那裡，接受了這些灌頂，以及文殊閻魔敵和瑪哈嘎拉這兩位重要本尊的灌頂與加持。

閉關及誓言

行者接受上述灌頂後必須做的一項修持是，針對自身已領受的主要灌頂本尊進行單獨閉關。最密集的閉關之一是喜金剛閉關，時間是七到八個月。其他大多數的閉關時間都相對較短，但仍需一些時日，例如金剛瑜伽母的閉關時間是三到四個月。有些則只要一個月甚至更短的時間。傑尊瑪丹貞旺嫫曾進行閉關的本尊有喜金剛、金剛瑜伽母、普巴金剛、瑪哈嘎拉、大力降伏本尊作明佛母以及伏魔金剛手。要進行這麼多的閉關，就需要大量的時間，而只有偉大的行者才能完成這些修持。此外，她還遵守每日的修行誓言——「四不間斷法」，包括喜金剛〔道位〕成就法、上師瑜伽甚深道、畢瓦巴守護口訣禪修以及金剛瑜伽母成就法。陰曆每月初八、十四、廿三和廿九日，則要供養護法。

另外，薩迦昆氏家族的所有血親成員都要領受三種誓戒：別解脫戒、菩薩戒與密咒戒。首要的別解脫戒，是承諾不造作所有會障礙個人解脫輪迴的惡行。⑧ 傑尊瑪丹貞旺嫫從薩迦大寺的住持札西群培那

⑧ 傑出的寧瑪派大師敦珠仁波切在其著作《取捨明鏡》中簡要指出：（1）捨棄所有可能傷害他人的身、口、意惡念與惡行，即是別解脫戒的本質。（2）全心全意行持一切利益他人的善德善行，即是菩薩戒的本質。（3）此二種戒律的根本在於透過正念、正知與不放逸，調伏不受約束的心，並訓練自己認識到顯相與存有的遍在清淨本質。此即是密咒戒的本質。http://www.lotsawahouse.org/tibetan-masters/dudjom-rinpoche/mirror。

裡接受了三種誓戒。她因終其一生都嚴守戒律，不斷地勤奮精進而被世人銘記。

其他佛行事業

除了接受不同本尊的灌頂與教法，並誓言遵行修持，傑尊瑪丹貞旺嫫還誦讀經書。例如，她曾兩度從頭到尾完整閱讀了《大藏經甘珠爾》。對藏人而言，《甘珠爾》是包含釋迦牟尼佛「教言譯本」的聖教全集。《甘珠爾》有各種不同的版本，從一〇一卷本到一二〇卷本不等，總計超過七萬頁。另外，傑尊瑪丹貞旺嫫還閱讀薩迦昆氏的家族世系傳、偉大的薩迦大師傳⑨以及許多其他的大成就者傳。在閱讀過程中，她經常淚流滿面。第三十九任薩迦法王察速聽列仁千於傑尊瑪丹貞旺嫫的傳記中說，她的淚水表明她具有深厚的信心和菩提心。⑩佛教中，任何發願幫助他人的人都需要生起菩提心，而這是一種爲利益眾生而證悟成佛的悲憫胸懷。

察速聽列仁千進一步寫道，閱讀這些書籍而有如此反應的人十分稀少，因爲絕大多數人都不具備這種感受。⑪他還寫道，「當今」的喇嘛們喜歡吹噓，假裝自己具有天眼通，能了知過去和未來，但實際

---

⑨ sNgags 'chang chen po'I rnam thar ngo mtshor rgya mtsho，意思是「薩迦法王族系祖師修道傳記」。

⑩ 察速聽列仁千（2009），第 415 頁。

⑪ 在佛教中，以下這個比喻被用來說明菩薩是多麼敏感：「若有人將一根睫毛放在手掌上，他通常不會對睫毛有所覺知，但如果將這根睫毛放進眼睛裡，感覺便會很強烈。二者對他人痛苦的感受度之差別在於，菩薩能感受他人的不適與痛苦，凡夫則不知不覺。」

上他們根本沒有神通。傑尊瑪丹眞旺嫫正好相反，她從不宣稱自己有什麼神通，可是當她用骰子占卜時，解讀的結果都十分準確。⑫

藏傳佛教有非常久遠的占卜傳統，占卜者或是喇嘛會用骰子、念珠或銅鏡來預測某一情境，推算某人的未來。甚至有人會進入出神的狀態，成爲靈媒而進行預言。多數喇嘛都會隨身帶著一個小圓金屬片，或一個裝著骰子的木盒子，因爲信徒們會定期拜見，請求他們占卜。喇嘛在接受占卜請求後，便會祈請一位特定的本尊，然後在木盒中搖動骰子，爲信徒解讀結果。⑬

許多喇嘛從幼年起就接受訓練，學習解讀骰子的結果。不同的喇嘛會根據自己與特定本尊的連結，而依止不同的本尊。代表智慧的文殊菩薩，就是一位廣受歡迎的本尊。每個骰子有六面，每一面代表著文殊菩薩咒語的一個字母。在投擲兩個骰子之前，喇嘛必須要先觀想文殊菩薩，感受菩薩將透過骰子揭示結果。骰子擲出後，喇嘛便需解讀每個字母。此法需要多年的練習。一些喇嘛的預測會比其他喇嘛準確很多。顯然，傑尊瑪丹眞旺嫫是一位享有盛名、能準確預測結果的上師。

---

⑫ 察速聽列仁千（2009），第 415 頁。

⑬ 祈求占卜的原因通常有很多，諸如諮詢買賣、選擇配偶、更換工作、健康排程、出門遠行等，占卜者會根據每種情況給出建議。然而，並非所有的占卜都會清楚明白，有的開始顯示良好，最終卻走下坡，反之亦然。有的顯示需等待時機，有的顯示需當機立斷。因此結果不可預知，通常需舉行法會來驅除潛在的障礙，以逢凶化吉、增加好運。

康區之行

薩迦位於西藏中部的南面，屬於後藏地區，不過許多薩迦派的信徒分布於西藏東南部或康區。康區有許多薩迦派的重要寺廟，還有無數昆氏家族的施主，他們佈施資具和金錢來供養薩迦派。昆氏家族的成員會應信眾與施主的請求，頻繁出訪康區，給予灌頂、教法和加持。一八五〇年代末，傑尊瑪丹眞旺嫫的胞弟阿旺貢噶索南，也就是未來的第三十六任薩迦法王（在位時間 1866-1882）請她到康區一行。⑭ 傑尊瑪丹眞旺嫫順著他的心願，和弟弟確吉朗波一起去了康區。

他們的康區之行有幾大原因，一是收納供養，二是為西藏中央政府祈福，希望政府軍能擊敗強大的新龍叛軍首領貢波南卡，他在一八六〇年起軍反叛。幾年的時間裡，他便攻佔了康區大部分的地方，威脅到薩迦派在康區的傳統首府德格。不過他的勝利並不長久，於一八六五年遭到擊潰。⑮

在《薩迦世系譜》中，察速聽列仁千所著關於傑尊瑪丹眞旺嫫的傳記裡面，並沒有列出她康區之行的具體行程，我們只能從其他記述

---

⑭ 察速聽列仁千在傳記中並未給出具體日期。然而，北京藏傳醫學及占星學院於二〇〇五年出版、有關黑牛寺史的小冊子，也就是策仁旺傑與雅瑪貢波所著的《水晶明鏡：一段朗納寺史》，第 7 頁中指明傑尊瑪丹真旺嫫最小的弟弟確吉朗波，是在一八六〇年到達黑牛寺。

⑮ 參見玉竹措姆（Yudru Tsomu）（2014）《貢波南卡在康區的崛起：新龍的獨眼戰士》，藍漢：羅曼。

康區

中查找她的主要留經地點。我們能確知的是：傑尊瑪曾到訪玉樹的結古寺，該寺於十三世紀時由薩迦學者八思巴羅卓嘉森創建，十五世紀時由第二十任薩迦法王達欽謝若嘉贊（1473-1495）擴建。結古寺是薩迦派在康區的大寺之一，許多建築都含納在此寺院的建築群裡，其中包括顯赫富有之卓龐家族吉美貢噶旺傑（1893-1952）的宮殿，⑯ 直到一九九〇年代毀壞前都被稱為「卓龐宮」。一九五九年，中國共產黨入侵西藏，卓龐吉美貢噶旺傑的兒子仁千慈林（見圖 6）是康區的抗軍領袖之一。人們在他的領導之下英勇戰鬥，但最終於一九六〇年代初期被迫流亡印度。

關於傑尊瑪丹貞旺嫫於一八六〇年代的結古寺之行，卓龐仁千慈林曾向他女兒達嫫蘭澤薩迦講述過一些家族的口傳傳承。⑰ 他說傑尊瑪丹貞旺嫫到訪結古寺時，居住在卓龐宮。她待的紅色大房間是僅為閉關或舉行儀式等宗教用途所保留的。結古寺律法森嚴，僧人在寺外不許交頭接耳，以防社交或可能的閒聊，婦女也不許在寺院建築群內過夜。⑱ 傑尊瑪丹貞旺嫫儘管身為女性，卻仍然被允許住在宮中，首先也是最重要的原因，肯定是她被視為一位傑出的喇嘛。在她長期

⑯ 吉美貢噶旺傑的名字是第三十九任薩迦法王察速聽列仁千所取的（根據其子卓龐仁千策仁的個人談話）。達嫫蘭澤薩迦於二〇一九年五月六日的電子郵件。

⑰ 我於二〇一六年八月二十四日拜訪達嫫蘭澤薩迦。因為她父親居住在印度，她透過微信語音記錄了父親的口述，然後我們一起聽了語音。

⑱ 一九五三年，當吉札達欽薩迦仁波切和妻子達嫫蔣揚薩迦及其母親到訪結古寺時，由於卓龐宮位於寺廟建築群內，達嫫蔣揚薩迦的母親便無法在卓龐宮過夜，達嫫蔣揚薩迦則因為是吉札達欽薩迦仁波切的妻子而得以破例留宿。參見蔣揚薩迦與朱莉艾梅瑞（Julie Emery）（1990）《雪域公主：蔣揚薩迦在西藏》，第 145 頁，波士頓：香巴拉出版社。

圖6、卓龐仁千慈林，一九五三或一九五四年攝於安多地區的西寧。

居住後，由於她的存在和修持的加持，她住的房間在她離開後成了佛殿。她用過的法鼓、金剛鈴與金剛杵等法器都被保留在房間裡。她因爲自己修法所需還做了三個護法面具，分別是持棒瑪哈嘎拉、四面瑪哈嘎拉和吉祥天母，每個面具都有六至七英寸長。由於這三個面具是傑尊瑪親手所製，且在她的修持中都會用到，因此充滿了她的加持力。從此以後，人們都會在這個房間裡做日修祈願和食子供養。⑲

卓龐仁千慈林還說了一則故事：傑尊瑪丹眞旺嫫受邀去他父親吉美貢噶旺傑的主宮森澤參加普巴金剛法會與金剛舞。在那次參訪中，她被要求在宮中給予加持。⑳ 坐在她附近的觀眾裡有一對母子，男孩

⑲ 全部資訊皆來自卓龐仁千策仁，根據他的姓名發音排序。

⑳ 達嫫蔣揚薩迦曾簡略介紹過森澤；見薩迦與艾梅瑞（1990），第 154 頁。她描述了仍保存在那裡的巨大瑪尼石牆，以及來自康區和各地的人們如何在此繞行。

只有五歲左右。在加持儀式中，傑尊瑪丹眞旺嫫灑下茶水，一些滾燙的茶水濺到了男孩臉上，孩子母親受到驚嚇，但男孩自己卻泰然自若，非但沒有像一般的小孩那樣哭泣，反而很開心的樣子。丹眞旺嫫看到了這個反應，說他是個特別的孩子。

在此期間，結古寺兩大轉世祖古之一、第三世甲那祖古的一群僧人弟子前來薩迦，詢問他們的上師當時轉世到何處。薩迦貢瑪（藏人對薩迦法主的稱呼）告訴他們，祖古已經轉世在森澤，很有可能是那位五歲的男孩，他要他們去詢問傑尊瑪丹眞旺嫫，因爲她去過結古寺，可能會知道這名男孩是否爲轉世祖古。於是這群弟子就去請教傑尊瑪，她毫不猶豫地宣布，那個被茶水灑到的男孩就是他們要找的轉世祖古。於是，第四世甲那祖古就被認證爲新的轉世。

傑尊瑪丹眞旺嫫送給卓龐家族一枚她親手所製、拇指大小的瑪哈嘎拉面具，卓龐家族視爲珍寶，供奉在她的佛殿房間中。後來，結古寺的另一位轉世祖古堪祖麥甘仁波切住進那個房間，他將小面具放在一只壞掉的音樂鐘裡，保存起來。年幼的卓龐仁千慈林知道了面具所在，並想要得到它。爲了得到面具，他拿來一個完好的音樂鐘給堪祖麥甘，請求能交換面具。好心的喇嘛把面具送給了卓龐，他非常高興。可是他的叔叔發現了這件事，罵了他一頓，問他爲什麼想要面具。卓龐立即回答說，他想要每天都戴著那枚小面具。後來卓龐的父親找來一隻壞掉的手錶，把面具放入，大小恰巧合適，如此卓龐就能每天戴在手腕上，獲得守護。

離玉樹不遠的塔隆寺，是第三世德松仁波切的主寺。德松仁波切的妹妹阿尼企美卓瑪記得長江周圍的鄰近地區有一塊白色的石座，是專門為傑尊瑪丹貞旺嫫準備的。㉑ 從石座步行兩小時可到達塔隆寺。在西藏鄉野，人們經常能看到有靠背的白色石頭，它是為喇嘛特別準備的座位。這些石座通常都在主要道路附近。阿尼企美強調，傑尊瑪丹貞旺嫫的石座離塔隆寺很遠，人們會遠從塔隆寺長途跋涉來歡迎她，表示對她的尊崇。這樣的石座是為崇高的聖者準備的，以表達敬意。喇嘛可以在此用茶，休息片刻，再動身前往寺廟。然而，人們很少聽說有為女性喇嘛準備的石座，這更表明傑尊瑪丹貞旺嫫的確是位傑出的女性。

傑尊瑪丹貞旺嫫和她的胞弟在康區時，到訪了各個不同的地方。他們似乎在德霍地區停留了幾年之久，特別是朗納寺（「黑牛寺」）。朗納寺是法王八思巴於一二七六年建立的，當時正是他第三次入中國成為忽必烈可汗的國師後，回到薩迦的途中。㉒《水晶明鏡：一段朗納寺史》的作者說道，朗納寺的第三世祖古念札丹貝旺楚從傑尊瑪丹貞旺嫫那裡接受了許多灌頂。由於新龍的貢波南卡帶領叛軍在黑牛寺所在地區作戰，黑牛寺僧眾不堪其擾，決定前往康區丹馬的薩迦派靜僻處薩卡，因此他在薩卡接待了傑尊瑪丹貞旺嫫。㉓ 他也在薩卡從傑尊瑪那裡接受了許多灌頂和教法，包括甘札巴勝樂金剛、

㉑ 我於二〇〇七年十一月十四日與十五日在尼泊爾滿願塔採訪了阿尼企美卓瑪。
㉒ 策仁旺傑與雅瑪貢波（2005），第 5 頁。
㉓ 同上，第 21-22 頁。

那若巴金剛瑜伽母、四面普明大日如來與喜金剛。㉔ 另外，他還接受了長壽佛灌頂，以及去除障礙的馬頭明王灌頂，此乃去除壽障方面廣受歡迎的灌頂。

一八六四年，傑尊瑪丹貞旺嫫的胞弟確吉朗波在黑牛寺，爲祖古念札丹貝旺楚傳授三戒（別解脫戒、菩薩戒、密乘戒），並口傳了喜金剛教法。㉕ 此外，確吉朗波還在自己閉關的山洞中賜予他「俄氏七壇城」與其他一些教法。㉖ 之所以會在祖古的閉關山洞中傳授這些，顯示這些都是特別的教法，只傳授給篩選過的少部分人。

不幸的是，一八六六年藏曆三月十五日，德霍地區經歷了一次大地震，造成大量的人和動物死亡，念札祖古的雙親以及確吉朗波都在地震中身亡。㉗ 確吉朗波的去世震驚了薩迦家族。他年僅二十二歲。家人立即派他的二姐，當時正居住在塔澤拉章的傑尊瑪格桑丹津旺

㉔ 同上，第 18 頁。後來，念札丹貝旺楚祖古約十七歲時，拜訪薩迦，並從傑尊瑪丹真旺嫫那裡接受了許多密宗教法。策仁旺傑與雅瑪貢波表示，由於這些教法如此祕密，乃至於祖古都沒有將其用文字記錄下來。

㉕ 同上，第 21-22 頁。書中記載，念札祖古是在十一歲時接受誓戒。我按照西藏習俗以虛歲計算他的年齡。

㉖ 同上，第 22-23 頁。黑牛寺的第一任住持欽拉葛帕建立了這個閉關山洞，為紀念他，此處取名「葛帕」，意思是增上德。參見傑克森（2020），第 31 頁後討論葛帕祖古。

㉗ 策仁旺傑與雅瑪貢波（2005），第 23 頁。確吉朗波死亡日期的資訊有些矛盾之處。據察速聽列仁千（2009）第 425 頁記載，他死於木鼠年一八六四年三月十五日，年二十二歲。然而，家譜還記載說他生於父親五十一歲那年，而他父親是一七九四年生，所以確吉朗波應出生於一八四四年（據西藏以虛歲而非生日記算年齡），因此他死亡的年分應該是一八六六年。策仁旺傑與雅瑪貢波（2005）第 23 頁中記載地震發生於一八六六年三月。

嫫㉘前往康區，為其兄弟舉行葬禮。㉙確吉朗波被火化，並在黑牛寺建立了一座紀念佛塔，第三世念札祖古在佛塔為所有在地震中去世的眾生舉行了四面普明大日如來（昆利）法會。㉚在《雪域公主》一書中，達嫫蔣揚薩迦寫道：「第一波地震來襲時，『確吉朗波（她稱他為怙主卻朗）』堅持要他的追隨者先離開，說他要留下，並以自己的死來平息地震。還吩咐在他死後，遺骸要留在黑牛寺佛塔內，如此可以防止日後再有地震災難。」㉛在薩迦的塔澤拉章，也建立了一座鍍著金銀的佛塔，以紀念確吉朗波。㉜

傑尊瑪丹眞旺嫫在康區時，給予了許多加持、灌頂與教法。不過，她一直念念不忘其胞弟第三十六任薩迦法王阿旺貢噶索南對她的囑託，要她找到一位有著密宗道果法傳承，且能傳授金剛鬘法和大三紅尊法的上師。㉝阿旺貢噶索南強調，他深知接受過這些教法傳承的上師太少，法脈在未來很有可能會失傳，㉞於是再三囑咐傑尊瑪

㉘ 察速聽列仁千（2009），第 425 頁。一九五〇年代早期，圓滿宮的傑尊瑪格桑雀諄和妹妹傑尊瑪才亙旺嫫一起住在塔澤拉章，並進行一些閉關。傑尊瑪現居西雅圖。本書第一章曾引述她的話，她提到與姊姊傑尊瑪格桑雀諄一起住在塔澤拉章。

㉙ 同上，第 418 頁。藏語俗稱 dgongs rzogs，意為「完成遺願」。

㉚ 此外，第三世念札祖古還念誦了六十萬遍昆利咒，並做了閉關，以幫助逝者往生善趣。

㉛ 薩迦與愛默里（1990），第 194 頁。

㉜ 察速聽列仁千（2009），第 425 頁。

㉝ 薩迦派的大三紅尊分別是作明佛母、象鼻天和欲帝明王，紅色象徵力量。

㉞ 藏傳佛教中，教法與修持必須依靠上師與弟子間代代相傳，如果一位上師持有極為稀有的教法，可能只有他一人從自己的上師那裡得到了這個法教，他便感到責任重大，並延續法脈。然而，首先需要有合適的弟子出現，能夠領受並修持教法。等到合適的弟子出現了，上師會感到欣慰，並將法脈傳承下去。由於這些教法是如此珍貴，有些上師和弟子的畢生使命，就是領受並傳承這些鮮為人知的教法，使其不至於斷絕。這能夠保證上師傳承的法脈清淨無染，且切實可行。在本尊觀想儀軌中，會包括傳承祖師，以顯示修持的真實性與權威性。

丹貞旺嫫：「若是你找到能傳授這些教法的具德上師，一定要向他請法。」幸運的是，她確實找到了，俄爾寺第五十三任遍康（遍德拉章）住持貢噶丹貝羅卓持有所有這些法脈，因此具格能爲她傳授全部的法教。㉟《道果法教論大集》中說，貢噶丹貝羅卓四十四歲時（1866 年）去了康區的上嘎，當他到達結古寺時，遇到了傑尊瑪丹貞旺嫫，後者請求他爲篩選出的喇嘛與僧人傳授密宗道果法與金剛鬘法，而該此傳授爲期三個月，共計三十人受法。㊱

傑尊瑪丹貞旺嫫因而使法脈得以相續不斷。她回到薩迦後，便向自己尚在人世的胞弟第三十六任薩迦法王阿旺貢噶索南㊲傳授了法教，所以她的偉大貢獻之一，即是保存法脈並將它們傳承下去。她還向第三十六任薩迦法王傳授了許多其他教法，包括喜金剛、普巴金剛、寶帳怙主大黑天，以及其他一些守護的本尊與護法，還有勝樂金剛、密集金剛和閻魔敵的教法。㊳第三十六任薩迦法王也和其姊姊兼

㉟貢噶丹貝羅卓與傑尊瑪企美丹貝尼瑪的關係，在本書第三章末尾有述。他由第三十五任薩迦法王札西仁千任命為第五十三任俄爾寺住持，任期從一八四九年起至一八五二年止。參見堪千阿貝仁波切（2008-10）《道果法教論大集》第 29 冊，第 826 頁。加德滿都：薩千國際出版。他的畫像，見 http://www.himalayanart.org/items/54316。

㊱參見堪千阿貝仁波切（2008-10），第 29 冊第 841 頁；第 27 冊第 439 頁。這群精英弟子中，包括堪千阿旺索南嘉贊、帕丹羅卓嘉贊、阿旺丹貝嘉贊以及第四十五世德格王帕丹企美達帕多傑。貢噶丹貝羅卓還傳授了瑪哈嘎拉的廣軌與略軌。

㊲第三十六任薩迦法王很少遠行，他出訪過西藏的西部兩次，但大多數時間都在薩迦。

㊳察速聽列仁千（2009），第 419 頁。第三十六任薩迦法王阿旺貢噶索南是傑尊瑪丹真旺嫫的弟弟及主要弟子之一，從她那裡領受了許多教法，包括拉譯師傳承的閻魔敵十三尊法（灌頂、口傳與教法集）；包括四種不同傳承的喜金剛特別法；四種不同傳承的瑪哈嘎拉教法；薩迦十三金法；金剛瑜伽母法（灌頂、教法及論著）；寶帳怙主大黑天十尊的完整教法集；尼古瑪六瑜伽的完整教法；獅面空行母五尊教法；披鎧甲護法與尸林怙主總集；勝樂金剛三種傳承；密集金剛三種傳承；大日如來十二壇城。

上師傑尊瑪丹眞旺嫫一樣，極盡全力延續法脈並弘揚教法。

我們並不清楚傑尊瑪丹眞旺嫫於何時第二次到康區，但是在蔣揚欽哲旺波的自傳《蔣揚欽哲旺波生平》中，這位著名的學者瑜伽士表示：丹眞旺嫫是位偉大的密法修行者，而他於一八七五年在康區宗薩寺給予她灌頂與教法。㊴第三十九任薩迦法王所寫的傑尊瑪丹眞旺嫫的傳記中也特別提到，著名的蔣揚欽哲旺波爲她傳授了獅面空行母的灌頂與口傳。㊵

以下是關於傑尊瑪丹眞旺嫫的另一則故事，來自第四十一任薩迦法王：

> 「通常而言，人們都很尊敬薩迦傑尊瑪，而傑尊瑪丹真旺嫫長得十分標緻，尤其受人敬仰。當她在康區德霍傳法時，一位以好色聞名的中國官員聽說她的美貌吸引了很多人去聽聞她的教授。於是他決定非得要見她不可，因而請求見面。由於他的名聲，所以傑尊瑪的侍從不想安排他會面。他們建議傑尊瑪趕快離開此地，避免和官員產生可能的紛爭。傑尊瑪卻有別的想法，她說：『我可以見他。』」

㊴ 參見蔣貢工珠所著（2012）《蔣揚欽哲旺波生平》，第 219 頁和 266 頁，新德里：雪謙出版社。

㊵ 察速聽列仁千（2009），第 414 頁。蔣揚欽哲旺波擁有獅面空行母教法最廣大的論著之一，他本人也以精通這項修持而聞名。參見 https://www.lotsawahouse.org/tibetan-masters/jamyang-khyentse-wangpo/history-of-simhamukha。

到了約定的見面日期，那名官員來了，按傳統獻了哈達。傑尊瑪的侍從等著他落座，誰知他突然飛快逃離，就像嚇壞了一樣。在場的人都楞住了，不知道發生什麼事。後來那名官員才說，他一進入傑尊瑪的房間，「就看見一個東西，長著人的身體，頭卻完全不是人，可怕極了，像是個長著獠牙的野豬頭。我嚇得回身就跑。」所有的人都對傑尊瑪的神通力感到不可思議。那名官員往後再也沒有打擾她了。㊶

薩迦法王又接著說：「她的確是金剛瑜伽母啊。」他指的是金剛瑜伽母的頭部側邊上有個野豬首。㊷

又有一次，傑尊瑪丹貢旺嫫在康區的時候，一行人來到一處常有強盜出沒的地方。有一晚，強盜真的來訪，並偷走一些馬匹和騾子，好為他們拖運行李。他們發現後非常生氣，想要報仇，企圖去追蹤強盜，並要求歸還被偷走的牲口。但傑尊瑪說：「不用，不用。沒這個必要。」她知道這樣一來難免會流血傷亡，她有自己特別的方法來找回牲口。她舉辦了一場瑪哈嘎拉的法會。正當她舉辦法會的時候，許多黑狗和黑鳥突然出現在強盜的營地，包圍了他們的帳篷，威脅和恐

㊶ 二〇一一年六月五日，於紐約沃爾頓專訪尊者第四十一任薩迦法王。

㊷ 在「偉大薩迦女性」（Great Sakya Women）的網頁上，傑尊瑪丹真旺嫫被認為是金剛瑜伽母的化身。在某些情況下，金剛亥母和金剛瑜伽母二詞是可以通用的。參見 http://hhsakyatrizin.net/teaching-great-sakya-women/。

嚇他們。強盜們嚇壞了，立即牽著偷來的馬匹和騾子還給了傑尊瑪丹貞旺嫫。人們十分歡喜，並讚嘆傑尊瑪的威能。

回到薩迦

傑尊瑪丹貞旺嫫在結束康區的長期旅行後，回到了薩迦。她的侄孫第三十九任薩迦法王所寫的傳記中，並未提及她行走的路線、參訪的聖地，也沒有記錄同行的人物。當她回到薩迦時，她的聲名已經廣爲傳播。她在後藏與康區有無數弟子，包括喇嘛、僧人和居士。由於她已領受法教且完成必須的閉關，便開始傳授法教。在傳記中，第三十九任薩迦法王察速聽列仁千強調，傑尊瑪丹貞旺嫫對傳法對象沒有分別心，任何人向她求法，她都一樣傳授。她曾傳授過無數次的完整道果共法，密法則傳授過兩次，並傳授過三次金剛鬘法。一八八六年，察速聽列仁千本人、他的妹妹怙主貝瑪聽列（詳見第五章），以及另外四個兄弟姊妹中的三人，都從傑尊瑪丹貞旺嫫那裡接受了道果共法與密法二者的傳授。㊸

關於金剛鬘法，察速聽列仁千在他的日誌中記載，一八八二㊹年他十一歲，貢嘎祖古㊺請丹貞旺嫫傳授十一世紀時孟加拉印度學者瑜

㊸ 察速聽列仁千（1974），第 1 冊，第 130-134 頁。
㊹ 同上，第 1 冊第 73 頁。他寫道，（薩迦）法王貢噶索南在前一個月，於薩嘎達瓦（藏曆四月，被視為殊勝月）五日圓寂，前任（第八世）班禪喇嘛丹貝旺楚也於同年三月圓寂。
㊺ 這是總巴派的貢嘎祖古，見 http://www.dzongpa.com/promotions.html。（【編按】如今該網頁已無法閱讀。）馬西斯富默在二〇二〇年四月七日的電子郵件中表示，貢嘎祖古是「那旺米滂圖登確吉準美（Ngag dbang mi pham thub bstan chos kyi sgron me），通常被認為是第四世金剛座（rDo rje gdan pa）上師的轉世……儘管從歷史角度而言，此事未必可信。」

伽士無畏生護傳承的金剛鬘法。傑尊瑪丹眞旺嫫應他請求，向貢嘎祖古、察速聽列仁千及其父親貢噶寧波桑佩諾布（第三十七任薩迦法王）以及其他一些人傳法。然而，傳法至一半時，昆氏家族發現有些參加者染上了時疫，她必須終止傳法。㊻ 後來，她授予察速聽列仁千完整的金剛鬘大灌頂，以及那若卡雀瑪金剛瑜伽母三尊（Khachod Korsum，也稱為 Marmo Korsum，來自印度大師因札菩提、梅紀巴和那若巴的傳承）、大三紅尊和十三金法。

每當傑尊瑪丹眞旺嫫在進行經書或論述的口傳時，語速都不疾不徐，嗓音也格外清晰。她誦讀得很快，一天內可以完成整部口傳。如果傳法者必須在幾天或幾週的時間內完成好幾部教導的口傳，這可說是個非凡的技巧。她會從儀軌前行到迴向，依次誦讀。她做的一切都遵照成就法的內容，不增不減。她如實地恪遵法教，比如當她要將各種法器放在弟子頭頂時，向來都是起身走到每個人的面前進行。另外，所有的手印也都做得精準無比。正如察速聽列仁千在傳記中所說：「在後藏和康區，沒有人可以和她媲美。她無可比擬。」㊼ 他還寫

㊻ 察速聽列仁千（1974），第 1 冊，第 70 頁及之後的內容。傑尊瑪丹真旺嫫曾傳授過無數次的各種教法，包括：（1）金剛瑜伽母三傳承和那若巴金剛瑜伽母加持及論述；（2）勝樂金剛三傳承法——盧伊巴、奎師那帕達（藏名 Ngagpopa）和甘札巴達（藏名 Drilbu）；（3）來自空行母口傳教導的拉譯師傳承怖畏金剛十三尊，畢瓦巴傳承的紅閻魔敵五尊，並口傳拉譯師的多函教法；（4）喜金剛四種特別教法；（5）瑪哈嘎拉五尊；（6）大白傘蓋佛母二十七尊；（7）阿閦佛九尊；（8）大日如來十二壇城；（9）香巴噶舉尼古瑪六瑜伽教法——灌頂、加持、論述，以及口傳；（10）寶帳瑪哈嘎拉和四面瑪哈嘎拉；（11）吉祥天母瑪佐瑪（妙音天女的忿怒相）；（12）十五族財神及其他財神的特別教誡與加持。

㊼ 察速聽列仁千（2009），第 416 頁。

道，他認爲傑尊瑪丹眞旺嫫是喜金剛明妃無我佛母的化身，也是金剛亥母的化身，他認爲她和兩位本尊無二無別。㊽

察速聽列仁千在他的日誌中還記載了一件事，那時的傑尊瑪丹眞旺嫫成爲一位和平使者。一八八三年，薩迦法王的法座從傑尊瑪丹眞旺嫫的胞弟——圓滿宮的阿旺貢噶索南傳給了度母宮的貢噶寧波桑佩諾布，後者成爲第三十七任薩迦法王（在位時間 1883-1899）。在這一年的交接裡，兩宮由於一些財政問題而兩相傾軋。爭端愈演愈烈，最後薩迦家族的每一個人都牽涉其中。察速聽列仁千在日誌中將這場紛爭描述爲烏鴉和貓頭鷹之戰。儘管官員們、寺院住持以及親屬們都試圖緩解衝突，但形勢還是白熱化到雙方互相威脅要告到拉薩的中央政府那裡去。如果眞的那樣做，對兩宮而言都費時費錢，也可能數年都無法解決。最後，傑尊瑪丹眞旺嫫和大寺的堪布札西群培介入了。㊾他們作爲調停人，要求兩宮的家族成員好好處理此事。謝天謝地，他們成功了，爭執在薩迦內部解決，沒有讓中央政府介入。因此人們對傑尊瑪丹眞旺嫫的懷念，包括她曾作爲家族紛爭的調解人，以及一位偉大的老師。㊿

在傑尊瑪丹眞旺嫫的薩迦弟子之中，有她的胞弟阿旺貢噶索南（第三十六任薩迦法王）、其夫人（來自寧日巴家族）和女兒們，還有第三十七任薩迦法王貢噶寧波桑佩諾布、其夫人（來自拉日澤巴家

㊽ 同上。

㊾ 堪布札西群培的當今轉世是企旺祖古，目前住在印度拉賈普爾的薩迦中心。（見圖 26）

㊿ 察速聽列仁千（1974），第 1 冊，第 106 頁和 111 頁。

族）和子女們——其中包括傑尊瑪的侄孫女怙主貝瑪聽列（第五章的主角），和其侄孫兼其傳記作者第三十九任薩迦法王察速聽列仁千。此外，也包括許多僧人、維那（誦經師）、官員和寺院住持——其中包括大寺的堪布札西群培（授予她三種誓言的人）。連同她叔叔第三十三任薩迦法王貝瑪敦都旺楚在內的許多人，都高度尊崇傑尊瑪丹貞旺嫫，認為她是極為清淨的傑尊瑪。

傑尊瑪丹貞旺嫫於藏曆火猴年（一八九六年）一月二十日在薩迦的住所佩吉拉章圓寂，享年六十一歲。[51]往生時有許多瑞相顯現。她在臨終前，即表明自己是在兜率天。由於未來佛彌勒佛和即將成佛的菩薩眾都駐錫於兜率天，因此往生兜率天被視為吉祥之事。圓滿宮的家族成員舉行了葬禮，將她的骨灰供奉起來，並且比照對待昆氏家族兒子們（法王子）的標準，為她建造了祭壇進行供養和多次誦經。並非所有的傑尊瑪都能得到這樣的禮遇，傑尊瑪丹貞旺嫫之所以獲得如此的尊敬，乃因她是偉大的喇嘛，教導過好幾位薩迦法王與其全體眷屬，以及諸多高階喇嘛。實際上，她在世時就享有和昆氏男性成員一樣莊嚴的儀仗，包括吹奏西藏嗩吶（嘉令），以及行進過程中為她持舉大型的黃色傘蓋。

在她去世不久後，人們鑄造了一尊真人大小、鑲嵌珍寶、鍍金銀質的那若金剛瑜伽母像來紀念她。該座雕像安放在大寺內的烏金廟

[51] 察速聽列仁千（2009），第 417 頁。舍寧 1990，第 26-27 頁。舍寧書中的圖例顯示佩吉拉章在薩迦北部喜拓拉章的東南部，在書中的標號為 29。

中。多年來，朝聖者前來參拜這尊金剛瑜伽母像，獻上供養，以表達他們的崇敬之心。傑尊瑪丹貞旺嫫因作爲無我佛母和金剛瑜伽母的化身，而受人緬懷。

傑尊瑪丹貞旺嫫的伯父第三十三任薩迦法王貝瑪敦都旺楚，認爲她是十萬空行母集於一身的化現，並預言她的弘法事業將廣大圓滿。這讓我們回想起她的全名：傑尊瑪丹貞旺嫫格桑確吉尼瑪，其意義便顯示她一生所示現的功德。如我們所見，有時候她必須示現「忿怒相」（丹真）以威懾人們，就像對待那名好色的中國官員以及那些強盜一般；而她身爲「具有力量的女性」（旺嫫），其影響力便如其名；她也肯定擁有「福報」（格桑），且更重要的是，她爲因其存在而受到加持的人們帶來好運；她既是精進的弟子，也是典範的上師，故而是「在佛法中深感隨喜」（確吉）；最後，就像毫無偏頗的「太陽」（尼瑪）將光芒遍布整個世界那樣，傑尊瑪丹貞旺嫫也向每一位求法的人施予法教，而成爲令人驚嘆不已的佛教上師。

5

偉大的瑜伽女：
怙主貝瑪聽列

在薩迦傳承中，傑尊瑪貝瑪聽列是一位偉大的瑜伽女，一提到她，首先就讓人想到一位修持金剛瑜伽母本尊法的成就者。傑尊瑪貝瑪聽列和她的姑婆傑尊瑪丹眞旺嫫一樣，也接受了包括道果法的共法與密法等諸多重要教法，並將其傳授給弟子們（見第一章）。① 後來被授予「怙主」的稱號，西藏人至今仍如此稱呼她。

「怙主」意思是眾人皈依的保護者，此一稱號通常會授予男性。貝瑪的藏文意思是「蓮花」，象徵菩薩爲解除眾生之苦而不斷在輪迴投生（如蓮花出淤泥而不染）。聽列的意思是「佛行事業」，因此她的名字可以解釋爲：一位精勤協助有情眾生努力邁向證悟的菩薩。

她的父親是第三十七任薩迦法王貢噶寧波・桑佩諾布・札西達帕嘉贊，母親是拉日策瑪企美・仁增巴拉（以下稱為達嫫拉日・策瑪企美）。② 他們居住在度母宮，家裡共有兩個女兒，四個兒子（見圖表3）。長子爲第三十九任薩迦法王察速聽列仁千；次子爲阿旺倫朱嘉贊，他於一九〇六年娶了錫金公主昆桑旺嫫。③ 三子和四子爲蔣揚圖登臧波和貢噶德帕羅卓。兩名女兒是怙主貝瑪聽列和傑尊瑪俄珠旺嫫（以下稱為傑尊瑪俄旺）。④ 我們可以看到，怙主貝瑪聽列比她的兄弟姊妹要長壽得多。

---

① 關於她的生日，參見察速聽列仁千（1974），第 1 冊，第 40 頁。

② Lha ri rtse ma（或 Lha rgya ri）；Lha rgya ri 是達嫫拉日策瑪企美的家族姓氏。

③ 昆桑旺嫫的父親是錫金第九任國王圖拓南嘉，母親是拉頂耶喜阿旺倫朱嘉贊。參見愛麗絲特拉弗斯（2006）〈外交遊戲中的女性：錫金王室與西藏聯姻中的首要考量（十三世紀至二十世紀）〉，發表於《藏學公告》42.1-2：101。

④ 參見察速聽列仁千（2009），第 495 頁。他記述傑尊瑪俄珠旺嫫生於全家從溫泉假期回來的那個秋天。

父母的榜樣

怙主丹貞旺嫫的父親爲第三十七任薩迦法王貢噶寧波桑佩諾布，關於他的生平有詳細的記載，他是一位熱情和全身心投入修行的人。⑤同樣，她的母親達嫫拉日策瑪企美也以對藏傳佛教的虔誠而聞名。⑥當達嫫拉日策瑪企美還是小姑娘時，曾和母親一起拜見達賴喇嘛。⑦在那次的參訪過程中，拉日策瑪企美於念誦度母祈請文時，親見了度母，而度母是藏傳佛教中極受歡迎的本尊。小拉日策瑪企美看到度母的左手掌中有字母顯示：oṃ（嗡）a（阿）ra（惹）pa（巴）ca（匝）na（那）dhīḥ（諦），這是文殊菩薩心咒，接著每個字母都變成了一粒青稞。這個淨相被解釋爲她將有許多兒子是文殊菩薩的化身，青稞粒則意味著繁榮昌盛。⑧

親見度母也意味著達嫫拉日策瑪企美與度母有很深的緣分，會在一生中都與度母緊密聯繫。值得注意的是，許多嫁入薩迦昆氏家族的女性，其主要的修持都是度母法門。後來，當達嫫拉日策瑪企美懷上第一個兒子（未來的第三十九任薩迦法王察速聽列仁千）時，她夢見自己將一朵新鮮的藏紅花插入花瓶中。幾十年後，她的兒子第三十七任薩迦法王記述說，當時一個稱爲索巴瓊的瑜伽士⑨預言說，他的母

---

⑤ 同上，第 462-512 頁。

⑥ 察速聽列仁千（1974），第 1 冊，第 32 頁。達嫫拉日策瑪企美的名字被記述為 Chi med rig'dzin pal lha。

⑦ 可能是第十二世達賴喇嘛聽列嘉措（1857-1875）。

⑧ 察速聽列仁千（1974），第 1 冊，第 34 頁。

⑨ 瑜伽士索巴瓊被認為是修持四面瑪哈嘎拉的大成就者。

圖表 3、度母宮，十八世紀末至十九世紀末

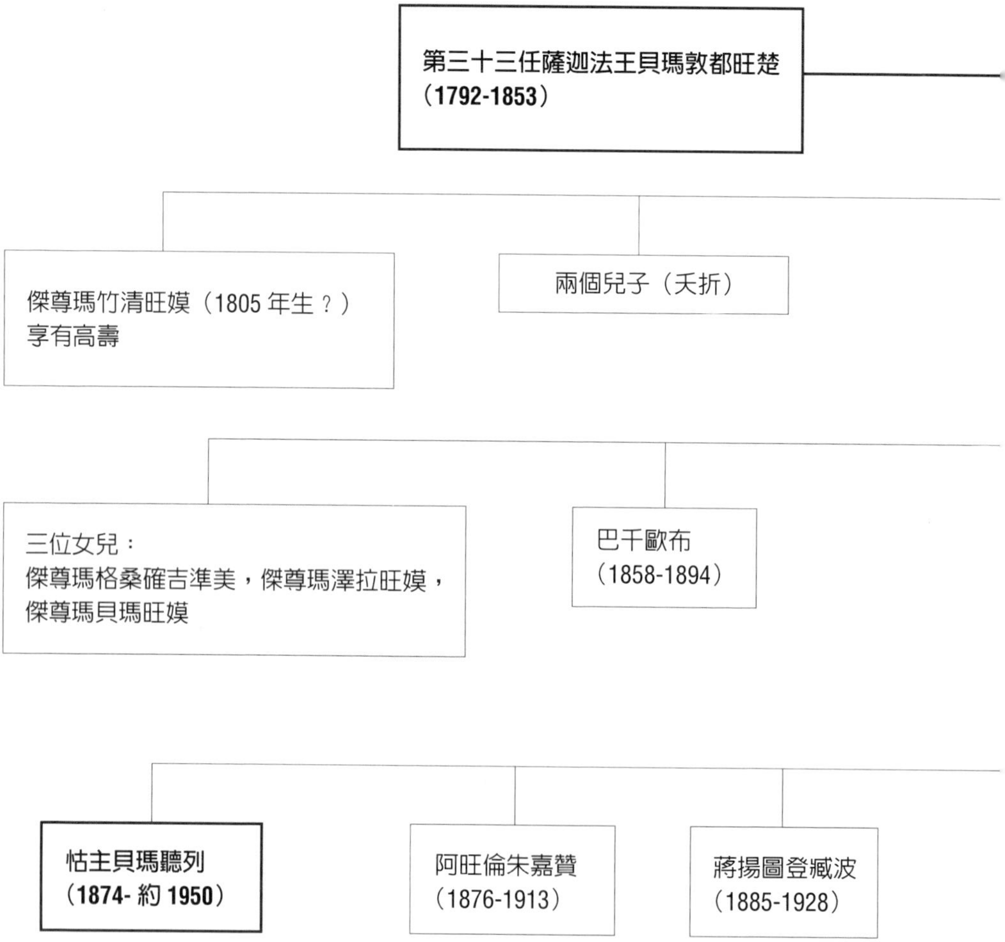

彤孟興瓊旺嫫

第三十五任薩迦法王札西仁千（1824-1865）

霍爾康瑪，第一任妻子，僅有一女

姜惹哇索南巴準布崔，第二任妻子

第三十七任薩迦法王貢噶寧波桑佩諾布（1850-1899）

達嫫拉日策瑪企美（生卒年不詳）

貢噶德帕羅卓（1888-1919）

第三十九任薩迦法王察速聽列仁千（1871-1935）

傑尊瑪俄旺（1880-1939）

親將會受到度母的許多加持。⑩

嫁入昆氏家族後，達嫫拉日策瑪企美完整地接受了道果法，也完成了遮止障礙的金剛手閉關。她的日修功課之一是持誦二十一度母禮讚文，並施食餓鬼。⑪

達嫫拉日策瑪企美非常熱衷於閱讀成就者的傳記。她喜歡瀏覽印度大瑜伽士蓮花生大士的傳記、薩迦世系史，以及歷代薩迦大師們的傳記。她是個有名的卓越說書人，會用這些傳記中的故事使人感到快樂。當她和第三十八任薩迦法王，圓滿宮的贊林傑古旺度碰面時，總是和他討論閱讀的書籍，於是就會看見他們的僕人在兩座宮殿之間來回穿梭，忙著搬運書籍。⑫

達嫫拉日策瑪的一生都精進修持。當她的長子第三十九任薩迦法王生病的時候，她祕密地進行象鼻天⑬閉關，幫助他加速恢復。在西藏，當一個人久病不癒時，人們相信舉行長壽與除障的法事可以幫助病人快速痊癒。等她兒子康復後，全家舉行了酬謝法會以向諸多本尊表達感恩。⑭

---

⑩ 察速聽列仁千（1974），第 1 冊，第 34 頁。

⑪ 如果一個人前世吝嗇貪婪，就會投生餓鬼道。圖畫中所顯示的餓鬼有著剃刀般極細的脖子，肚子卻巨大無比，所以永遠不能飽足。為了解除它們的痛苦，人類可以向其佈施飲水和食物，這樣可以安撫它們，防止其為禍人間。關於餓鬼更詳細的描述，參見德松仁波切（1995）。

⑫ 察速聽列仁千（1974），第 1 冊，第 35-36 頁。

⑬ 象鼻天（Ganapati）是印度教中非常流行的一尊神祇，有著象頭和人身。人們認為若是忽視象鼻天，他就會造成障礙，但若是如法供奉，他則會去除障礙。其在佛教中則有不同的形象，並且不像在印度教當中那樣受到普遍供奉。然而在佛教中，象鼻天的其中一個形象仍受到供奉，以祈求去除障礙。

⑭ 察速聽列仁千（1974），第 1 冊，第 60 頁。

由於需要參與許多佛事，達嫫拉日策瑪企美爲分布在四棟知名建築內的薩迦四寶⑮的其中三個建築定製了佛像。在烏澤寧瑪殿，她請購了真人大小的鍍銅「三怙主」塑像，即觀世音菩薩、文殊菩薩、金剛手菩薩。另外，她還爲尊勝寶塔建造了九尊鍍銅的長壽佛像。她爲度母廟奉獻了八尊鍍銅的度母像，象徵度母拯救八難——水難、火難、獅難、蛇難、象難、賊難、牢獄難、非人難。⑯

因此，怙主貝瑪聽列從幼年起，家中就圍繞著精勤修道的行者。她後來也和母親一樣，定製了一尊一層樓高的彌勒佛像，還配有背靠和光環。在二十世紀，許多寺廟都會塑造彌勒佛像，因爲如此將對修行人帶來巨大的利益。格西圖傑旺楚是一名曾住在薩迦寺中的僧人，他回想到那尊佛像是報身相，也就是頂戴冠冕、身著絲衣、珠寶嚴飾的轉輪王相。他還憶起佛像靠近大寺圖書館的第二排。此外，他在十四歲的時候見到怙主貝瑪聽列來到大寺，她身形矮小，穿著赭紅色的法袍。⑰

學佛之始

雖然怙主貝瑪聽列沒有一部專門詳盡記載她生平的傳記，不過，

⑮ 關於這些建築及薩迦四寶的描述，參見第二章。

⑯ 佛教起源於印度，而對印度人來說，遇到這些可怕狀況的可能性很常見，他們經常需要穿越叢林和森林。儘管其中一些恐懼目前可能不那麼相關，但其他恐懼仍然存在，如火難、水難、賊難及牢獄難。此外，八難還可以被理解為心理的焦慮，或是阻礙一個人了悟修道潛藏力的負面情緒，如執著、瞋怒、驕傲、嫉妒、愚痴、邪見、貪婪和疑心。

⑰ 我於二〇一六年十一月二日在西雅圖採訪了格西圖傑旺楚。

她的兄長察速聽列仁千記錄了大量的日誌（見第一章），在一些條目中，他記載了些許貝瑪聽列幼年的事情。兄妹倆一起從他們的姑婆傑尊瑪丹眞旺嫫（第四章）那裡接受教法，他們的父親第三十七任薩迦法王也給予他們廣大的教法。日誌中提到的一個教導，是關於父親所述與瑪哈嘎拉相關的教誡，而瑪哈嘎拉是薩迦的主要護法之一，尤其是昆氏家族。

許多藏人都會到薩迦朝聖，包括不少高階喇嘛，貢嘎祖古⑱就是其中的一位。他向怙主貝瑪聽列的父親請求一門特殊的瑪哈嘎拉教法。這門教法相當殊勝，不常外傳。她父親答應爲一個揀選過的小團體，傳授整個包括外、內、密的寶帳瑪哈嘎拉教法，以及廣大的口傳論述。受法者除了求法的貢嘎祖古，還有本樂洛楚、怙主貝瑪聽列的兄長察速聽列仁千、後者的老師蔣巴秋克南嘉，以及當時年僅十一歲的怙主貝瑪聽列本人。⑲怙主貝瑪聽列和兄長察速聽列仁千從父親那裡接受了這個廣大的教法後，便進行爲期一個月專修寶帳瑪哈嘎拉的閉關。⑳他們的老師本樂突傑在整個閉關過程中給予指導，確保他們行持得宜，並回答相關問題。

兄妹倆完成閉關後，在藏曆十月，從年老的大寺住持堪千札西群培那裡接受了獅吼觀世音的加持以及許多的長壽灌頂（大寺住持堪千札西群培，就是第四章裡當年向他們的姑婆傑尊瑪丹真旺嫫傳授三種

---

⑱ 關於貢嘎祖古，見第四章第 45 條注釋。

⑲ 察速聽列仁千（1974），第 1 冊，第 72-73 頁。

⑳ 同上，第 1 冊，第 80 頁。當察速聽列仁千十三歲時，兄妹倆從藏曆八月末開始閉關。

誓戒的那位住持）。㉑

怙主貝瑪聽列也在度母宮德千殿，從父親那裡接受了道果法的公開傳授。㉒ 約有五十人領受了此項教法，包括她的兄長察速聽列仁千，還有一些從南寺和北寺挑選出來的僧人，以及一些從康區前來拜訪的僧人。

昆氏家族的主要施主之一，富有的康巴商人邦達昌家族派遣掌櫃索南佩傑來到薩迦。㉓ 他向察速聽列仁千兄妹倆的父親和叔叔祈請長壽灌頂，然而父親和叔叔都忙於行政事務，因此察速聽列仁千就傳授了他此生第一次的長壽灌頂，也就是唐東嘉波的馬頭明王與長壽佛灌頂。這是昆氏家族成員經常傳授的長壽灌頂，由於它結合了長壽佛與大力去除壽障的馬頭明王，故而相當受到歡迎。㉔ 察速聽列仁千向母親拉日策瑪企美、妹妹怙主貝瑪聽列、弟弟阿旺倫朱，還有兩位老師本樂突傑和本樂洛楚以及大施主索南佩傑傳授了長壽灌頂。由此可見怙主貝瑪聽列與兄長之間的緊密連結。

另外一個事例，則表明了怙主貝瑪聽列和兄長察速聽列仁千與他們的姑婆傑尊瑪丹貞旺嫫（見第四章）之間的特殊關係。在察速聽列仁千的日誌中，他記載了在一八八六年，傑尊瑪丹貞旺嫫爲他和

㉑ 同上，第 1 冊，第 81 頁。

㉒ 第四十一任薩迦法王誕生後（見第八章），德千殿（永樂殿）成為他在度母宮的寢殿。

㉓ 察速聽列仁千（1974），第 1 冊，第 82 頁。參見卡洛爾．麥克格拉納瀚（2002）《地是龐達的，天是龐達的：1920 年代拉薩的謀殺、歷史與社會政治》，發表於《康巴歷史：人名、地方與統治》，勞倫斯艾普斯坦編，雷登布瑞爾出版社。

㉔ 參見賽勒斯．斯登（Cyrus Stearns）（2007）《荒地之王：西藏鐵橋建造者唐東嘉波》，第 28 頁，紐約伊薩卡：雪獅出版社。

他的兩個兄弟、兩個妹妹，包括當時只有十二歲的怙主貝瑪聽列，傳授了道果法長軌。㉕傑尊瑪丹眞旺嫫所傳的道果法共法與密法，是根據傳承中各個偉大論師的解釋，這些論師包括穆千貢卻嘉贊（1388-1469），㉖他有兩部論述，其中一部較爲公開也較易取得，另外一部則是基於他個人對道果法修持的直接體驗，因此祕而不宣。傑尊瑪丹眞旺嫫也根據這些教授給予了其他一些灌頂，包括重要的無我佛母灌頂。這種兄弟姊妹一起學習的模式，在幾十年後再次復現，年輕的傑尊姑秀和她的胞弟第四十一任薩迦法王，也是一起接受道果法共法與密法的傳授。

康區之行

怙主貝瑪聽列和她的姑婆傑尊瑪丹眞旺嫫一樣，於二十歲出頭的時候遊歷了康區（見第四章康區地圖）。㉗她一路求法、傳法及廣納佈施，參訪傑尊瑪丹眞旺嫫當年到過的地方，並行持與她相仿的事業。例如，她們都待過在德霍的朗納寺（黑牛寺），上文第四章提到，傑尊瑪丹眞旺嫫曾向第三世念札祖古丹貝旺楚（1854-1898）傳授過許多教法，而念札祖古之後又給予了怙主貝瑪聽列。㉘第三世念

㉕ 察速聽列仁千（1974），第 1 冊，第 130 頁。

㉖ 參見斯特恩斯（Stearns）（2001），第 39-40 頁。

㉗ 日誌中並未記載怙主貝瑪聽列何時到訪康區，但我們能確定的是一八九七年的時候她在那裡，並於一八九八年回到薩迦。

㉘ 策仁旺傑與雅瑪貢波（2005），第 30 頁，書中稱呼怙主貝瑪聽列為傑尊仁波切貝瑪聽列德都旺嫫。

札祖古對自己的主要弟子們評價很高，讚譽他們爲學者與成就者，而怙主貝瑪聽列居首。㉙

怙主貝瑪聽列（以及第三世念札祖古）的主要上師之一是著名的薩迦派及不分教派大師蔣揚羅迭旺波（1847-1914）。他是一位偉大的行者，廣泛地學習經藏、律藏、論藏及重要論師的著作，除此之外，也領受續典與相關的論述，並進行必要的閉關和每日課誦。他的精進和成就超越其他許多的修行者，留下的重要貢獻之一就是編纂了三十函的《續部總集》。㉚

這是一部關於密宗法脈的廣大智庫，涵蓋了藏傳佛教寧瑪、薩

㉙ 同上。

㉚ 蔣揚羅迭旺波的傳記中記載，他從後藏的俄爾寺來到康區德格，當他到達著名的宗薩寺時，住在那裡的不分教派大師蔣揚欽哲旺波立即中斷閉關去迎接他。這是很不尋常的舉動，因為閉關者都會立下正式的承諾，決心毫無間斷地完成閉關。然而，一位具德上師可以針對特別的原因，打破自己的閉關誓言。欽哲要他的侍從邀請蔣揚羅迭旺波進入自己的居所，等他進來後，欽哲舉著一束點燃的香，萬分欣喜地歡迎他。欽哲說：「你已經領受了許多甚深的教法，請繼續領受你尚未領受的教法，努力去理解每個教法的精要。」堪千阿貝仁波切（2008-10），29 冊，第 270 頁。

欽哲繼續說道：「俄爾塔澤的住持蔣巴貢噶丹津嘉贊（1829-1870）寫了一部教法總集，名為《莊嚴寶珠》，但他知道還需要蒐集和整理更多的東西。他想讓你進行廣泛的蒐集。你應該開始蒐集這些教法並添加到原始教法中。你必須在這一切消失之前，立即進行。請竭盡努力地完成這一切。我之所以會請你做這件事，是因為你有能力和一切成熟的業緣。於是，蔣揚羅迭旺波在一八八二年聽到他上師的這個請求後，便懷著極大的熱切和毅力著手進行。他向自己的上師承諾，他會不顧個人利益，一直追求這個目標。他知道上師有許多自己沒有的教法，因而請問是否可以向上師請法。蔣揚欽哲旺波非常高興地說：「我從偉大的利美祖師們那兒領受了一百多個特別的教法、灌頂和論著。如今我垂垂老矣，所以我會盡可能地傳授給你。你也應該向利美大師工珠蔣貢羅卓泰耶（1813-1899）請求其他灌頂。」最後，蔣揚羅迭旺波蒐集了三百多個灌頂。見同上傑克森（2020）第 29 冊第 276–277 頁，以及傑克森（2020）第 43 頁。他不僅彙整，還編排並出版了相關的儀軌和實修教誡手冊。

迦、噶舉、格魯、博東、覺囊、希解（息苦）、鄔金念竹、時輪金剛等各大傳承的寶典。若要傳授其中所有的灌頂與教誡，需要大約六個月的時間，而且是每日傳法。蔣揚羅迭旺波以極大的努力蒐集教法，創發了這部總集，受到許多受人敬重的喇嘛所熱切鼓勵和讚賞。㉛

蔣揚羅迭旺波在一八九二年首次傳授整部《續部總集》，在他的一生中，總共傳授過五次，分別是一八九二年、一八九七年、一九〇一年、一九〇二年和一九〇九年。道果法密法的一部文典中提及，蔣揚羅迭旺波於五十一歲時（一八九七年）在著名的東竹林寺（又稱結古寺）傳授《續部總集》，而怙主貝瑪聽列該年就住在康區玉樹東竹林寺，因而有幸參加。蔣揚羅迭旺波從藏曆七月起開始傳法，他的首座弟子被記錄爲「天族昆氏傑尊瑪貝瑪聽列」。那次傳法有許多尊貴的祖古從西藏各地趕來參加，但記載中唯有傑尊瑪丹貞旺嫫受到列名，這顯示了她身爲薩迦昆氏家族傑尊瑪的特殊地位，更表明了她是蔣揚羅迭旺波的主要弟子。

此外，蔣揚羅迭旺波還向怙主貝瑪聽列傳授了《成就法總集》，其中有四個續部共十四函的灌頂和修持。這些教法最先是由蔣揚羅迭旺波的上師蔣揚欽哲旺波所蒐集，再由蔣揚羅迭旺波彙編成書，且收錄三部較早期的本尊修持引導（或稱成就法）。

察速聽列仁千在日誌中記載，怙主貝瑪聽列於一八九八年藏曆十一月從康區返回。㉜ 在她回到薩迦不久後，僧人們在大殿舉行大

㉛ 傑克森（2020），第 157 頁。

㉜ 察速聽列仁千（1974），第 1 冊，第 256-257 頁。

型聚會，怙主貝瑪聽列便在那裡將自己從康區帶回來的貨物分給大眾。㉝ 隔年的藏曆十月，當察速聽列仁千正在進行四面瑪哈嘎拉的閉關時，怙主貝瑪聽列進來打斷了他，表示他們的父親病了。一八九九年藏曆十一月三十日，他們的父親圓寂。㉞

日誌中之後的幾年，察速聽列仁千都沒有提到怙主貝瑪聽列。到了一九〇七年，日誌提到她被派去了北原，給予灌頂並收納佈施。（正如第八章所提，她的侄孫女傑尊姑秀在幾十年後也出於同樣的目的前往北原。）據說怙主貝瑪聽列在一九〇七年藏曆十月回到薩迦，並爲兄長帶來了禮物，包括：兩匹馬，一頭母犏牛（乳牛與犛牛的混種），許多酥油，還有一種稱爲「朵」的牧民甜點（用酥油、白糖、乳酪混合製成）。㉟

看來怙主貝瑪聽列很喜歡送哥哥禮物。在接下來的一九〇八年，她從自己的居所札西崗爲他送去一塊漂亮的「褥墊」，察速聽列仁千很欣賞這份精美的禮物。㊱ 下半年，察速聽列仁千和妹妹傑尊瑪俄旺及札西拉章的總管一起去庫札宗看望怙主貝瑪聽列，當時她正在這座著名的瑪哈嘎拉廟堂裡閉關。㊲

㉝ 同上，第 1 冊，第 257 頁。

㉞ 同上，第 1 冊，第 261-263 頁。

㉟ 同上，第 1 冊，第 302 頁。

㊱ 同上，第 1 冊，第 303 頁。在西藏，可攜式褥墊其實就是摺成兩部分的大墊子，可以用不同的材料填充。最次等的填充物為稻草，最上等的填充物為類似喀什米爾生產的極細羊絨。怙主貝瑪聽列很可能選擇後者作為餽贈。

㊲ 同上，第 1 冊，第 304 頁。他們在五月二日拜訪她。

一九一三年，察速聽列仁千在薩迦著名的瑪哈嘎拉郭絨神殿給予了特殊的瑪哈嘎拉灌頂，受法者只有八個人，包括他的兩個兒子和怙主貝瑪聽列。[38] 日誌在記錄這件事之後，幾乎再沒提到過怙主貝瑪聽列。

卓龐仁千慈林的回憶

偉大的康巴戰士首領卓龐仁千慈林（見第四章）回憶起自己與怙主貝瑪聽列在玉樹的幾次見面，他提到怙主貝瑪聽列在卓龐宮時，所住的房間與她的姑婆傑尊瑪丹真旺嫫是同一個，並且也將她的鈴、杵留在了那裡。該房間因為她的存在而受到加持，因此被認為是非常殊勝的。

一九三五年，卓龐仁千慈林五歲，他和父母、叔叔和姊姊一起去薩迦朝聖。他記得怙主貝瑪聽列熱情地招待他們全家，因為她回想起自己在康區玉樹卓龐家和他們度過的愉悅時光。她見到他們很開心，問了每個人許多問題。

在薩迦時，卓龐仁千慈林的叔叔很急切地想要讓自己的侄子和侄女出家。怙主貝瑪聽列對卓龐仁千慈林當時只有十歲的姊姊表現出極大的關心，對叔叔說應該立刻讓她出家。怙主拉著小姑娘的手，撫摸她的頭，口中不停地說：「寧傑啊，寧傑。（親愛的寶貝）」她催促

㊳ 同上，第1冊，第398頁。

小姑娘隨即到堪布喇嘛根敦（約 1880-1939）㊴ 那裡受戒出家。喇嘛根敦來自康區，是居住在薩迦的著名住持，不僅是許多僧人的老師，也是怙主貝瑪聽列的主要弟子之一。卓龐仁千慈林回憶說：「我姊姊當下就出家了。」

若是受戒出家爲尼，日後就不能違反出家誓戒。怙主貝瑪聽列在預測未來方面的能力十分有名，卓龐的叔叔就問她，他的侄女將來有沒有犯戒的可能。怙主貝瑪聽列向他保證：「這女孩永遠都會是個尼師。」卓龐家對即將發生的事情一無所知。當他們在回程的路上停留在聖城拉薩時，卓龐仁千慈林的姊姊毫無預兆地死了。顯然怙主貝瑪聽列已經預知這位姑娘即將離世，因此希望她立即出家以獲得福德。

教法與灌頂

相較於她的姑婆傑尊瑪丹貞旺嫫（見第四章），怙主貝瑪聽列似乎更爲低調，不像姑婆那樣以傳法聞名，也很少有公開傳法的事例。

第四十一任薩迦法王曾經說過一件有意思的軼事，揭露了女性上師所面臨的挑戰。於一八九〇年代，怙主貝瑪聽列在康區的時候，她到朗納寺（黑牛寺）進行灌頂，當時朗納寺處於勢力強大的德霍大金寺之控制範圍內。大金寺約有一千九百名格魯派僧人，且禁止其他教

㊴ 尊者第四十一任薩迦法王講述了這個故事（於二〇一八年十二月十二日透過郵件）：喇嘛根敦是一個嚴格的素食主義者，而怙主貝瑪聽列則吃肉。有一日，她用完午餐，喇嘛根敦將她剩下的飯食吃掉了，其中有肉。人們問他為什麼要吃肉時，他回答說，怙主貝瑪聽列的飯菜裡有沒有肉沒有關係；食物是受加持的，因為她是真正的空行母。

派的喇嘛未經允許便在它的勢力範圍內傳法。所以當他們的僧人官員聽說怙主貝瑪聽列在朗納寺沒有他們的允許就擅自進行灌頂，便勃然大怒，更何況還有許多人認爲由女人傳法並不吉祥。於是大金寺派出強大兇猛的寺院「鐸鐸」（寺院警察），準備去毆打她。

鐸鐸們到達朗納寺時，怙主貝瑪聽列正在傳授灌頂。由於干擾進行中的灌頂是一種粗魯不宜的行爲，鐸鐸們便沒有立即破門而入，而是透過窗簾窺看。怙主貝瑪聽列早已察覺，但假裝沒注意到他們的存在。她手中持著灌頂用的寶瓶，這時她的法袍從肩上滑落，只見她將寶瓶懸置於前方虛空中，整理好衣袍後，再將飄浮的寶瓶重新拿在手裡。他們對她的殊勝神聖感到非常驚訝且印象深刻，以致當他們進去時，非但沒有毆打她，反而向她行大禮拜，祈請她給予加持。

另有其他幾份記載，證明她曾給予教法。她是少數傳授道果法的女性傳法上師之一。第四十一任薩迦法王於二○○七年在印度拉賈普爾的一次採訪中說，傑尊瑪的稱號不適合她，必須尊稱她爲怙主（守護者），因爲她曾多次傳授道果法。只有這類金剛乘大師才能有此稱號，且被允許戴上特別的紅金色帽子。

另外，根據大衛．傑克森在第二十五任究給企千㊵的兩冊傳記中記載，怙主貝瑪聽列在一八九○年代末從康區返回薩迦的途中，曾

㊵究給企千．阿旺千拉．土登勒舍嘉措；參見傑克森（2020），第 30 頁。另參見同書第 13 頁。上一任究給法座持有者是他的一位叔叔。

在拉薩北部的薩迦篇波・那爛陀寺❶停留，該寺屬於薩迦派的察巴分支，擁有兩大著名的喇嘛駐錫地：究給拉章和森沃拉章。第二十四任究給企千（仁千欽哲旺波，約1869-1927）和第五世森沃仁波切（蔣巴阿旺・貢噶丹津聽列，1884-1963）㊶請求她傳授《成就法總集》。怙主貝瑪聽列答應了他們的請求，不僅將廣大的教法傳授給這兩位重要的喇嘛（他們是該次傳法主要的弟子和領受者），出席的還有遍波那仁札寺的許多其他僧人。後來的第二十五任究給企千從他老師第五世森沃仁波切那兒領受此法，並且十分珍惜怙主貝瑪聽列這個傳承法脈。㊷此外，阿羅仁波切的傳記中記載：「從薩迦傑尊貝瑪聽列多傑敦都旺嫫那裡，阿羅仁波切接受了那若金剛瑜伽母本尊法的加持與論述。」㊸（傳記並未說明傳法地點，不過因為阿羅仁波切是第二十五任究給企千的老師，故而可能是那仁札寺。）

在大衛・傑克森《西雅圖聖者：藏密大師德松仁波切生平》一書中，也記錄了怙主貝瑪聽列的其他傳法活動。第三世德松仁波切（圖7）是一位傑出的喇嘛，成長於康區，流亡至印度，一九六〇年受邀移民至西雅圖，在華盛頓大學擔任研究學者。德松仁波切的記憶力驚

---

❶網路上又稱該寺為「遍波・那仁札寺」，是為了紀念印度偉大的那爛陀寺而建造的，譯名差異只是因為藏文發音不同（應該是「那爛札」），但意義相等。相關說明出自本覺藏英詞彙網站：https://www.rigpawiki.org/index.php?title=Nalanda_University。

㊶第五世森沃仁波切的略傳，同上，第21-22頁。

㊷同上，第30-31頁。

㊸喇嘛阿羅仁波切（2019）《解脫道上的明燈》，第59頁，喇嘛確札仁波切譯。

圖 7、尊貴的德松仁波切，西雅圖，一九六二或一九六三年。

人，非常擅長講故事。他的許多美國學生後來都成爲藏傳佛教學者，包括大衛・傑克森、賽勒斯・斯登、E 金恩・史密斯及傑瑞德・羅頓。

他的前世，第二世德松仁波切龍日尼瑪（約 1840 年代 -1898）

住在康區，有許多弟子，其中包括怙主貝瑪聽列。傑克森寫道：「她以修持金剛瑜伽母教法獲得成就而聞名」，她是從第二世德松仁波切那裡接受金剛瑜伽母的灌頂和論著。㊹ 一九四九年末，第三世德松仁波切來到薩迦，本來期望能見到怙主貝瑪聽列。人們告訴他，怙主貝瑪聽列那時住在度母宮的八思巴洞裡，距離供奉四面瑪哈嘎拉的著名庫札寺不遠，大約是出了薩迦城後往東幾個小時的路程。德松仁波切急著想要見到她，便帶著自己的妹妹阿尼企美卓瑪和年幼的小侄女（達媄）蔣揚薩迦（日後嫁給了吉札達欽薩迦）登上山坡，來到洞中。在第一次拜訪中，德松仁波切祈請並領受了長壽法和白度母灌頂。㊺ 這些是許多喇嘛都可以做到的一般灌頂，德松仁波切這麼做，單純是爲了與怙主貝瑪聽列建立連結。但顯然他此行的主要目的是請求那若卡雀瑪的教法，而怙主貝瑪聽列正是從他的前世龍日尼瑪那裡接受此法。傳授此法需要整整七天的時間。

傳法期間，他們一行人住在附近的圓滿宮洞窟中。住處非常舒適，有一間臥房和一個廚房，不過沒有佛壇。他們每天都會返回寬敞的度母宮洞窟。進入之後，下層是一間簡單的廚房，上層是主要的洞窟，裡面有一間臥室和一間客房。後面是怙主貝瑪聽列自己的佛堂，她在那裡做每日的修持和閉關。她從不將人請入她的私人佛堂。在兩座洞窟之間還有第三座洞窟，住著怙主貝瑪聽列的侍從，包括一名尼

㊹ 傑克森（2003），第 165 頁。

㊺ 同上。

師和一名十五、六歲的女孩。據說那位女孩的前世爲怙主貝瑪聽列的前管家桑傑。附近還有一些其他洞窟，該區經常可見到游牧的人們。

阿尼企美卓瑪和達嫫蔣揚薩迦（見圖 8）都參加了傳法，她們對於該次造訪的回憶，提供了一些對於怙主貝瑪聽列的深刻見解。㊻幾十年後的二〇〇七年十一月，在阿尼企美卓瑪位於尼泊爾博達那塔蘭寺的住所裡，她堅持傑尊瑪貝瑪聽列的正確頭銜應該爲「怙主」，而非「傑尊瑪」，正如第四十一任薩迦法王於同年所強調的一樣（見上文）。

在阿尼企美卓瑪和達嫫蔣揚薩迦二人的回憶中，怙主貝瑪聽列是一位矮小豐滿的女性，圓形的臉龐上總是帶著笑容，對人親切溫和，嘴裡不斷念著咒語。她有一頭灰白短髮，留著典型的薩迦傑尊瑪髮型。傑尊瑪通常不像尼師一樣剃光頭，而是齊耳短髮，額前有劉海（類似不丹婦女的傳統髮型）。她也和其他傑尊瑪一樣穿著赭紅色的法袍，有時候會佩戴首飾，比如一個小小腰果形狀的嘎屋或一串天珠（一種少見的黑白相間橢圓形瑪瑙，咸信能對修持帶來益處）。阿尼企美卓瑪還記得，怙主貝瑪聽列曾將珠寶掛在洞窟中的牆上。

阿尼企美卓瑪在描述怙主貝瑪聽列的外表時，用詞可說平淡無奇，但相較於此，她在描述怙主如何喚起她的感受時則顯得非常生動。平時含蓄內向的她，在讚揚怙主時就變得十分熱情。她說那種感覺非常美好，不僅令人高興，也對怙主貝瑪聽列有著強烈的信心。她

㊻於二〇〇七年十一月十四日和十五日，在尼泊爾博達那塔蘭寺採訪阿尼企美卓瑪。

圖 8、尊貴的達嫫蔣揚薩迦與阿尼企美卓瑪在西雅圖，大約攝於二〇〇三年。

提及見到怙主貝瑪聽列的剎那：「我所有的念頭都停止了。」說到這裡，她還特意停留了一分鐘沒有說話，好讓我能感受到怙主貝瑪聽列的精神力量有多強大。然後她再次重申，當德松仁波切和怙主貝瑪聽列會面時，兩個人見到彼此都非常開心，且十分敬重對方，這讓她相當高興。能夠目睹如此情境，她也充滿歡欣之情。阿尼企美的情感確實令人動容，且因她的喜悅而感到身臨其境。

達嫫蔣揚薩迦於二〇〇七年六月在華盛頓州西雅圖的家中，也提及她對怙主貝瑪聽列的回憶，表示她是一位了不起的人。達嫫蔣揚薩迦本人活潑迷人又相當健談。雖說當年她見到怙主貝瑪聽列時只有十五歲，並不了解金剛瑜伽母教法的重要性，但她強調：「你能看出她是一位有著特別力量的女性。她的教導非常清晰。」她繼續說道：

「當你見到達賴喇嘛時，他身上有著其他人所沒有的東西。有些人擁有力量。你只要到他們的面前就能感受到。當你來到怙主貝瑪聽列的面前，就會覺得：『哦！我能感覺到。』當她說話的時候，就像她能看透你，能看到你的內心。她並不是在看外面的東西。」

阿尼企美卓瑪也想到，怙主貝瑪聽列和德松仁波切曾討論彼此的實修體驗和本尊樣貌，儘管她聽不太懂。怙主貝瑪聽列傳授金剛瑜伽母教法時，頭上戴著一頂特殊的帽子，如同薩迦法王所戴的紅金色帽子一樣。阿尼企美卓瑪解釋說，只有教導道果法的人才能戴著那樣的帽子。

在她的印象中，怙主貝瑪聽列的洞窟裡掛著一幅特殊的吉祥天母護法神唐卡。第四十一任薩迦法王說，怙主貝瑪聽列在一次閉關禪修時，突然感到頭暈噁心，眼前出現了一片血海，吉祥天母從血海中顯現。縱使她感到恐懼，但仍注意到眼前的吉祥天母和平常的身相不太一樣。㊼ 她將該次淨相描述給一位畫師，畫師則爲她創作了那幅唐卡。㊽

我們可以由此看到，怙主貝瑪聽列於該次實修覺受中親見本尊，儘管引發了恐懼，卻也生起敬畏。那次淨相使她留下極其深刻的印象，以致她覺得有必要讓人把它畫下來，作爲該次殊勝體驗的一個提示。她向德松仁波切談起這次的體驗後，德松仁波切請求她授予吉祥天母的灌頂。德松仁波切一行人回到度母宮後，達欽貢噶仁千（傑尊姑秀和第四十一任薩迦法王的父親）聽說德松仁波切接受了吉祥天母灌頂，便請求灌頂，德松仁波切便爲他傳授灌頂。

達嫫蔣揚薩迦強調說，怙主貝瑪聽列之所以名聞遐邇，是因爲許多人都認爲她是證悟者。人們尋求她加持，她則以單手摩頂來加持眾人。有人去世時，人們總是找她詢問該做些什麼，她會告訴人們需要進行什麼法事、建造什麼佛像來爲逝者造福。她也是一名優秀的占卜者。在達嫫蔣揚薩迦一行人於一九四九年的洞窟參訪中，也向她詢問過各自的未來。怙主貝瑪聽列預言阿尼企美將享有長壽，並能完善承事德松仁波切，而蔣揚薩迦會成爲一名很有力量的女性，並一輩子都運氣很好。兩個預言都成眞了。阿尼企美卓瑪享壽九十三歲，她多年承事兄長第三世德松仁波切，後來，透過幫助照管尼泊爾博達那塔

㊼ 吉祥天母的座騎是一隻騾子。在她的淨相裡，騾子沒有尾巴，而本來應該是尾巴的地方長了一隻眼睛。

㊽ 二〇一八年十二月九日，第四十一任薩迦法王透過郵件所述。

蘭寺的財務，繼續承事第四世德松仁波切（一九九一年在西雅圖出生），而塔蘭寺是她兄長爲自身的轉世所建造的。達嫫蔣揚薩迦沒多久便嫁給了圓滿宮的長子吉札達欽薩迦，後來與丈夫和孩子一起移居西雅圖，最終憑藉她自身的成就而成爲受人敬重的佛教導師。

達嫫蔣揚薩迦和阿尼企美卓瑪都認爲，怙主貝瑪聽列是金剛瑜伽母的眞實化身。第三世德松仁波切對她評價極高，而西藏人則以通常對於男性的尊稱，來稱呼「怙主」貝瑪聽列。

傑尊姑秀記憶中的姑婆

怙主貝瑪聽列的孫姪女傑尊姑秀㊾於二〇一〇年八月在加拿大卑詩省的列治文，回憶起自己在度母宮的童年，那時還是個小女孩的她，姑婆的房間就在隔壁。她記得姑婆的房間裡有一根柱子，佛壇上有金剛瑜伽母、綠度母和長壽佛像。（可能還有一些薩迦大師的塑像，但她不太確定。）姑婆的主要住處是札西拉章，但若遇上度母宮家族有事外出或朝聖時，她就會過來照看。上文已經提到，她的晚年是在屬於度母宮的八思巴山洞中度過的。之前度母宮將那個山洞用於傳授特殊和祕密的教法，不過在怙主貝瑪聽列選擇居住該地後，那裡就成了她的主要居所。山洞裡冬暖夏涼，十分宜人。傑尊姑秀記得當姑婆住到山洞裡時，人們已視她爲大成就者、大瑜伽女、大修行人。

傑尊姑秀回憶她和姑婆彼此是以平輩相待的——她們在問候對方

㊾一九三八年，傑尊姑秀出生於薩迦度母宮。其傳記詳見第八章和第九章。

時會互相碰觸額頭。在西藏，如果兩個人用碰觸額頭的方式來問候對方，表明他們對彼此非常敬重。此外，傑尊姑秀也認爲被姑婆碰觸額頭是一種加持。一位高階喇嘛幾乎不會用這種方式來問候普通人。通常情況下，普通人拜見喇嘛時會欠身彎腰，屛住呼吸，以免「汙染」了喇嘛，然後伸開雙臂獻上哈達。喇嘛接過哈達，透過碰觸哈達給予加持，再將哈達回放到信徒的頭頸上。碰觸額頭這種方式，只用於地位平等的雙方。

傑尊姑秀表示：「傑尊瑪貝瑪聽列非常愛我。」「姑婆想要把珠寶首飾或其他珍貴的物品給我，不過我自認爲是個野丫頭，不喜歡珠寶。」姑婆便給她更寶貴的東西，那就是長壽灌頂。我們在第四章，已經看到一位傑尊瑪向另一位傑尊瑪授予灌頂的例子。曾有三位傑尊瑪以姑婆傳授給侄孫女的方式，延續薩迦昆氏家族的法脈，而我們能有這樣的文獻紀載，實爲有幸。昆氏家族男性成員間可見到許多這樣的傳授，且比較多的情況是由叔伯或父親指導侄子或兒子，但三位女性能這麼做，可說十分特別。

巴姆——薩迦的特有現象

當朝聖者來到薩迦時，都會興奮地前往參拜雄偉的寺廟、佛像，以及他們從往昔朝聖者口中聽說的景點。不過有個族群是大家都感到恐懼的，許多造訪過薩迦的人只會輕聲說出他們的名字，那就是巴姆（女巫）。我詢問阿尼企美卓瑪第一次去薩迦的經歷時，她就告訴我：「我一到薩迦，就很擔心『巴姆』。她們需要好好受到安撫，沒有人敢忽視。」她回憶道：「當我們去巴姆拉康時，我們都很害怕。在廟堂門口的天花板上，懸掛著繪有人類胳膊和大腿的畫作。」她又繼續說：「我們爲巴姆獻上了燃香和一整套衣服和鞋子，她們喜歡這種供養。」

喜馬拉雅藝術園地[50]網站上有一幅唐卡，描繪了世間護法巴姆香嫫。巴姆與昆氏家族有特殊的聯繫，是薩迦傳承獨有的。巴姆很難控制，通常都由昆氏家族的男性成員來對付，但此處是怙主貝瑪聽列，該唐卡的背面寫有長篇銘文，並由她簽名且蓋上私印。訂製這幅唐卡的家庭請求怙主貝瑪聽列的護佑，因爲他們遭遇了種種厄運。在銘文中，怙主貝瑪聽列寫到：巴姆必須記住她們與昆氏家族的約定並信守諾言。她告誡巴姆不得危害此家人，且要立即去除他們生活中的一切障礙。這裡再一次體現出怙主貝瑪聽列被視作一位強大的修行者，而有能力掌握難以對付（甚至令大多數人感到恐怖）的巴姆。

怙主貝瑪聽列從她的姑婆傑尊瑪丹眞旺嫫那裡接受了教法，後來又給予了她的侄孫女傑尊姑秀長壽灌頂，由此可見從一位傑尊瑪到另一位傑尊瑪之間的教法傳承。同樣地，正如傑尊瑪丹眞旺嫫從她的兄長多傑仁千那裡接受教法，怙主貝瑪聽列也從她的兄長第三十九任薩迦法王察速聽列仁千那裡接受了教法。她的根本上師是自己的兄長第三十九任薩迦法王和著名的蔣揚羅迭旺波，而金剛瑜伽母這個重要教

[50] 這幅唐卡在「喜馬拉雅藝術園地」網站上的編號為 #90187。
http://www.himalayanart.org。

法，主要上師則是第二世德松仁波切龍日尼瑪。

圓寂

我們無從知曉怙主貝瑪聽列圓寂的具體日子（約一九五〇年）。第四十一任薩迦法王儘管從未見過她，卻記得自己四、五歲時發生過一樁非同尋常的事件。法王如此描述這個故事：

「傳統上，一個人過世後，他的衣服會交給達欽（老爺）；在此情況下，也就是我父親達欽貢噶仁千。一般來說，圓寂大師的衣服會放在比較低的座位上，但那次我注意到有些衣服放在較高的座位上，而且是在度母宮三樓的主要接待室裡。我當時為此感到納悶。那些衣服是屬於一位尼師的。這件事之所以不尋常，是因為一般人的衣服會被賣掉，而修行人的衣服會當作聖物保留下來，日後分成一片一片，並賜予他們的信徒。」[51]

接著，法王爲強調此事而停頓了一會兒。他繼續說道：「後來我發現，那些衣服是我姑婆怙主貝瑪聽列的。」

---

[51] 二〇一二年，於美國紐約州沃爾頓採訪第四十一任薩迦法王。

6

筆耕不輟的日誌記錄者：第三十九任薩迦法王察速聽列仁千

本章描述的第三十九任薩迦法王察速聽列仁千的家庭生活，始於一八九六年他的大女兒出生，直到一九三五年他自己離世。① 藉由仰賴他這份現存最詳盡描述西藏整個薩迦家族動態文獻的日誌（見第一章），我們可以生動地感受到他的家庭日常生活，以及各個成員之間與他們和其他藏族社群之間的互動。察速聽列仁千的家庭成員有他的妻子，他們的五個女兒、兩個兒子，還有日後嫁給兩個兒子的共妻。（見圖表 4）如第五章所提及的，察速聽列仁千的兄弟姊妹們居住在度母宮，直到他們結婚或搬到自己的獨立居處（拉章），他們的一些活動在本章中也有記述。

一八九五年藏曆十二月，察速聽列仁千見到了他的妻子策丹卓瑪，她來自貴族拉格夏家族。② 這門親事和昆氏家族的其他婚約一樣，是由兩戶的家長所訂下，並未徵詢新娘的意見。策丹卓瑪到達薩迦後，在家人的陪同下和哥哥前往度母宮舉行婚禮。察速聽列仁千的母親爲慶典穿上華麗的裙袍（西藏人長及腳踝的外套，用長帶子繫住腰部），她的兄弟蔣揚臧波也參加了婚禮。察速聽列仁千注意到自己的父親使用家裡最貴重的金製法器，爲新娘一行人和自己昆氏家族的成員進行長壽九尊壇城（中央主尊為長壽佛，八個方位各有一位長壽本尊）的長壽灌頂，屬於印度大成就者勝敵論師的傳承法脈。家裡還拿出最精美的杯碟器皿招待客人飲食。新娘也獲得了新的名字：薩迦

① 察速聽列仁千的日誌清楚表明他卒於一九三五年（儘管別處有時會寫成一九三六年）。

② 察速聽列仁千（1974），第 1 冊，第 234 頁，是以「隆謝」作為家族名。凱西內利與艾克沃（1969），第 354 頁，則用「Shab rDo Zur」。

達嫞·企美貢噶·卓瑪仁增·巴傑拉嫫（以下稱為達嫞企美貢噶卓瑪）。③

一八九六年藏曆十一月二十七日，他們的第一個孩子傑尊瑪貢噶旺嫫誕生了。④他們的二女兒傑尊瑪格桑雀諄，小名卡拉，是一八九八年（土狗年）藏曆二月出生的。⑤第三個女兒傑尊瑪企美聽列旺嫫（以下稱為傑尊瑪企美旺嫫）則生於一九〇〇年，⑥日後成長爲優秀的金剛瑜伽母教法修持者，且爲家族的重要顧問。

察速聽列仁千的一生主要奉獻在長期閉關和傳授教法上。他在一次四面瑪哈嘎拉的閉關過程當中，妹妹怙主貝瑪聽列（見第五章）前來並告訴他父親病了，接下來的那個月，也就是一八九九年藏曆十一月，他們的父親過世。察速聽列仁千便承擔更多的責任，尤其要傳授他從父親和另一位根本上師——他的姑婆傑尊瑪丹貞旺嫫（第四章）那裡學到的教法。一九〇二年，他的長子法王子貢噶仁千出生。⑦他

---

③ 察速聽列仁千（1974），第 1 冊，第 233-236 頁。

④ 同上，第 1 冊，第 240 頁。

⑤ 同上，第 1 冊，第 255 頁。傑尊姑秀（見第八章和第九章）表示傑尊瑪格桑雀諄患有精神疾病。對此，察速聽列仁千的日誌中並沒有記載。

⑥ 傑尊瑪企美旺嫫的生日，並未記錄在察速聽列仁千的日誌中，但她的侄女傑尊姑秀則記得她出生於鐵鼠年，故而應該是一九〇〇年。此外，她的名字在日誌中也有不同的稱呼，同上，第 2 冊，第 205 頁，她被稱作企美丹貝準美。

⑦ 同上，第 1 冊，第 277 頁。他兩個兒子的全稱分別為法王子庫德阿旺貢噶仁千（庫德意為「長子」），法王子庫申阿旺貢噶丹貝嘉贊（庫申意為「次子」）。法王子貢噶仁千後來被稱作達欽貢噶仁千（1902-1950），他是傑尊姑秀和第四十一任薩迦法王的父親。他的弟弟後來被稱作阿旺貢噶嘉贊，成為達嫫聽列巴久及其妹妹達嫞索南卓噶的共夫。關於西藏一妻多夫（一夫多妻）制，參見第一章注 18、第四章注 2 及第七章注 13。

圖表 4、度母宮，十九世紀末到二十世紀中

怙主貝瑪聽列
（1874- 約 1950）

阿旺倫朱嘉贊
（1876-1913）

傑尊瑪俄旺
（1880-1939）

蔣揚圖登臧波
（1885-1928）

五個女兒：
傑尊瑪貢噶旺嫫（1896-1929）
傑尊瑪格桑雀諄（1898- ？）
傑尊瑪企美聽列旺嫫（1900- 約 1955）
傑尊瑪貢噶丹貝尼瑪（1914- 約 1952）
傑尊瑪格桑雀諄，或瓊娃（意思是「較年輕者」）（1917-1962）

阿旺貢噶嘉贊
（1904- 約 1943）

傑尊姑秀企美祿頂（企美歐色．布崔仁增．聽列旺嫫）（生於 1938 年 11 月 14 日）

吉札敦卓
（1940-1944）

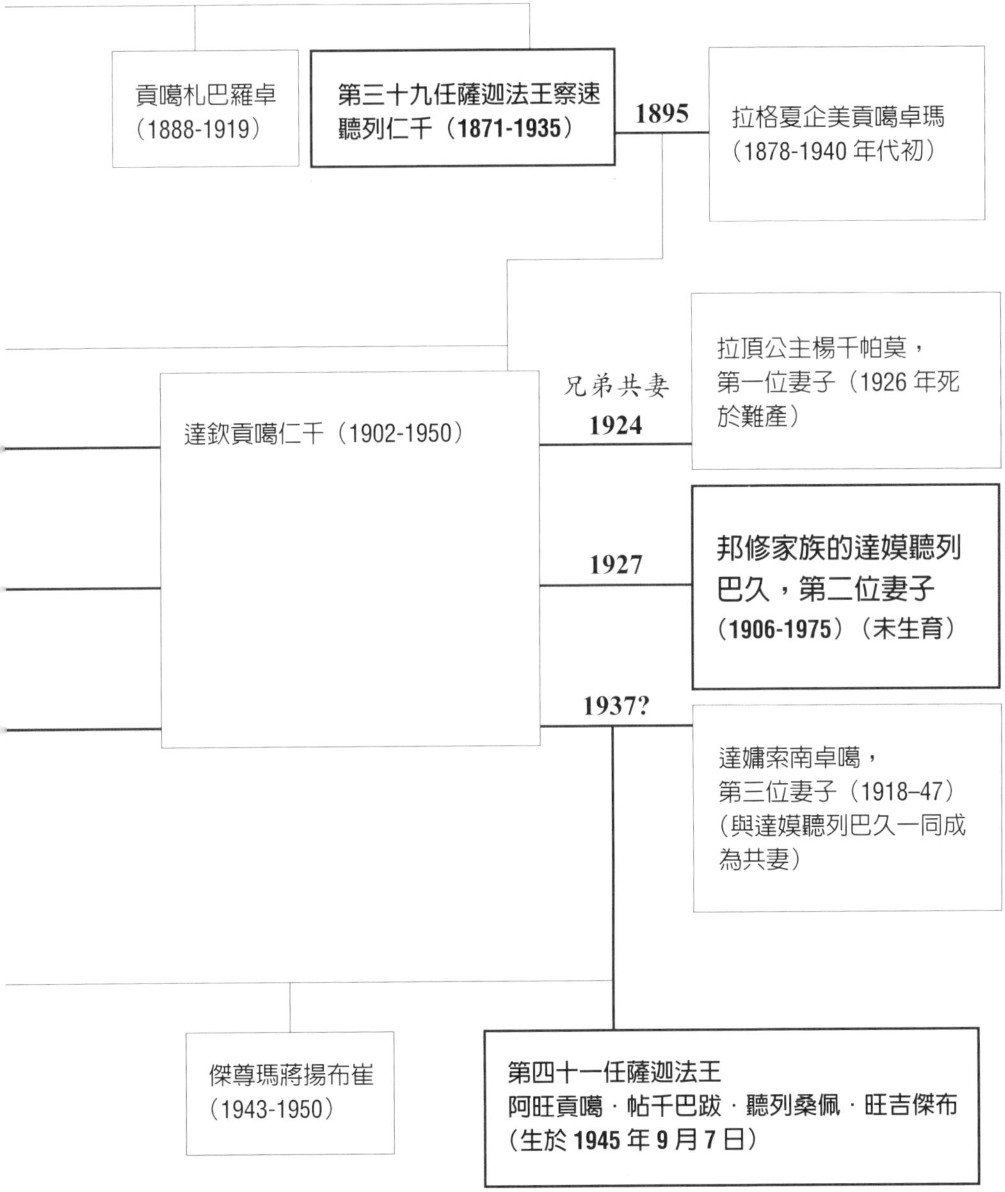
貢噶札巴羅卓
（1888-1919）
第三十九任薩迦法王察速
聽列仁千（1871-1935）
1895
拉格夏企美貢噶卓瑪
（1878-1940 年代初）
達欽貢噶仁千（1902-1950）
兄弟共妻
1924
拉頂公主楊千帕莫，
第一位妻子（1926 年死
於難產）
1927
邦修家族的達嫫聽列
巴久，第二位妻子
（1906-1975）（未生育）
1937?
達嫞索南卓噶，
第三位妻子（1918–47）
（與達嫫聽列巴久一同成
為共妻）
傑尊瑪蔣揚布崔
（1943-1950）
第四十一任薩迦法王
阿旺貢噶．帖千巴跋．聽列桑佩．旺吉傑布
（生於 1945 年 9 月 7 日）

的次子法王子貢噶嘉贊生於一九〇四年藏曆十一月三日。察速聽列仁千按照傳統，在嬰兒的舌頭上畫了一個金色的「諦」字，⑧ 因爲「諦」字是文殊菩薩的種子字，此儀式能讓學習能力與聰明智慧得以增長。

在那些年間，察速聽列仁千並未中斷自己的修持。一九〇八年，他完成了白度母的閉關，期間他持誦白度母心咒一百萬次。他在閉關過程中特別記錄了自己的夢境，以下的這個夢境是他認爲吉祥的：見到日月從一條大河附近升起，而他走進一座北面鮮花盛開的房子。⑨

一九〇九年，察速聽列仁千在日誌中詳細記載了他與妹妹傑尊瑪俄旺（見第四章）的西藏中部之行。⑩ 這是非常特殊的一年，藏人都在期待第十三世達賴喇嘛圖登嘉措（1876-1933）能從他在蒙古與中國的自我流放中回來。⑪ 西藏中央政府官員要求薩迦昆氏家族派遣一位代表前往拉薩，察速聽列仁千被選爲代表，他非常高興自己能見到尊者第十三世達賴喇嘛（見圖 9），並爲他服務。⑫

要離開薩迦而進行如此重大而漫長之旅，需要很多準備。他在動身前，叮囑自己的兩個幼子要好好學習，在他回來之前把（喜金剛）根本續典記熟。他的長子已經九歲，對於要與父親分別這麼久的時間

---

⑧ 同上，第 1 冊，第 289 頁。

⑨ 同上，第 1 冊，第 303 頁。在他的整部日誌中，提及許多他認為吉祥或不祥的徵兆。

⑩ 同上，第 1 冊，第 308-330 頁。以下資料從日誌中摘錄。

⑪ 第十三世達賴喇嘛流亡的原因十分複雜，不過他最初於一九〇四年時，因英國入侵而從拉薩逃至蒙古。一九〇八年，他到訪不同地方，尤其是中國的佛教聖地，於一九〇九年回到西藏。

⑫ 起初，察速聽列仁千的弟弟蔣揚土登藏波被選為昆氏家族在拉薩的代表，但人們對此有爭議。最後，察速聽列仁千被選為代表。參見同上，第 1 冊，第 309 頁。

圖 9、第十三世達賴喇嘛。

感到擔心，希望他一路平安。⑬

對察速聽列仁千和他妹妹傑尊瑪俄旺來說，這次旅行是一生罕

⑬ 同上，第 1 冊，第 312 頁。

有的機會。他們在當年藏曆二月二十二日離開薩迦。⑭ 在他們向東北前往拉薩的一路上，停靠了許多地方。第一個主要留駐的地方就是納塘寺，這是西藏三大印刷中心之一。從納塘寺出發，他們又來到日喀則，在第九世班禪喇嘛圖登確吉尼瑪（1883-1937）的寺院扎什倫布寺拜見他。⑮

離開日喀則後，他們在則東停留，度母宮於此處有行宮（見第八章）；察速聽列仁千的妻子和胞弟阿旺倫朱在那兒熱情地歡迎他們。附近的則東寺也向他請求金剛手菩薩、馬頭明王和大鵬金翅鳥這三大護法神的灌頂。這些灌頂可以守護修行人遠離傷害、障礙和疾病。由於此次遠行的主要準備工作都要在則東完成，所以他們在那裡停留的時間比在其他地方還久。準備工作包括裝好路上的存糧，他們的主食是將青稞烘焙磨粉後製成的糌粑，還有犛牛的肉乾、乾乳酪等。此外，還要細心打點餽贈的禮物，以及法事與灌頂儀式所用的法器和全套裝備。⑯ 在則東停留之後，一行人繼續前往著名的榮・蔣千寺（榮地之大彌勒院），那裡有一尊兩層樓高的未來佛彌勒佛像。寺裡的人們都向察速聽列仁千請求由他加持過的吉祥繩，寺方也請求他舉行灑淨法會和開光儀式，以使寺院保持莊嚴。

一九○九年藏曆三月三十日，察速聽列仁千和妹妹傑尊瑪俄旺及侍從等人到達拉薩。他們和所有的西藏朝聖者一樣，全都來到聖地

---

⑭ 同上，第 1 冊，第 312 頁。
⑮ 同上，第 1 冊，第 313-314 頁。
⑯ 同上，第 1 冊，第 315-316 頁。

大昭寺，獻上許多酥油，以便裝滿神聖覺沃佛像壇城上的大金色酥油燈，而覺沃佛是一尊來自印度的古老釋迦牟尼佛像。⑰他們也在覺沃佛前做了多次大禮拜，察速聽列仁千還許下心願，祈願一切眾生獲得安樂且實現願望。他們在拉薩期間，前往大昭寺參拜了無數次。最初他們住在夏塔旺府，那是貴族拉格夏家族的府邸，屬於察速聽列仁千妻子親戚的房子。⑱

依照合適的禮節，察速聽列仁千一行人剛到拉薩時，立即向西藏中央政府報到，政府的主要官員都在達賴喇嘛的冬宮布達拉宮工作。在藏曆神聖的薩嘎達瓦⑲四月六日，察速聽列仁千和妹妹俄旺及隨從等人，騎馬進入了布達拉宮。他在日誌中記載，他們得到了極高的禮遇，可以進入內庭之後再下馬，而非在外庭就下馬。他們被引領進第九世達賴喇嘛隆多嘉措（1805-1815）舍利塔所在的聖殿。⑳聖殿中有第十三世達賴喇嘛的法座，上面擺放著他的法袍（代表他本人，直到他回來）；每個人都向法座行大禮拜，並獻上哈達。掌禮官和十二名主要官員接著向他們獻上哈達，攝政官的代表和察速聽列仁千彼此以平輩的方式互獻哈達，然後供奉茶點。之後，察速聽列仁千爲尊者達

---

⑰ 七世紀時，中國的文成公主嫁給藏王松贊干布，她將覺沃佛作為嫁妝。
【譯註】該佛像為釋迦牟尼佛的十二歲等身像。

⑱ 察速聽列仁千（1974），第 1 冊，第 317 頁。「Shag Ta Wang」的意義不明。

⑲ 西藏人相信釋迦牟尼佛的誕生、成道、涅槃，都發生在其一生當中不同年分的陰曆四月，因此藏曆四月被稱為「薩嘎達瓦」，意思是：氐宿（薩嘎，二十八星宿之一）、月亮或月分（達瓦）。

⑳ 此聖殿位於布達拉宮頂層的聖區。

賴喇嘛的長壽而獻上曼達，並交換禮物。[21] 最後，西藏政府派朗巴王子爲他們送來食物，包括茶、糌粑、酥油和犛牛肉乾，還有牲畜吃的豆子和乾草。察速聽列仁千的記錄寫到：他受到隆重接待，彷佛他已然成爲了薩迦法王。[22]

由於大家都在等著知曉第十三世達賴喇嘛回到拉薩的時間，因此中央政府請求察速聽列仁千進行各種祈願和食子供養，希望達賴喇嘛路途平安，以及西藏政府長治久安。到了法會的空檔，察速聽列仁千就和傑尊瑪俄旺一起前往小昭寺和大昭寺等各個主要廟堂參拜祈願。包括著名商人邦達昌在內的拉薩顯赫家族，也請求察速聽列仁千念誦祈請文，以平息潛在的惡業，護佑個人與眷屬都能昌榮長壽。[23]

後來，察速聽列仁千和妹妹以及隨行人員搬到著名的丹傑林寺，該寺爲德木活佛世系的駐錫地，達賴喇嘛的攝政官有不少都出自這個轉世法脈。[24]

關於達賴喇嘛的到達，有許多謠言繼續流傳著。有人說他是搭船從中國到加爾各答，不過根據察速聽列仁千的說法，沒有官方聲明可以證實這條資訊，因此被視爲純屬臆測。終於，政府官員確認達賴喇嘛會從陸路回來，所以他們要求察速聽列仁千及其他人前往東北部的

㉑ 察速聽列仁千（1974），第 1 冊，第 319-320 頁。

㉒ 同上，第 1 冊，第 320 頁。他們住在多仁家族的夏塔旺府，見第 317 頁。察速聽列仁千幾年後才成為第三十九任薩迦法王，在位時間始於一九一五年，直到一九三五年離世。

㉓ 同上，第 1 冊，第 320 頁。察速聽列仁千列出了請求祈願者的詳細名單。

㉔ 見 https://treasuryoflives.org/institution/Tengyeling。

那曲地區。㉕ 路上，他爲山神念青唐古拉做了特別的法事。念青唐古拉是著名的護法，遍布喜馬拉雅山脈長達一千六百公里的範圍。此範圍的群山當中，最高峰爲念青唐古拉峰，海拔七千一百五十二公尺。察速聽列仁千和傑尊瑪俄旺在山上紮營整整五天，念誦祈請文。㉖ 他們從那裡出發，又來到聖湖納木錯，念誦了更多的祈請文。進入牧區後，人們請求察速聽列仁千授予各種灌頂，包括大鵬金翅鳥灌頂、作明佛母灌頂，還有各種火供、煙供以及長壽灌頂。

當察速聽列仁千還在牧區時，接到西藏政府指示，要他立刻前往那曲。既然他無法完成所有牧民的請求，傑尊瑪俄旺和她的隨從便留在牧區，以滿足牧民的一些需求。此外，她還需要負責照管幾百隻羊和犛牛，而這些都是送給昆氏家族的禮物。㉗

一九〇九年藏曆八月十八日，察速聽列仁千到達那曲，那裡已經有許多喇嘛，包括第九世班禪喇嘛確吉尼瑪（1883-1937）和第十五世噶瑪巴卡恰多傑（1871-1922），等著迎候第十三世達賴喇嘛。總共有三十位首座喇嘛，還有來自札西慈拉章的圓滿宮傑尊瑪阿尼仲。㉘

到了藏曆九月一日，第十三世達賴喇嘛終於到達那曲。盼望和他會面的人們聚集在孝登寺的院子裡，達賴喇嘛在此過夜。地位崇高的

㉕ 那曲位於拉薩東北方二百英里處，地處廣袤寒冷、大風呼嘯的北原。

㉖ 察速聽列仁千（1974），第 1 冊，第 324 頁。

㉗ 同上，第 1 冊，第 325-326 頁。

㉘ 在日誌中並未表示阿尼仲的名字。然而，察速聽列仁千（2009）第 413 頁記載了第三十八任薩迦法王姊妹的名字，其中只有傑尊瑪才亙俄珠旺嫫住在札西慈拉章，因此阿尼仲肯定是指這位傑尊瑪。

轉世者，諸如班禪喇嘛、噶瑪巴、熱振仁波切，以及察速聽列仁千和圓滿宮的阿尼仲等喇嘛都列隊於右邊，重要的在家眾官員及貴族成員則排在左邊。

等到察速聽列仁千與阿尼仲入內覲見時，察速聽列仁千被引領至前方，與熱振仁波切、噶瑪巴一起坐在有三個坐墊的法座上，這標誌著極高的榮譽。除此之外，他們三位與達賴喇嘛有短暫的私人會面。阿尼仲也得到尊重禮遇（儘管有些官員認為她的地位低於察速聽列仁千），她被引領至地位稍低的轉世者行列，與諸如敏卓林赤千等同列，每人都有一個坐墊，但沒有法座。㉙ 尊者能夠歸來西藏，察速聽列仁千和阿尼仲都倍感欣慰。之後不久，政府邀請察速聽列仁千啓程返回拉薩，爲尊者念誦更多的祈請文。

傑尊瑪俄旺和他在林薩附近會合，而他在那裡待了五天，完成了特定的儀軌。在他徐緩地前往拉薩的途中，薩迦察巴派那仁札寺的僧人們渴望他能到訪。邀請者是該寺的兩位主要喇嘛究給企千和森沃仁波切。當察速聽列仁千和傑尊瑪俄旺到達那仁札寺時，他們受到熱烈的歡迎，僧人們列隊持香鼓樂。察速聽列仁千給予僧人們長壽佛和馬頭明王的長壽灌頂。㉚ 他還分別到訪究給企千和森沃仁波切各自的住所（拉章）。三天後，察速聽列仁千與傑尊瑪俄旺再次慢慢地啓程，回到他們在拉薩的住處丹傑林寺。

㉙察速聽列仁千（1974），第 1 冊，第 330 頁。

㉚同上，第 1 冊，第 340-341 頁。

西藏人爲第十三世達賴喇嘛的歸來感到開心，人們從西藏的四面八方來到拉薩朝聖，送上祝福。祈願和法會每日持續地進行著。最後，在藏曆十一月九日，達賴喇嘛回到拉薩，受到了盛大歡迎，他坐在一個金色轎子中，人們排列兩側，迎接他們愛戴的領袖回歸。到處都在念誦祈願文，還有一場持續四天的長壽祈願法會。

藏曆十二月二日，察速聽列仁千與傑尊瑪俄旺及薩迦的官員和政要在達賴喇嘛的夏宮羅布林卡與他私人會面。他們向尊者進獻了代表整個宇宙的曼達及其他禮物。達賴喇嘛向察速聽列仁千詢問他所做的儀式內容，並向他表示感謝，還請他回到薩迦後繼續進行該儀式。接著達賴喇嘛親自將一條寬大的長條哈達戴在察速聽列仁千的脖頸上，而達賴喇嘛很少有這樣的舉動。㉛

之後，察速聽列仁千和傑尊瑪俄旺被引領至羅布林卡的客房休憩，享用茶點。他們倆都坐在木製法座上，察速聽列仁千的位子上鋪有四個坐墊，傑尊瑪俄旺的則有一個坐墊。他們品嘗了茶、水果和點心，還獲得達賴喇嘛加持過的金剛繩，以及六塊優質茶磚、特別紮染的羊毛氈、一匹足夠做成一件長及腳踝之藏式裙袍的錦緞。

藏曆十二月十三日，他們離開了拉薩。回程路上，他們去了許多地方，包括則東和日喀則，班禪喇嘛在那裡招待他們茶點，並贈送了禮物。㉜ 到了一九一〇年藏曆一月一日，他們終於接近薩迦了。察速

㉛ 同上，第 1 冊，第 346 頁。

㉜ 同上，第 1 冊，第 349-350 頁，列出了許多人物與地方。

聽列仁千的大女兒傑尊瑪貢噶旺嫫和她的侍者前來迎接父親一行人。一天後，他們回到薩迦，在長達九個月的旅程後。家人、官員、僧人和薩迦的人民全都歡喜地迎接他們回家。闔家團聚慶祝了新年。察速聽列仁千的兩個兒子遵守對父親的承諾，通過了包括背誦《喜金剛根本續》在內的考試，而這是給所有昆氏子嗣的成人儀式。㉝

一九一二年末到一九一三年初的冬天間，察速聽列仁千三個女兒的年紀已足以進行她們的首次重要閉關——喜金剛閉關。㉞ 一九一三年，他為自己的三個女兒、兩個兒子與一位住持傳授了喜金剛灌頂。㉟ 此外，他還在專門供奉瑪哈嘎拉的護法殿，為他兩個兒子、妹妹怙主貝瑪聽列、達那寺住持阿旺聽列，以及其他五位選出的僧人授予寶帳瑪哈嘎拉灌頂。㊱

一九一四年藏曆三月三十日，他的第四個女兒傑尊瑪貢噶丹貝尼瑪（通常稱作「貢丹」）出生。㊲ 一九一七年藏曆七月二十二日，他第五個女兒，也是最小的孩子傑尊瑪格桑雀諄出生。㊳ 儘管他的大女兒和小女兒的名字一模一樣，不過最小的女兒通常稱為「瓊娃」（較年輕者）。

㉝ 同上，第 1 冊，第 352 頁。
㉞ 同上，第 1 冊，第 388-389 頁，並未提供任何其他細節。（他的第四和第五個女兒尚未出生。）
㉟ 同上，第 1 冊，第 396 頁。
㊱ 同上，第 1 冊，第 398 頁。
㊲ 同上，第 1 冊，第 405 頁。
㊳ 同上，第 1 冊，第 455 頁。

一九一五年藏曆二月，第三十八任薩迦法王，圓滿宮的贊林傑古旺度邀請察速聽列仁千去他那裡造訪。㊴ 第三十八任薩迦法王私下告訴他，自己因爲身體狀態不好而要放棄薩迦法王的位階，並希望察速聽列仁千成爲下一任薩迦法王。這番話讓察速聽列仁千措手不及，他懇求第三十八任薩迦法王不要離任。可是第三十八任薩迦法王已經通知中央政府，對方也接受了他的離任。在與薩迦政府官員和僧人執事會談之後，大家決定察速聽列仁千是第三十九任薩迦法王的最佳人選。㊵

然而，出了一些狀況。藏曆三月，第三十八任薩迦法王的妻子嘉媾欽莫去世，所有的祈福和葬禮儀式都如常圓滿。然而藏曆七月，一對遭到眾人憎惡的官員父子被殺，在薩迦造成許多混亂，而薩迦官員無法控制民眾的怒火。又有幾名官員因自身安全而入獄。隨著局勢不斷惡化，有官員向西藏中央政府寫信求助。這對昆氏家族而言頗爲尷尬，他們希望能靠自己的力量平息動亂。察速聽列仁千和弟弟蔣揚臧波作爲薩迦的代表前往拉薩，受到了西藏中央政府的莊重接見，事件最後也獲得解決而不失尊嚴。㊶ 一九一五年藏曆十一月，就任儀式終於可以順利進行。這是一場令人歡慶且印象深刻的儀式，察速聽列仁千於焉成爲第三十九任薩迦法王。（見圖 10）㊷

㊴ 察速聽列仁千（2009），第 430 頁。第三十八任薩迦法王於藏曆火龍年三月十一日圓寂。
㊵ 察速聽列仁千（1974），第 1 冊，第 409-411 頁。
㊶ 同上，第 1 冊，第 419-423 頁。
㊷ 同上，第 1 冊，第 427-440 頁。

圖 10、尊者察速聽列仁千在薩迦法王座上，攝於一九三四年。
在他右手邊身著錦緞法袍的，便是他的小兒子阿旺貢噶嘉贊。

一九二三年，北原（羌塘）的牧民多次請求察速聽列仁千的長女傑尊瑪貢噶旺嫫到他們那裡傳法並給予灌頂。薩迦政府向西藏中央政府求助，希望能解決部分的旅途開支。西藏中央政府發出了公函作爲回應，要求各村人民提供五匹馬和十頭犛牛作爲傑尊瑪貢噶旺嫫及其隨行人員路上的運輸工具。察速聽列仁千在日誌中記述，認爲此乃一種殊榮，因爲他的兩個兒子過去出行時並未得到這樣的援助。

一九二四年藏曆四月十日，傑尊瑪一行人離開薩迦。㊸ 在遊歷牧

㊸同上，第 2 冊，第 56 頁。

區七個月後，他們於藏曆十一月十三日回到薩迦。當傑尊瑪貢噶旺嫫接近薩迦時，她的妹妹傑尊瑪企美旺嫫帶著自己的隨從與一些薩迦官員，從薩迦騎著馬，經過很遠一段路程來迎接，以示敬意。接著，她到達度母宮時，母親和其他幾個妹妹都在門口迎接。她下馬問候眾人，然後立即去見父親，向他報告此行的情況。於是，她向家人述說自己在北原的經歷，家人也爲她奉茶。在此之後，傑尊瑪貢噶旺嫫和她的主要隨從來到瑪哈嘎拉郭絨神殿，向瑪哈嘎拉獻上供養並念誦感恩祈願文，以感謝護法保佑他們一路順利，平安歸來。㊹

與此同時，一九二四年藏曆十月，察速聽列仁千的兩個兒子共娶一妻，也就是拉頂家族的楊千巴默公主。㊺依照傳統（見第七章），婚禮以祕密和私下的方式進行，只有少數幾個家庭成員出席。一個月後，新人選定吉日，在薩迦公開遊行以昭告婚事。這一年是個特殊的一年，不僅有了一位新娘（達嫫），而且傑尊瑪貢噶旺嫫也從遠行平安歸來。在一九二五年，薩迦政府決定要舉行比往年更盛大的新年慶祝儀式，來歡迎新的達嫫，並向傑尊瑪貢噶旺嫫表示敬意。大家請來了戲團，爲薩迦人進行表演。第一天，戲團上演了關於朗薩雯波的一場揪心戲。朗薩雯波是一位必須克服無數障礙以求修持佛法的女性，她曾留下這樣的話語：

㊹同上，第2冊，第102-104頁。
㊺同上，第2冊，第82-84頁。另見伊莉莎白·班納德〈祕密的婚禮：一位薩迦達嫫的婚禮〉。發表於《西藏研究選集》(2010)，第37-63頁。

「人生難得如電光，
若此當下不依法，
轉瞬即逝不復返。」㊻

此劇深深地打動了眾人的心，傑尊瑪企美旺嫫和她的兩個兄弟，都要求在新年慶祝的第二天再次上演這部戲，接著是一場辯經活動，對佛法義理擁有深刻了解的僧人可以展現辯才。第三天，昆氏家族賞賜了戲團人員，贈品有七罐青稞酒、七袋青稞、兩袋米、六塊茶磚以及一些金錢（十八桑）。㊼此外，在新年慶祝中，薩迦政府向新娘舉行公開的供養，以示歡迎，其中包含特殊的哈達、茶，還有節慶用的酥油飯拌小甜薯。

不幸的是，這次婚姻並沒有持續多久。拉頂公主在婚後不久就懷孕了，然而，一九二六年藏曆八月六日黃昏，她與新生兒在生產過程中一起離開人間。㊽全家悲痛欲絕，他們舉行了各種葬禮儀式，祈願母子皆能往生善趣。

於此不幸事件後，察速聽列仁千於一九二七年再次為兒子們找

㊻ https://theyoginiproject.org/accomplished-yoginis/nangsa-obum。見柯帝士．謝福（2004）《喜馬拉雅的女性隱士：一位藏傳佛教尼師之生平》，牛津大學出版社。

㊼ 察速聽列仁千（1974），第 2 冊，第 114-115 頁。當時的「桑」（藏兩）通常是硬幣，而非紙幣，等同於一盎司的銀子或金子。【譯註】根據自生智藏英詞彙網站的說明，一桑約為一百公克（https://rywiki.tsadra.org/index.php/srang_Weight），不過，西藏貨幣單位隨著時代而有不同價值，各方說法莫衷一是，相關解釋參考即可。

㊽ 同上，第 2 冊，第 150-151 頁。

尋妻子。波東德千雀宗，日後被稱爲達嫫聽列巴久（見第七章）被選中。與先前的婚禮一樣，這次也是祕密進行。之後，在藏曆四月六日，他們參拜薩迦各主要廟宇和神殿，藉由一場大型的遊行而向眾人宣告婚事。㊾

一九二七年，察速聽列仁千的小兒子阿旺貢噶嘉贊已能教授道果法的不共法。他的兩個妹妹，傑尊瑪貢噶丹貝尼瑪（貢丹）和傑尊瑪格桑雀諄（瓊娃），以及其他許多僧人和喇嘛都參加了他的教法。㊿同年的藏曆十一月十日，兩個小女兒表示想要進行伏魔金剛手的閉關。爲期一個月的伏魔金剛手閉關，通常是薩迦修行者的第一個重要閉關，因爲它能去除行者在閉關時可能遇到的潛在問題與障礙。因此，她們的父親便向女兒們傳授金剛手灌頂與口傳，並由上師本樂登壤巴松拉指導閉關。51

不幸地，一九二八年藏曆一月二十二日，傑尊瑪們的叔叔蔣揚臧波去世了。葬禮由蔣揚臧波的妹妹傑尊瑪俄旺主持。她與大哥察速聽列仁千共同商議，編纂了要爲已逝兄弟進行的特定祈願、儀式與供養。52察速聽列仁千親自寫了一篇祈願文，喚請弟弟迅速轉世。薩迦南寺與北寺的僧人們都念誦這篇祈願，以及許多其他的祈願。在薩迦的四大廟堂裡，進行了千盞酥油燈、五根供養和念誦祈願的法事。另

㊾ 同上，第 2 冊，第 228-234 頁。

㊿ 同上，第 2 冊，第 240 頁。

51 同上，第 2 冊，第 273-274 頁。

52 同上，第 2 冊，第 323-330 頁。

外，在拉薩神聖的大昭寺和西藏第一座寺院桑耶寺，也都爲其供養了千盞酥油燈。

年末，依據傳統，薩迦法王闔家遷居到冬宮喜拓拉章。察速聽列仁千與妻子、兩個兒子、兒媳達嫫聽列巴久以及最小的傑尊瑪騎馬離開度母宮，前往喜拓拉章。薩迦的婦女們在街道兩側排列，向薩迦法王全家獻上青稞酒和茶。那眞是一場令人歡慶的遊行。

雖說度母宮與喜拓拉章都在薩迦城內，但前者處於開闊地帶，冬季較爲寒冷。喜拓拉章在仲曲河對岸，那裡的大片建築被稱爲北寺建築群（圖 11）。它較受保護，是薩迦令人印象最深刻的建築群之一。喜拓拉章的樓上部分是該任薩迦法王全家的冬宮，他們每年都會從夏宮搬至冬宮住上三到四個月。

這些年來，總是有許多重要的喇嘛、王公和首領來到薩迦拜訪昆氏家族。一九二八年，來自康區的大施主、有權有勢的卓龐家族首領[53]，與其他一些康巴首領一起來到薩迦。他們帶來了許多要送給昆氏家族的禮物，包括十二塊優質茶磚與四十二桑錢幣。這次拜訪的主要目的之一是捐獻五十桑錢幣，以爲最近去世的蔣揚臧波建一座紀念像。卓龐首領還請求薩迦法王保護康區人民，並爲他們一行人進行長壽法的修持。

一九二九年，又一樁悲劇發生了：「察速聽列仁千的大女兒，曾到北原牧區傳法的傑尊瑪貢噶旺嫫因胃病去世了。她母親本來打算到

---

[53] 日誌並未註名卓龐家族首領的名字，不過很可能是吉美貢噶旺傑。

圖 11、薩迦北寺的大部分建築；中央最大的建築是喜拓拉章。

她的住所孝登揚拉章探望她，卻無法在女兒去世前見到，因而感到遺憾。許多僧人和家人都在已逝的傑尊瑪遺體前誦經，放置酥油燈及其他供養。等到誦經結束時，天色漸明，一位維那師接著念誦金剛瑜伽母儀軌，另外兩名僧人念誦四面普明大日如來儀軌。還有四位從大寺來的僧人，與她的母親達孀和兩位最小的傑尊瑪一起，在遺體前念誦金剛瑜伽母儀軌。當他們吟詠著儀軌時，發現屋裡變得溫暖了（這是一個瑞相）」。

藏曆二十七日，日出時分，遺體移至居所的庭院中。兩位小傑尊瑪和父親一起將一條哈達放在遺體上，然後遺體從傑尊瑪貢噶旺嫫的居所送往烏澤宮，人們在那裡將供養放在遺體附近。同時還進行了二百組的五根供養。當遺體火化時，眾人再次念誦金剛瑜伽母和四面普明大日如來儀軌。火化後，遺骨和骨灰分揀開來，遺骨被送回傑尊瑪貢噶旺嫫的居所，安放在佛壇附近。她的父親又一次念誦金剛瑜伽母儀軌，並供養和金剛瑜伽母相關的特別紅粉（辛都拉）。這些象徵性的儀式是爲了幫助逝者找到金剛瑜伽母的淨土卡恰瑞。她的姊妹們都出資做了供養。與此同時，南寺與北寺的僧人們則一起念誦四面普明大日如來的儀軌。

傑尊瑪貢噶旺嫫的父親記述，火化的那天，天氣晴朗，空中飄著白雲。火化後的遺骨顏色潔白。他們曾向占星學者諮詢火化的時辰，並選擇了良辰吉時，一切都極爲順利。酥油燈的火焰穩定，北方一片明亮清淨。所有這些都是吉兆，表明傑尊瑪貢噶旺嫫將能享有善好的投生。

傑尊瑪貢噶旺嫫去世後，察速聽列仁千的三女兒傑尊瑪企美旺嫫成爲年紀最長的傑尊瑪，需要承擔更多的責任以協助整個家族。[54]在他父親的日誌中，傑尊瑪企美旺嫫被提到的次數也比別的姊妹要頻繁，特別是在領受法教和進行儀式的部分。比如說，一九二四年，察速聽列仁千教授了關於大三紅尊（象鼻天、欲帝明王、作明佛母這三位重要的紅色本尊）的殊勝教法，[55]受法者是他的兩個兒子和三女兒傑尊瑪企美旺嫫。[56]後來，他還向兩個兒子傳授了俄欽傳承的梅紀和因陀羅金剛瑜伽母教法，包括灌頂和口傳，以及賈譯師金剛亥母三

---

[54] 二姊傑尊瑪格桑雀諄，亦名卡拉，患有精神疾病，很少在察速聽列仁千的日誌中被單獨提及。

[55] 關於這三位本尊的詳細描述，見 www.himalayanart.org。

[56] 察速聽列仁千（1974），第 1 冊，第 817 頁。

法，儘管他的三個大女兒之前已經接受過這些教法，但她們仍和兄弟們一起再次接受了教法。㊼ 一九二九年，察速聽列仁千向三個小女兒傑尊瑪企美旺嫫、傑尊瑪貢丹、傑尊瑪瓊娃傳授了察巴傳承的白度母灌頂，以及《成就法總集》中的一些口傳。他在日誌中記載，從這天起，傑尊瑪企美旺嫫開始修持白度母法。㊽

一九三三年，察速聽列仁千的根本上師，俄爾寺傑出的住持阿旺羅卓賢遍寧波（1876-1953）㊾ 在薩迦圓滿宮傳法，察速聽列仁千邀請他至度母宮。察速聽列仁千曾在一八九一年和一八九二年接受過道果法的不共法，但由於事務繁忙，直到一八九三年才接受了完整的道果法教法。雖然他從一八九三年起便開始了道果法的修持，但他認爲這次是能向俄爾寺住持請求「複習」的絕佳機會。此外，他可能也希望能讓自己和子女們與這位德高望重的喇嘛產生更堅固的師徒連結。於是，阿旺羅卓賢遍寧波向察速聽列仁千、他的兩個兒子、傑尊瑪企美旺嫫和其他一些人傳了法。傑尊瑪企美旺嫫和她的兩位兄弟一起向他供養禮物，感謝這位了不起的喇嘛給予他們教法。㊿

㊼ 同上，第 1 冊，第 835 頁。

㊽ 同上，第 2 冊，第 393 頁。他給予孩子們許多教法與口傳。同書第 2 冊第 535 頁，記錄他將甘札巴勝樂金剛教法傳授給孩子們；第 2 冊第 541 頁，記錄他將大紅司命主護法的灌頂及論述傳授給孩子們。第 2 冊第 544 頁，察速聽列仁千的永樂宮供奉著馳名的札巴嘉贊痲瘋頭顱像，而某次於此雕像面前舉行的薈供中，傑尊瑪企美旺嫫似乎是唯一的女性與會者。關於這個痲瘋頭顱，詳見第七章注 28。

㊾ 之後，阿旺羅卓賢遍寧波（1876-1953）成為傑尊姑秀和第四十一任薩迦法王的根本上師；見第八章。

㊿ 察速聽列仁千（1974），第 2 冊，第 747 頁。

相較於大姊傑尊瑪貢噶旺嫫在年輕時就搬到自己的拉章居住，傑尊瑪企美旺嫫在度母宮待了許多年，很可能是因爲家裡需要她的幫忙。她直到一九三四年三十四歲時才搬進孝登羅拉章長居住，而一般來說，傑尊瑪會在十幾歲時就搬出去自己住。搬家需要許多的計畫，所以準備工作從一年前就開始了。家裡爲傑尊瑪準備了各色衣服，挑選了傢俱、地毯，還爲女兒的新居準備了法座。家裡還爲她準備豐厚的物資，包括三百桑錢幣、一袋米、三袋蜂蜜、十五塊茶磚、一匹中國地毯、許多錦緞與棉布，還有大量在各種正式場合使用的哈達。[61] 後來，這裡成爲她么妹傑尊瑪瓊娃的住所。

一九三五年，察速聽列仁千的健康狀況開始惡化。自前一年的夏季開始，大家念誦了許多長壽祈請文，並進行各種延壽法事。薩迦政府出資請人念誦一〇八函的《甘珠爾》(佛語)，以期延長法王的壽命。此外，也比平常更頻繁地向護法祈請。他的家人念誦了許多祈願，並懇請父親長久住世。察速聽列仁千回應說：「你們的好意我心領了，但我沒有力量延長自己的壽命。」[62] 這些祈願似乎幫助延長了一個月的壽命，然而令人遺憾地，他在該年藏曆二月初不幸離世了。[63]

堪蔣巴臧波是察速聽列仁千的極虔敬弟子之一，也是薩迦南寺的

---

[61] 同上，第 2 冊，第 817-820 頁。

[62] 同上，第 2 冊，第 849-851 頁。

[63] 同上，第 2 冊，第 851 頁。醫生們說第三十九任薩迦法王的脈搏十分微弱，但他仍倖存了一個月。

住持，根據在薩迦的見證者，他編寫了一則記述，內容是關於他根本上師的最後一段時日。這份記述在多年後收錄於已出版的察速聽列仁千日誌中，提供有關實際葬禮儀式和荼毘的長篇準確資訊。誠然，每個人都爲如此一位傑出人物的圓寂而哀悼，他一生致力於修道並以自己對實相的了證和理解進行教學。儘管他具有高度的了證，但他依然謙虛、無私，且全心全意地爲眾生服務，他是眞正的菩薩。

堪蔣巴臧波一直全心爲度母宮服務，成爲之後兩代度母宮成員的顧問（見第七章和第八章）。他在已出版的察速聽列仁千日誌中表明，察速聽列仁千的兒媳達嫫聽列巴久（見第七章）對自己的公公深具虔信，不僅請求堪蔣巴臧波編纂察速聽列仁千的日誌，甚至還爲此提供墨水紙張給他。在察速聽列仁千兩個兒子的協助下，堪蔣巴臧波開始編纂所有日記，最終成爲我們今日拿在手上的日誌。他在書中特別提到傑尊瑪企美旺嫫，她除了從許多偉大的上師那裡接受教法且修持不輟，還爲日誌的編纂出資，敦促這項工作早日完成。日誌最後在一九五二年完成。[64]

在傑尊姑秀看來，她的姑姑傑尊瑪企美旺嫫和阿姨達嫫聽列巴久彼此相得益彰。傑尊瑪企美旺嫫安靜內斂，然而，她是個卓越的顧問，且是家裡值得信賴的成員。此外，傑尊姑秀和胞弟第四十一任薩迦法王都一致讚揚傑尊瑪企美旺嫫，說她是優秀的金剛瑜伽母修行者。

---

[64] 同上，第 2 冊，第 871 頁。在出版的日誌中，蔣巴臧波稱達嫫聽列巴久為「達嫫姑秀」，稱傑尊瑪企美旺嫫為「傑尊瑪企美丹貝準美」。

從察速聽列仁千極爲珍貴的日誌中，我們可以看出薩迦昆氏家族如何根據五位女兒對甚深教法各自不同的理解來教育她們。作爲佛法家族的一員，她們各個都被培育爲優秀的修行者，且有許多機會能直接從喇嘛們那裡領受重要的灌頂、口傳和講解。最終，她們都必須以信心與毅力而不斷精進修持。除了修持，家族的每個成員都必須爲藏人服務，主要是擔任老師，但同時也是顧問。每個成員也必須協助家族事務，諸如接待客人，尤其是各方官員；舉行各種必要的法事，諸如希求保佑、繁榮、長壽，以及超渡亡者；並且擔任薩迦政府及西藏中央政府的修行導師。他們當然也會享有闔府慶祝新年的歡樂、觀看西藏戲劇與僧人辯經。偶爾去溫泉以躲避薩迦天氣的嚴寒，全家一起放鬆。有些人則會長途跋涉，前往康區、北原、拉薩等地。屬於察速聽列仁千時期的家族，無需處理失去西藏所致的不確定性，而他們的下一代，察速聽列仁千的兒子達欽貢噶仁千的孩子們——傑尊姑秀與第四十一任薩迦法王，就必須面對而責無旁貸了。

7

不眠不休：達嫫聽列巴久

屬於當代人物的傑尊姑秀企美祿頂（一九三八年生，其傳記見第八章和第九章），其生平故事與好幾位家人交織在一起，其中包括她的胞弟第四十一任薩迦法王，還有將他們二人養育長大的姨媽達嫫聽列巴久臧嫫，以及他們的生母，達嫫聽列巴久的妹妹達孃①索南卓噶。本章重點介紹達嫫聽列巴久與達孃索南卓噶這對姊妹兼共妻的生平，從一九〇〇年代初到一九三八年傑尊姑秀出生，她們倆一直都是薩迦昆氏家族度母宮的重要成員。下一章的主題則是傑尊姑秀與第四十一任薩迦法王的童年。

資料來源

如前所述，有關薩迦度母宮家族資訊的主要來源之一是第三十九任薩迦法王察速聽列仁千（見第六章）的日誌，他是傑尊姑秀與第四十一任薩迦法王的祖父。②察速聽列仁千的日誌記載了有關他兩個兒子達欽貢噶仁千③和阿旺貢噶嘉贊的資訊，包括他們於一九二七年共同迎娶達嫫聽列巴久之事（見第六章圖表4）。日誌詳細記載了在這次共婚前舉行的各項必要儀式，以及實際的婚禮儀式。察速聽列仁千在兒子婚後九年，於一九三五年去世，之後的大多資訊則來自作者個人對各個認識達嫫聽列巴久的人所進行的大量、詳盡採訪，尤其是

---

① 達嫫在生產後就被稱為「達孃」，意思為「夫人」。有關達嫫的更多介紹，參見第一章。

② 察速聽列仁千也是達嫫聽列巴久的公公。本章後半部，引述了他的日誌條目。

③ 根據察速聽列仁千（1974），第 1 冊，第 277 頁，他的兒子達欽貢噶仁千生於藏曆水虎年（1902 年）九月十四日。

從她侄女傑尊姑秀和侄子第四十一任薩迦法王那裡得到了許多資訊。另外，第四十二任薩迦法王大寶金剛薩迦所著《偉大的薩千貢噶寧波與第四十一任薩迦法王傳記》中，也記載了有關其姨祖母達嫫聽列巴久的一些資訊。④

達嫫聽列巴久

達嫫聽列巴久（圖 12）在一九〇六年誕生於後藏江孜附近有名的貴族家庭本修家族。⑤她母親的娘家是姜惹家族。她原名德千雀宗，在嫁入昆氏家族後改名爲聽列巴久臧嫫，並獲得達嫫（夫人；見第一章）的稱號。家中共有七名子女（三男四女）倖存長大成人，她是其中的二女兒。⑥

七名子女中的長子是大哥策丹多傑（1889-1945），他於一九三四年至一九四五年期間在西藏政府任職，是著名的內閣成員，被稱爲噶

④ 大寶金剛薩迦、卓瑪拉嫫與喇嘛蔣巴洛瑟編著（2003）《偉大的薩千貢噶寧波與第四十一任薩迦法王傳記》，拉賈普爾：薩迦學院；http://www.buddhanet.net/pdf_file/sakya_bios.pdf。參見第 21 頁達嫫聽列巴久的另一張照片。

⑤ 本修家族又名本東家族，本修是更廣為人知的稱呼。參見卡希利尼與艾克沃（1969），第 110-111 頁。該家族是查衛地區的顯貴，被稱為 gZims dPon。參見盧西安諾．佩泰奇（1973）《一七二九年至一九五九年的西藏貴族及政府》，第 122-124 頁，羅馬：義大利中近東與極東學院，羅馬東方系列第 45 冊。其中描述了該家族的歷史，指明它在仁蚌和白朗地區擁有地產。另外，察速聽列仁千（1974），第 2 冊，第 228 頁，他們被稱作 Shang rJe Bon grong 或 Shaj rGe Bon grong。他們的主要居住區在江孜附近的札囊與山南。

⑥ 傑尊姑秀回憶說，在一八九八年至一九〇五年與一九〇七年至一九一三年時期，本修家族許多孩子都壽命不長，其中七個很早就夭折了。

圖 12、休閒中的達媖聽列巴久。

倫本修。⑦長女是大姐蔣巴楊吉（1894- 約 1953），⑧後來嫁入恰培家族。日後聽列巴久在薩迦遭遇艱難時，蔣巴楊吉幫了她許多忙。第二位兄弟是格桑彭措（1897- 約 1950 年代中），他與彭康家族聯姻。最小的兄弟是札西巴惹（圖 13），他是拉薩扎基軍隊的將軍，也是一九五九年達賴喇嘛逃亡印度時的隨身護衛之一。⑨大妹是索南卓瑪（約 1915-1935），嫁入傑巴群札西巴家族，她的一個兒子修波洛桑達

⑦噶倫，又稱薩旺千波，是西藏內閣成員的藏語頭銜；西藏政府共有四名總理共同管理。參見梅爾文．古德斯坦（1991）《一九一三年至一九五一年的現代西藏史：喇嘛之國的消亡》，第 225 頁，伯克萊：加利福尼亞大學出版社。

⑧蔣巴楊吉在第一任丈夫去世後，再嫁到噶江家族，家族在拉薩的居所被稱為噶江府，主要居住地在榮玉拉。

⑨札西巴惹於一九三五年結婚，婚後他將原名多傑丹唐改為女方家的姓「巴惹」。參見格爾登仁波切（2013）《根敦群培，偉大的思想家》，第 67 頁後信息，達蘭薩拉：藏學文獻圖書館，書中稱他為貢噶札西巴惹。

圖 13、身為西藏軍隊將軍的札西巴惹，一九五〇年代中期攝於拉薩。

給是西藏政府的內閣成員之一，後來又成爲西藏流亡政府的一名法官。

對昆氏家族的後代而言，最重要的人物是達嫫聽列巴久的小妹索南卓噶，她後來嫁入薩迦，與姊姊成爲共妻，並生下了傑尊姑秀與第四十一任薩迦法王。一九五九年，大批藏人逃離西藏，七個兄弟姊妹中，只有達嫫聽列巴久與弟弟札西巴惹流亡到了印度，之後他倆一直維持著密切的聯繫。⑩

江孜是地處印度與拉薩之間的一座大型貿易城鎮，達嫫聽列巴久就在江孜附近長大。她是家裡較為年長的女兒之一，學會了閱讀、寫字與持家。傑尊姑秀回憶，她的姨媽經常對自己的侍者說，人應該學會一技之長才能存活。達嫫聽列巴久會引述她母親的話：「我母親告訴我，『若是你走運嫁到好人家，那麼擁有知識便可以將家庭管理得很好。若是嫁到窮人家，那擁有知識則能夠擁有經營家庭所需的一切技能。』」她又說道：「為了教導我，家母在我十三歲時，就讓我負責整個江孜家中的家務。我學會了如何做飯、管理傭人、監督織染布匹的工作。」⑪

達嫫聽列巴久對這些技能都非常了解。後來傑尊姑秀強調，儘管姨媽沒時間親自編織，但她確實知道該如何進行。傑尊姑秀也特別提到，地毯的正反兩面都必須要一樣做工精細，而且邊緣尤其重要。⑫

---

⑩ 札西巴惹在印度達蘭薩拉的西藏流亡政府中任職，他的第二位妻子噶玉準在那裡開設了第一家素食餐廳噶吉飯館。

⑪ http://tibet.prm.ox.ac.uk/photo_1999.23.1.33.2.html。（西藏畫冊，牛津）。江孜、日喀則地區的富有人家，會在私人土地上提供織布機、染料等物資來贊助地毯編織的工作。江孜以其地毯編織聞名。英國醫生哈利．史道頓（Harry Staunton）曾拍攝過一幅關於多林曼諾府的精彩照片，樓上是許多的織工，樓下是婦女們正在刷羊毛、紡毛線，為編織做準備。

⑫ 傑尊姑秀在小時候就喜歡玩編織。身為一位傑尊瑪，家人不許她靠近真正的織布機，因為尼師應該專注在學習和修持上。可是她還是很喜歡編織。她在西藏的時候，從來沒有真正做出任何織品，但後來在加拿大時，她則作為織工而與設計師宗達．涅利斯（Zonda Nellis）合作。她表示，那種編織十分容易，不像西藏地毯或圍裙的圖案那麼複雜。只是色彩的組合而已。傑尊姑秀以其謙遜的態度，使它聽起來好像很簡單，一點都不難搞定。

度母宮有三位女性為地毯編織專家。年紀最大的是拉瓊，第二位是龐瓊，最年輕的是拉準。後來在流亡時期，外國救助組織建議藏人透過編織地毯來謀生。因此西藏難民自助中心於一九五九年十月二日在印度大吉嶺附近成立，由達賴喇嘛兄長的妻子加洛東卓女士領導，她的一生都奉獻於幫助西藏難民，直至一九八六年離世。拉瓊等三位女性在自助中心成為其他藏族婦女學習地毯編織的老師，達媖聽列巴久則幫助管理這些藏人生產高品質的地毯，以便銷往海外。

在度母宮的時候，達媖聽列巴久還組織圍裙的紡織工作。西藏婦女結婚後，都會穿上紡織的圍裙，作為其已婚身分的標誌。大部分藏族婦女都只將圍裙穿在正面，但在西藏西部的女性，通常會在前後兩面都穿上圍裙。負責農務或牲畜工作的婦女穿的是粗羊毛紡成的圍裙，而貴族的女性在特殊場合就會穿上精緻的圍裙，有時候是用精美的絲綢製成。

印度有橙色與粉色的染料，藏地所產的染料卻沒有這些顏色。達媖聽列巴久便自製了一些染料。例如她從大黃的葉子和根部提取黃色和綠色，靛青色（一種深藍色）則來自於一種生長在印度邊境的小根莖植物「穰措」。傑尊姑秀解釋說，他們會用牛尿來調製靛青色。她調皮地笑著說：「那可難聞了。」她還說，任何發酸的東西都可以用來當定色劑，比如乳清，或者放置過久的青稞酒水。定色劑能讓顏色持久。絲綢——特別是用於製作婦女精緻圍裙的絲綢，來自中國、印度和日本。綿羊身上長毛所製的極細羊毛紡成細線後，可以用來製作家用衣袍與僧人披肩。這些都是極高品質的羊毛。

傑尊姑秀還回憶說，她的姨媽從年少起就一心向法了。在大多西藏的富裕家庭中，每位女兒都會自有一份田產，地上作物的收入就成了她們的零用錢。幾乎所有女孩都會用這些錢來買珠寶首飾、綾羅綢緞，但達嫫聽列巴久則不同，每年自己田地的青稞一賣掉，她便立即將這些收入用來買酥油以便供燈。

達嫫聽列巴久於一九二七年二十一歲時嫁入昆氏家族，人們對她嫁入昆氏家族前的青春歲月所知甚少。在第三十九任薩迦法王的日誌中，察速聽列仁千記載道，兩個兒子迎娶第一任妻子時所進行的一切，⑬ 第二任妻子也比照辦理。兩兄弟在藏曆木鼠年（1924-1925）十月迎娶第一任妻子，拉頂家族的楊千卓噶公主，然而她在一九二六年生產時不幸去世（見第六章）。

達嫫聽列巴久的婚禮

察速聽列仁千在日誌中描述了新娘的選擇以及部分婚禮儀式。薩迦家族在決定新娘人選時，需考量各種因素。出身於良好名聲的貴族家庭當然有其重要性，但還要依賴更玄奧的徵兆，比如吉祥的夢境以及各種占卜。其中一項占卜是將三個備選人名寫在一張紙上，然後將紙裁成三條，每條上面有一個備選人名。接著將紙條折疊起來，小心翼翼地塞進三個以青稞麵粉製成的烤熟麵球裡，並確保三個麵球的重

⑬ 西藏的許多地方都實行一妻多夫制。通常的情況是幾位兄弟共娶一位妻子，或者在某些情況下共娶幾位姊妹。在昆氏家族，這是保持血脈完整的一種方式。後代子女被視為共夫之中較年長那位的子女。哥哥被稱為父親，弟弟則被稱為叔父。

量一致。再將麵球放入碗裡，快速轉動，直至其中一個麵球掉出來。藏曆火兔年（1927）元月，新娘未來的公公察速聽列仁千親自進行這項占卜，爲他的兩個兒子選定最合適的新娘。⑭ 當那顆有著達嫫聽列巴久之少女名「德千雀宗」的麵球掉了出來時，她的人生突然發生劇烈的變化。

婚禮前舉行了各類儀式，念誦了許多經文，爲的是驅除潛在的怨害並迎請賢善的助力。一九二七年藏曆二月二十三日，天還未亮，此刻的達嫫聽列巴久並不知道婚禮的具體安排，她與一小批隨行被祕密地帶往度母宮，那是薩迦昆氏家族卓瑪（度母）分支的主要居所。這一小群人被引領至三樓，來到稱作大玻璃窗屋（見下節）的房間，達嫫聽列巴久在那兒第一次見到自己未來的丈夫們——第三十九任薩迦法王的兩個兒子達欽貢噶仁千與阿旺貢噶嘉贊。⑮

察速聽列仁千的日誌裡並未敘述這位新任達嫫的行爲舉止，不過傑尊姑秀曾表示，一位儀容端莊的新娘必須垂下眼簾，不能直視她的丈夫們。新娘不應表現出任何情緒。既然那是達嫫聽列巴久第一次與兩位丈夫碰面，她的儀態就會是嫻靜謹慎，以表明自己出身高貴且家教良好。

在婚禮當天，大玻璃窗屋的牆上掛了十四幅珍貴的唐卡，都是從薩迦大名鼎鼎的祖先八思巴之收藏中挑選出來的，其中一幅是長壽九

---

⑭ 察速聽列仁千（1974），第 2 冊，第 223 頁。

⑮ 同上，第 2 冊，第 228 頁。

尊壇城。長壽佛又名「無量壽佛」，是能夠護佑（甚至延長）壽命的佛。未來的新娘及其隨行接受了包括長壽九尊在內的灌頂，以促使他們人人都能長壽。察速聽列仁千遵照第五世達賴喇嘛的攝政第司桑吉嘉措（1653-1705）所作之《白琉璃》來舉行結婚儀式。

唐卡前的佛壇上擺放著屬於八思巴的珍貴供養物。唐卡與供養物都有長達六百多年的歷史，只有在非常特殊的場合才會將它們擺放出來。新娘方的人員有新娘及其父親和叔叔，還有兩名馬夫和他們的父母，他們受到招待的食品為裹著蜂蜜的烤熟小麥，還有一種稱為「些瑪」的食品（熟青稞粉加酥油的混合物）。與此同時，眾人唱誦著吉祥頌：「願你們吉祥如意，願你們福運環繞。願你們富饒充盈，願事業遍滿三界。」唱誦結束時，大家都用手指捏起一點些瑪並高舉過頭，表示在自己食用前先敬奉本尊。

達嫫聽列巴久的公公察速聽列仁千接著宣布，本修公主因為和他的兩個兒子結婚並成為他們的智慧明妃，所以現在是昆氏家族的達嫫。與智慧明妃的結合是為了獲得了證菩提的智慧。察速聽列仁千也為她取了新的名字：澤旺仁增・聽列企美・巴久臧嫫（大力生命、持有明覺、佛行事業、無死、昌榮、慈心）。喇嘛為人取名，有時會把自己的名字用在其中，這次察速聽列仁千將「聽列」用在新娘的名字中，其意為「佛行事業」，預示了達嫫聽列巴久未來在延續薩迦法教中所扮演的角色。

婚禮後，達嫫聽列巴久的第一餐是由三種乳製品（牛奶、優酪乳和酥油）所構成，並搭配些瑪。這些都被認為是吉祥的食物。眾人唱誦著：「願此善妙之食令您長壽。願您成爲昆氏家族中的母親。願您福德廣闊如海，願您成爲善緣之因。」在唱誦完這類偈頌後，大家繼續讚揚喇嘛、諸佛、本尊、護法與財神。接下來，察速聽列仁千爲新人授予瓊波大成就者傳承的三長壽尊灌頂，爲新人的結合創造吉祥的開端。根據傳統，爲了向喇嘛（這裡是他們的父親）表示感謝，法王子（兩位新郎）與達嫫聽列巴久各自持捧著長條哈達，爲察速聽列仁千獻上黃金曼達、一尊佛像、一部佛經、一具佛塔（證悟的象徵）以及一封裝著五桑錢幣的信函。

種種徵兆表明，這一切都進展得相當順利，不過還需要進行更多的儀式。有人建議，長子應該前往專門供奉瑪哈嘎拉護法的郭絨神殿，並做七天的各種供養。在七天的供養儀式結束時，長子夢見了瑪哈嘎拉，而這顯示著本次婚姻的吉兆。

在西藏，如此詳細記載婚禮的文字極爲罕見，不僅如此，在婚禮或灌頂儀式上，也很少見到主持人是公公或丈夫（們）。而達嫫聽列巴久則從自己的公公第三十九任薩迦法王那裡接受了各種灌頂，之後她還從丈夫們那裡領受灌頂和法教。再過幾年，她則從外甥第四十一任薩迦法王那裡接受灌頂與法教，她將四十一任薩迦法王當作親生兒子來撫養帶大。她也將自己的每一位男性眷屬都視作上師。

整整一個月的時間裡，薩迦的人們都不知道兩位法王子已然成婚。到了藏曆四月六日，以星象學來說是個吉祥日，⑯新娘方舉辦了

⑯同上，第2冊，第234頁。

宴會，並以伴有華蓋與樂手的遊行來宣告婚事。新人也向薩迦許多重要的聖地與聖物表達敬意，包括薩迦四寶在內。⑰

遊行持續了一整天，達嫫聽列巴久與兩位丈夫在薩迦的許多聖地停留，享用吉祥茶點，慶祝婚事。許多寺院、官員和家人都獻上了禮物。舉例來說，薩迦政府送給新人一大包茶葉、一袋米、一頭大羊乾屍，還有青稞酒。與度母宮關係緊密的則東寺則送給新人五十馱青稞。⑱第三十九任薩迦法王在他的日誌裡記下，當日天氣既不惡劣也沒有風，並將此詮釋爲一切順利進行的好兆頭。新娘與新郎們遊行結束回到家中，便向第三十九任薩迦法王獻上長壽儀式，以表感恩。

度母宮

度母宮（圖 14）是一棟巨大的建築，約有八十個房間，由二十到二十五名同住的僕人看管。前面爲兩層樓，背後爲三層樓。下兩層如許多西藏房屋一般，塗成白色，第三層則漆成深紅色，表明這一層樓具有佛法方面的重要性。實際上，三樓是度母宮家族居住的地方。⑲度母宮建築的牆壁用夯土製成，底部厚達三英尺，外牆也和許多西藏房屋一樣，稍稍向內傾斜，給人一種更高的錯覺。⑳屋頂是平

⑰ 關於薩迦四寶，見第二章。

⑱ 一馱（khal）大約為三十磅。【譯註】西藏傳統容積單位，大約可容納十五公斤青稞。

⑲ 昆氏家族的男性衣著也有類似的色彩搭配。他們穿著白裙代表其在家身分，但在上半身則會穿著紅色無袖上衣，顯示他們的宗教身分。

⑳ 窗戶外圍的區域被漆成黑色的梯形，下寬上窄。這創造了窗戶變大的錯覺，更增強了宮殿的外觀。

圖 14、薩迦，度母宮。

的，牆角裝飾著宗教象徵符號。

大門向東，這是受到印度文化的影響，認爲日出東方，所以東面是吉祥的方位。入口通道平整寬闊，可以通過一輛卡車。人們進了寬大的入口，在外院下馬，來到向南的內庭入口，走上四、五級臺階就可進入內院。進入內院時，會看見一段小臺階，向上通往一扇看起來如廟宇大門的地方，門的周圍有四大天王的護法畫像。

這些圖像是寺廟正面的典型圖像，當傑尊姑秀描述這個建築時，她笑著說：「看到人們爬上台階並期望進入寺廟是很有趣的，但那其實是個儲存室，用來收藏在印度購買的大型物品。」她表示，每年都有騾馬隊馱著羊毛去印度，交換紅糖、手電筒用的電池、蠟燭、收音機、肥皂、大吉嶺茶葉㉑、柳丁、牙膏、製作經幡用的棉布、孔雀羽

㉑ 擁有許多大吉嶺茶園的英國人，試圖鼓勵西藏貴族喝大吉嶺茶。因此，在西藏精英階層中，飲用這種茶便成為一種時尚，尤其是在下午。西藏的主要茶是中國黑磚茶，用沸水、鹽和黃油攪拌。

毛、宗教儀式和遊行中用的吉祥草，以及其他物品。僧人的宿舍在一樓儲藏室的周圍。側邊還有樓梯通往二樓和三樓。」

在西藏，房間的尺寸是由需要多少根柱子來支撐天花板或屋頂所決定的。一根柱子或兩根柱子的房間已經足夠用來做臥室，或招待幾位客人。六根柱子大小的房間則作爲主廳，可以容納二十多人舉行聚會，或私人的灌頂儀式。

由於昆氏家族主要爲佛法家族，因此家裡的每個成員都有他們的「修持房」，可以在裡面進行每天的日課與必要的儀式。每間修持房都有個名字，達嫫聽列巴久的房間就稱爲綠度母洞，大小爲一點五根柱子。一座大型佛龕占了一面牆的一半，上面掛著綠度母像、作明佛母像等唐卡，以及一些蓋著黃色綢布的唐卡。佛龕上還有一尊大型的金剛瑜伽母像和幾尊小佛像，以及四處可見的許多食子。那些食子是以熟青稞粉、酥油和紅糖製成的特別供品，通常做成三角形或圓錐形，頂部用天然的染料塗成紅色，有些上面還有酥油做的花朵圖案。通常每兩週或每月一次會將食子供奉給特別的本尊。達嫫聽列巴久的所有修持都是在這裡完成的。她後來因爲要照顧傑尊姑秀和第四十一任薩迦法王，兩個孩子就在房間裡玩樂放鬆。傑尊姑秀和其他小孩通常都和姨媽與母親睡在這間房裡。

在藏傳佛教中，修行人於生前並不會向他人透露自己每天從事什麼樣的修法。這麼做會被視爲自我吹噓，因爲它將增長修行人的強烈我慢，阻礙眞實的了證。不過在一份第四十一任薩迦法王的略傳中，描述了達嫫聽列巴久的修持：

她不僅有深切的虔誠與清淨的洞察，也對眾生極度慈悲。她是偉大的修行人，完成了許多了不起的修持，包括六十萬次的大禮拜及皈依念誦，一千萬次的上師瑜伽偈，約五百萬次的獻曼達，兩千萬次的度母本尊咒，以及其他許多類似的修持。她的禪修成就超過許多終身獨自閉關的修行人。㉒

專注於禪修的行者常常會製作一種四方形的木頭箱子，大小比禪修者盤腿坐下所占的空間略大一些。這樣的尺寸設計使得禪修者無法在箱子裡躺下睡覺。箱沿的高度是後背高度的一半，但行者不能靠在箱沿上，而應該挺直背脊以正確禪修。達嫫聽列巴久從來不睡床上，總是在禪修箱裡過夜，最多只是在禪修箱裡禪坐時打個盹。她在度母宮時就已有這種不倒單的習慣，之後到印度也始終如此。㉓

後來在印度時，札西巴惹（達嫫聽列巴久胞弟）的妻子噶玉準回憶，達嫫是位了不起的修行人，她總是稱達嫫爲康卓（空行母）。㉔她曾說：「康卓達嫫聽列巴久總是在修持，她從不解下她的腰帶——這是大禪修者的標誌。她整晚都在禪修，只有在換衣服的時候才解下腰

㉒ 薩迦大寶金剛及其他人等（2003），第 31 頁。

㉓ 第四十一任薩迦法王給我看了一張達嫫在印度度母宮房間的照片。我原本期待的是一個帶有備用家具的嶄新房間。出乎我的意料，她的房間裡堆滿了各種各樣的東西，幾乎是亂七八糟，她的禪修箱就在薩迦長期侍者阿嘉卓噶之幼子策仁多傑的小床旁邊（見附錄 A、B，作者對阿嘉卓噶與策仁多傑的採訪）。

㉔ 梵文 ḍākinīs 在藏文中譯為 khandro（空行母），指的是了悟究竟實相的女性。正如天空不受束縛且廣袤無垠，空行母對內在空性實相的了解也不為概念所阻礙。

帶。」噶玉準說：「她有一顆極爲善妙的心。」

達嫫聽列巴久平日吃著普通西藏食物，但在藏曆每月的新月日、初八日和滿月日，則進行嚴格的八關齋戒修持，包括禁食和做大禮拜。許多西藏人都會想辦法在一生中做到千萬以計的大禮拜，爲的是培養謙遜，表達自己對上師及三寶（佛、法、僧）的虔敬，並且積累福德。達嫫在八關齋戒日會做上幾百次大禮拜，每日的修持也是廣大且非凡。㉕

另外，她還從三位傑出的喇嘛那裡領受了道果法，包括：她的公公察速聽列仁千、南面大寺的住持堪蔣巴臧波（見第六章）和偉大的俄爾康薩住持阿旺羅卓賢遍寧波（也被稱為當巴仁波切）。後來，第四十一任薩迦法王和傑尊姑秀也從當巴仁波切那裡領受道果法的教導。㉖達嫫聽列巴久還進行各個本尊法的閉關，包括作明佛母（大三紅尊之一）、喜金剛與薩迦十三金法。她總是把佛壇保持得十分乾淨，做起任何事情都有條不紊。第四十一任薩迦法王說：「達嫫聽列巴久是了不起的修行人，她的修持超過許多終生獨自閉關的修行人。」

㉕達嫫聽列巴久每天早晨的日常修持為：喜金剛、金剛瑜伽母、上師瑜伽、畢瓦巴成就法（所有薩迦道果法修行者的四不間斷法修持）；蓮師七支祈請文；薩迦歷代大師祈請文；白度母祈請文；綠度母祈請文（包括獻曼達）；紅度母祈請文；百食子供養（實際上為施食餓鬼的 21 甘露丸；做這些儀式前不能食葷，所以必須在午餐前完成這個儀式）；財神水供儀式；五十個酥油燈供養（她在印度時，親手用紅色檀香木燈芯準備酥油燈）。由於要完成所有的修持誓言，她通常在下午兩點或三點左右吃午飯。每天晚上則要修持：金剛瑜伽母三尊（三種金剛瑜伽母修法），用一個紅色檀香木圓盤來獻曼達；西藏全國的護法吉祥天母；薩迦三大護法（咕嚕瑪哈嘎拉，四面瑪哈嘎拉，大紅司命主護法）。

㉖作者在二〇一六年十一月採訪格西圖傑旺楚，傑夫．舍寧翻譯。

再回來談談度母宮的建築，三樓有傑尊姑秀與第四十一任薩迦法王之父親的修持 / 閉關房，稱爲喜金剛洞，大小爲一點五根柱子。還有第四十一任薩迦法王的房間，也是他祖父察速聽列仁千曾經住過的地方，稱爲永樂殿，一進門先是書房，要走上三級臺階才能進入主室，大小爲兩根柱子，精心雕刻和彩繪的木製佛龕覆蓋了整面牆。木架頂層安放著各種殊勝的本尊像。西藏的佛像有嚴格的比例規定，藝術家都必須遵守。佛像尺寸有大有小，但頭、身、臂、腿的比例必須保持不變。佛像可以由各種材料製成，最常見的是黏土或各類金屬的組合，例如鍍金的青銅或黃銅，或者銀合金。有人可能會認爲黏土雕像不如金屬雕像珍貴，但實際上黏土裡經常混和著許多聖物。㉗

第四十一任薩迦法王的佛龕裡有一尊特別的傑尊札巴嘉贊塑像，他是大神通者，也是昆氏家族的始祖之一。那是一尊眞人大小的彩繪黏土塑像，傑尊札巴嘉贊呈蓮花坐姿。這尊塑像被認爲特別珍貴，所以用大玻璃板保護起來，佔據了佛龕的一側。㉘

㉗ 如同穹拉惹多在《生命之旅》第 57 頁中，描述惹多寺的一尊主要塑像，「大殿佛壇上的主要佛像是一尊採蓮花坐姿的釋迦牟尼佛，由彩色黏土、藥草和寶石粉、印度佛教聖地的聖土和聖水所製成。」

㉘ 第四十一任薩迦法王曾說該尊塑像被稱為「痲瘋頭顱」像。他覺得把這個名字用於祖先實在有點奇怪，因此決定要一探究竟。他說：「傑尊札巴嘉贊在世時曾告訴弟子，他們每個人都應該為他造像。但卻對其中一位表示，還要再等一下，因為仍缺少一些特別的東西。後來，傑尊扎巴嘉贊要這位弟子前往江孜，說那裡有一位患有痲瘋病的老瘋子乞丐最近死了。尊者說那個乞丐其實是非常殊勝的祕密瑜伽士，而他的頭骨應該放在塑像裡。」該名弟子遂前往江孜尋找這位祕密的瑜伽士。經過多次的尋尋覓覓，終於在一個山洞裡發現了屍體。令他驚訝的是，在找到頭骨時，上面可以看到勝樂金剛的整個壇城。弟子帶回這個不可思議的頭骨，並將它放在為上師製造的佛像之內。這個稱為「痲瘋頭顱」的塑像，成為薩迦昆氏家族的寶物之一。

將房間命名爲喜金剛洞或綠度母洞，可以加深對修道的重視。在整個西藏，到處都有偉大的修行人在山洞中閉關，進行長時間的修持。昆氏家族的成員儘管並未住在眞正的山洞中，但他們的房間與閉關洞穴的作用是一樣的，都是在其中進行諸如喜金剛、度母等法教的修持。另外，爲了顯示出薩迦法王的重要地位，人們需要實際登上幾個臺階才能進入他的房間。

同樣在三樓的還有西側房。傑尊姑秀的母親曾短暫地住在那裡，不過西側房主要是作爲客房用。傑尊姑秀記得每當有親戚或官員來訪，她的姨媽都會提前將西側房準備好。那是一間傳統藏式風格的房間，長如床鋪的長榻上鋪著手工編織的地毯，毯子上面裝飾著花、龍和其他複雜精密的圖案。客人們盤腿坐在長榻上，喝著一杯又一杯藏茶，吃著主人自製的點心、果乾，也許再加上從印度進口的柳丁，這些都放在有著雕花和精美彩繪的小木桌上。從一九一〇年代到一九五〇年代，主要的外賓是英屬印度的政治官員。到了一九五〇年代則是中國官員，因爲他們要求使用桌椅，西側房不得不改造爲更加西化的風格。

最大的房間是大玻璃窗房，有六根柱子。房間的南面牆上有一排玻璃窗，朝著樓下的內院，爲寒冷的薩迦提供溫暖。有這麼多玻璃窗肯定讓人印象深刻，因爲玻璃必須由犛牛攜帶，從印度越過喜馬拉雅山脈。

這間房裡有座大佛龕，其中供奉了一尊非常特別的釋迦牟尼佛像。第四十一任薩迦法王說，佛陀曾親自加持過這尊佛像。幸運的是，昆氏家族日後逃亡到印度時，他們得以帶上這尊珍貴的佛像，如今就安放在尊者位於印度拉賈普爾的佛龕內。㉙他們的父親及其他喇嘛都在這間房裡給予或領受灌頂儀式和法教。這是個多功能的房間，可以接待客人，也可以進行家族聚會慶祝活動。如前所言，達嫫聽列巴久與兩位丈夫的婚禮就是在這個房間舉辦的。㉚

三樓還有其他房間，例如東側的另一個佛龕房間，裡面有一尊比真人尺寸更大的蓮花生大士雕像，那是察速聽列仁千的一些蒙古弟子獻給他的。三樓是家庭私人區，只有受到家族邀請的人們才能進入。

二樓是臥房、廚房及傭人房。傑尊姑秀還是小女孩的時候，在二樓有自己的套房，她在裡面修法和學習，房間的名字是札西巴吉（吉祥圓滿）。這個三房的套間位於宮殿的南側，面向下方的主要內院。入門後，會先經過傑尊姑秀侍者的單杜房間，然後進到傑尊姑秀的兩杜房間，傑尊姑秀在那兒修持並領受教導。這間房裡有兩個小佛龕，每個佛龕的頂層都有著名長壽三尊白度母、長壽佛和佛頂尊勝佛母的塑像。另外，每個佛龕都有一套薩迦五祖的小型雕像，其中一個佛龕內的薩班（薩迦班智達）雕像非常特別，起初是為紀念楊千卓噶公主

㉙ 第四十一任薩迦法王的郵件，二〇一八年十二月十四日。

㉚ 依據藏傳佛教的信仰，亡者過世後，家人會向喇嘛諮詢，並依其建議製作特定的塑像或唐卡來幫助逝者得到善好的投生。塑像必須在逝者死後四十九日之內，微細心識投生之前完成。為了使楊千卓噶公主（傑尊姑秀父親的第一任妻子）能夠投生善趣，家人製作了一尊二英尺高的泥質度母像，並戴上楊千公主生前所用的首飾，安放在度母廟中。與此同時，也為身亡的男嬰製作了一點五英尺高的泥質塗金薩班像。傑尊姑秀表示，姨媽後來將薩班像給了她，因為薩班是一位傑出的學者，代表著智慧，他的雕像是個很好的提醒，能使行者決心修行並精進以獲得大智慧。

已故的男嬰所製作的。

傑尊姑秀的主室有一片大窗戶，面向庭院，所以每當她聽到有客人到訪，就會從窗戶偷偷向外查看來者何人。與此主房相鄰的是一個單柱房間，有個小窗戶，她在那裡進行必要的閉關。那間房裡沒有佛像，只有食子或特別的供品。傑尊姑秀特別指出，雖然孩子們都有各自的房間，不過，「當我們小的時候，大家都跟著姨媽（達嫫聽列巴久）一起在她位於三樓的房裡睡覺。」傑尊姑秀侍者房間的隔壁，是她姑婆怙主貝瑪聽列（第五章）的房間。姑婆之後就搬到自己的拉章居住。

度母宮二樓的東南角是大廚房，有個磚砌的爐子，爐火從未熄滅，每天要為一百多人提供飲食。主廚和廚房幫工都住在廚房附近。每餐都送到家人各自的房間裡，大家從不在廚房用餐。此外，一樓和二樓還有許多儲藏室。其中好幾間用來存放食物，一間專門存放各種用於製藥的藥草，一間存放馬具，還有的用來存放宗教用品。與絕大多數西藏家庭不同的是，這裡沒有存放兵器的庫房。

在第四十一任薩迦法王三樓住房的正下方，一樓的幾個房間裡安放著各個護法。這些房間的方向彼此垂直，東西向的屋內是護法瑪哈嘎拉，南北向的屋內則是度母宮家族的守護神紫瑪護法。瑪哈嘎拉屋裡有許多護法像，其中一尊護法像為眞人大小的二臂瑪哈嘎拉。而紫瑪屋比較小，只有兩根柱子。

紫瑪屋裡有一尊馬頭明王像，以及一尊紫瑪護法像及其眷屬。屋內還存放了一百多件金剛舞的面具。第四十一任薩迦法王說：「紫瑪護法像是泥做的，大約一英尺高。它有時會移動，面朝不同的方向，面容也會發生變化。」尊者只有一次親眼目睹了這個變化：「當時我們正在決定是否離開西藏而前往印度，紫瑪護法的臉上開始發光，還結了忿怒手印。我姨媽達嫫聽列巴久看到後就說：『我知道了，我們到印度會平安的，一切都會很好。』」㉛

兩間房都有各自的佛龕管理者，每天修法，不過在特殊的日子，比如要更換食子的日子，昆氏家族的一位成員就會到屋裡舉行法會。

北面與度母宮主建築毗鄰的是一座休閒花園，裡面有許多高大的樹木和盆花，還有一棟可愛的四房小屋，稱爲休閒屋，家人有時會在那裡野餐。到訪的喇嘛偶爾也會入住，夏天時則在那裡給予教授。由於它如此怡人，傑尊姑秀和第四十一任薩迦法王的母親達嫲索南卓噶之後便搬了進去。

兩座菜園裡種了耐寒植物，包括馬鈴薯、中國白菜、大白蘿蔔、芥菜、小蔥、韭菜、蕪菁等。周圍的田地裡則種了青稞（藏族的主要穀物）、黑豆和芥菜類植物。薩迦的天氣太過寒冷，無法種植小麥。

不幸的是，一九六〇年代，中國共產黨摧毀了整座度母宮，連地基都沒有保存下來。所有貴重物品都用車子拖走，永遠地消失。到了一九七〇年代，一些重要的工藝品出現在香港與國外的拍賣市場上。這是大多數西藏家庭的命運，家裡所有值錢的東西都被洗劫一空。西藏人受盡苦難，許多人死於饑餓，他們的財產、謀生之物與存糧，都

㉛ 尊者第四十一任薩迦法王的郵件，二〇一八年十二月十四日。

被帶到中國。

達嫫聽列巴久的行政職責

一般而言，夫家的婆婆會訓練新任達嫫如何管理度母宮，這樣一來，當婆婆年老時，年輕的達嫫就知道如何管理好一切。達嫫聽列巴久則是與兩位昆氏兄弟中較年長的達欽貢噶仁千，商議度母宮及其地產等諸多事宜。他們會一起任命各個管家，根據每個人的特長分配職責，並且共同監管僕人的雇用。達嫫聽列巴久直接負責的項目，包括主廚、大管家、公公第三十九任薩迦法王的主要侍者、採辦主管、廚房食品倉庫主管、清潔主管以及馬騾看管者。她還親自監管各個家庭成員的主要侍者。

由於達嫫聽列巴久心地善良又關愛他人，她強烈地認爲家裡的傭人都必須學好一門生意或技能。一些年輕女子要學習裁縫、織地毯，或者染棉布羊毛。她還教年輕男子學習讀寫，以便日後與需要祕書的官員一起工作。傑尊姑秀記得姨媽總是對傭人們說：「萬一你們將來要離開度母宮，我得確保你們人人都會一門技藝。我們不能『剁了你們的雙手』——意思是讓你們身無一技之長，你們得學好一樣有用的技藝，只要你們知道怎麼做事，就不會餓死。」有時候姑娘們偷懶，達嫫聽列巴久就會發怒，並提醒她們擁有一技之長是多麼重要。此外，她自己廚藝絕佳，還會教僧人們做飯。後來在印度，她以自己特製的新年餅乾而聞名，也學做芒果醬，有時候客人會得到一罐芒果醬作爲臨別禮物。

每當達媖聽列巴久認爲傑尊姑秀變得懶散，她便會講述自己的母親如何堅持要她在任何情況下都能夠照顧好自己。達媖聽列巴久強調：「擁有謀生技能是很重要的。」有時候她也會說：「你是昆氏家族的傑尊瑪，你不必擔心這些事情。」不過，當昆氏家族和其他許多藏人一樣於一九五九年在印度成爲難民時，確實證明了這些技能是多麼重要。

度母宮擁有十三處田莊，每個田莊都有莊頭管理。達媖聽列巴久和較年長的丈夫達欽貢噶仁千負責與莊頭會面並討論問題，莊頭則報告田地、莊稼和收成的狀況。他們家族還經營出售農作物和分銷商品的生意。每年的收割期間，每位佃農都要向達欽貢噶仁千與達媖聽列巴久彙報他們的收成。大家根據各自的產量排隊，收成最好的排在第一位，得到最好的禮物，這樣依次進行，直到收成最少的人收到最小的禮物。傑尊姑秀還記得自己看到其中一些人會獲得一整套衣服，根據接收者的地位而定，有的是羊毛裙袍、有的是綢緞裙炮，可能還有鞋子與帽子。有時候則會給錢，不過傑尊姑秀不記得具體數目。

人們也會向度母宮求助：「我需要茶；我需要酥油。」達媖聽列巴久會給需要幫助的家庭一些物資。有的還需要貸款，達媖偶爾也借錢給他們。如果家庭內部起了紛爭，有時候也會尋求她的介入，不過這樣的情況比較罕見。常見的夫妻衝突，發生在丈夫經常酗酒，或者交女朋友時。達媖聽列巴久就會和雙方談話，先是個別，然後一起，以便確定過錯在誰。有錯的一方需要賠罪，並向無辜的一方獻上哈達。

過了不少時間之後，一九六〇年代中期在印度，第四十一任薩迦法王有了許多美國學生，其中一名是傑．古德伯格，他說了下面這則故事：

> 我記得達嫫姑秀（達嫫聽列巴久）是非常慷慨的人。有一次我在她面前，正好拿著念珠，她注意到那是個簡單的念珠，只有木珠，沒有藏人通常會添加的橙色瑪瑙珠。於是她打開抽屜，找出三顆非常好看的圓形瑪瑙珠給我。達嫫說將它們加到我的念珠串上，對我來說是吉祥的。㉜

儘管達嫫聽列巴久事務繁忙，但她還是樂於抽空賺錢，以便買酥油到廟裡供燈。她不想拿家裡的錢供燈，所以就想了別的辦法。她買了絲線，織成漂亮的絲質圍裙，也就是西藏已婚婦女都會穿的那種圍裙，拿到拉薩去賣。她用這筆個人收入添購酥油，並供養了很多酥油燈。能向廟裡或自己的佛堂供養酥油燈，這令她無比喜悅。

生育繼承人的議題持續受到關注。儘管達嫫聽列巴久是傑出的行政人員和修行人，但她一直不能生育孩子。有足足十年的時間，她都無法受孕懷胎。一九三六年，印度班智達拉胡爾．桑赤亞洋，這位勇敢無畏的旅行家兼多產的學者作家，曾三度訪問西藏，他描述了自己在薩迦的經歷：

㉜ 傑．古德伯格（Jay Goldberg）的郵件，二〇一六年三月。

> 度母宮的年輕達嫫（公主）……善於談話。當我（拉胡爾）拿著相機時，她仔細地觀看，詳細詢問相機的作用原理。我發現她和較年輕的丈夫更為親密，因為我看到她大多數時間都是與他在一起。達嫫沒有孩子。㉝

家裡進行了許多修法，舉辦了一次大隨求佛母的特別灌頂以求懷孕生子，還有幾次的金剛瑜伽母灌頂。但這些儀式並未帶來預期的結果。察速聽列仁千在一九三三年的日誌中記載，他的兩個兒子也因爲尚無後嗣，而去了四面瑪哈嘎拉的聖廟庫札宗，在那裡祈請一週並獻上許多供養。㉞

達嫞索南卓噶

有些人懷疑最初選擇達嫫聽列巴久的占卜，說它肯定不正確，因爲結婚的主要原因是爲了生育繼承人。隨著事態發展，事實證明達嫫聽列巴久對度母宮的幸福安康並無價值。十年求子而無果，她的丈夫達欽貢噶仁千決定，兄弟倆應該再找個妻子。達嫫聽列巴久作爲一個

㉝ 拉胡爾．桑赤亞洋（Pandit Rahul Sankrityayan）（2014）《第三次西藏行記（1936年）》，第 26-27 頁，索南嘉措譯。達蘭薩拉：藏學文獻圖書館。我推測此處桑赤亞洋所說「年輕的達嫫」是指達嫫聽列巴久，而非索南卓噶。索南卓噶在一九三五年察速聽列仁千去世之前，並未嫁給昆氏兄弟。而察速的確在日誌中記載一位印度班智達於一九三四年在薩迦發現了一部關於《釋量論》的論述。見察速聽列仁千（1974），第 2 冊，第 838 頁。桑赤亞洋則在自己著作的第 21 頁中提及，他在薩迦發現的《（量）評釋莊嚴》是智作護（Prajnakaragupta）所作的論述。

㉞ 察速聽列仁千（1974），第 2 冊，第 669 頁。

虔心的修行人，既然無法生育，便打算退出婚姻，出家爲尼。她對達欽貢噶仁千說：「請再找一位妻子吧。」㉟

家裡堅持要達嫫聽列巴久維持與兩兄弟的婚姻關係，不過達欽貢噶仁千還是去拉薩找尋第二任妻子。這種情況確實微妙，達嫫聽列巴久忠於薩迦家族，誰都不想讓她離開。然而，佛法繼承人對家族至關重要。達欽貢噶仁千的祖母有個親戚，來自拉格夏貴族家庭，他建議道：「你妻子有個未婚的妹妹叫索南卓噶，爲什麼不娶她作爲第二任妻子呢？」㊱達欽貢噶仁千覺得這是個忠肯的建議。索南卓噶比達嫫聽列巴久小十二歲，她成了第二任妻子。如同之前的兩次婚姻，這次同樣沒有徵求女方索南卓噶的意見。

事情是這樣的。達嫫聽列巴久有一天回娘家時，要索南卓噶到度母宮協助她。等索南卓噶來到度母宮後，達嫫聽列巴久對她說，她將嫁給自己的兩位丈夫：「既然妳將成爲他們的妻子，我就會出家爲尼。」索南卓噶回答道：「若是你離開，我也不待在這裡。」於是達嫫聽列巴久留下來，和妹妹一起成爲兩兄弟的共妻。㊲

根據薩迦昆氏家族的傳統，索南卓噶與兩兄弟的婚姻，與姊姊當初一樣，都是祕密進行的。婚禮現場除了姊姊達嫫聽列巴久，索南卓

㉟沒有任何記錄顯示，達欽貢噶仁千的弟弟兼達嫫的共夫阿旺貢噶嘉贊曾參與這項決定或行動。

㊱西藏的某些地區，尤其是在康區，兩兄弟常常會迎娶兩姊妹，這樣能夠減少兩位妻子間的摩擦，增進家庭和諧。

㊲第三十九任薩迦法王察速聽列仁千於一九三五年初圓寂，在他的日誌中並未提到這樁婚姻，所以索南卓噶應該是在他過世後才嫁進門。

噶的家人都未出席。

傑尊姑秀說：「雖然沒有正式的邀請，不過隨著人們漸漸得知消息，訪客就不斷出現。不像西方那樣大家都在同一天聚集，我們更像是『開放日』。一個月後，夫婦一起來到新娘家，以便『獲得家族護法的許可』。」由於索南卓噶要離開娘家，她不得不向娘家的護法請求離開。如今，度母宮的護法將會護佑她。傑尊姑秀說：「新娘家舉辦了宴會，親朋好友都來參與。」祝賀他們並為這場幸福的婚姻感到歡慶。

新娘收到了一整套首飾，包括一副精心製作的頭飾、一條項鍊、一組耳環和其他飾品，那些都是一代又一代的達嫫所流傳下來的。㊳傑尊姑秀說：「我祖母將首飾傳給我姨媽達嫫聽列巴久和我母親索南卓噶。現在這些首飾還在我們手上，我們永遠不會賣掉。」此外，每位嫁入薩迦家族的達嫫，都有自己從娘家帶來的首飾。比如達嫫聽

㊳ 達嫫格丹敦吉（第四十二任薩迦法王薩迦大寶金剛的妻子）在二〇一二年七月二十日的郵件中，如下描述這些首飾：「頭飾最上面是紅色絲帽，其中的白色部分是用珍珠串起的。紅色絲帽之下的兩側被稱作『巴蒂』或『巴斯』。中間部分，是兩個金剛杵交叉形成X狀，金剛杵的末端是耳環，由綠松石鑲金邊製成。耳環上邊兩排的大圓珠，是由綠松石與珊瑚製成，交錯排列，使設計更有趣味。頭部後面的裝飾叫『洽度』，由鬆散的珍珠串組成，底部留白，以錢幣大小的金子裝飾。衣服上的裝飾，白色部分是『楊丹』（珍珠）。四條垂下的帶子稱為『達嘎』，用飾以紅寶石、鑽石、綠松石的金子製成。胸部的裝飾叫做『摩科』，是由鑲嵌著綠松石、鑽石、紅寶石的金子製成。她還戴了一串念珠，叫做『切達』，上面有七顆大琥珀珠。在胸部裝飾外面還可以看到兩片裝飾，以及正好在腰部周圍或下方的第三片裝飾。此即是『三嘎烏』。以金子製成，不過只嵌以綠松石。三個嘎烏之間用綠松石及珊瑚串連接。她手上還拿了兩串念珠，一串是琥珀做的，稱為『噶夏』，另一串是珊瑚做的，稱為『瑪夏』。」

列巴久結婚的時候，娘家就給了她值錢的綠松石、珊瑚珠、珍珠，一個貴重的嘎烏，上面有昂貴的天珠，以及附有錢包和針盒的銀製套裝。[39]這些都屬於達嫫聽列巴久，不屬於昆氏家族。在達嫫過世後，由她娘家來決定如何處置這類物品。他們也許會保留這些東西，或是送人，或者獻給廟裡，為她積累福德。這是女方家裡的特權。

和之前的新娘一樣，婚禮不久之後，索南卓噶就接受了兩天的喜金剛灌頂。所有的達嫫都必須成為修行者，每日固定要修持薩迦傳統中的主要本尊，而喜金剛的修持非常重要，它是薩迦派最重要的本尊之一，與昆氏家族的淵源尤其深厚。昆氏家族的成員每天也要修持道果法，從十一世紀開始，昆氏家族就信守修持誓言，如今已經延續了千年多。索南卓噶也從丈夫達欽貢噶仁千那裡接受了長壽九尊的長壽灌頂。

大約一個月後，僧眾們舉辦了一場遊行，鐃鈸鼓樂齊鳴，旗幟飛幡飄揚，用以宣告這次的婚事。新娘與新郎們按著預定路線繞城，參拜薩迦四寶、大寺等聖地。回到家中，新娘則代表丈夫們獻上長壽儀式。

現在，度母宮總共有三位達嫫：（1）兩位共妻的婆婆達墉企美貢噶卓瑪，（2）達嫫聽列巴久，（3）她的共妻妹妹達墉索南卓噶（達嫫生子後被稱為達墉）。班智達拉胡爾·桑赤亞洋在描述自己一九三六年的來訪時，寫道：

---

[39] 察速聽列仁千（1974），第 2 冊，第 230 頁。

> 度母宮的年老達嫫（達嫞企美貢噶卓瑪）總是在祈請和念誦。她很照顧我，經常把我叫去，為我準備最好的藏菜。她會送我從康區、安多、拉達克、尼泊爾等地運來的新鮮水果和果乾。我喜歡吃酥油炒糖蜜這款甜點，她總是讓我吃到新品。不過她的知識有限，我無法和她談論更廣泛的話題。㊵

傑尊姑秀對祖母企美貢噶卓瑪的印象不多，因爲祖母在她很小的時候就去世了，估計是一九四〇年代初，可能是一九四一年或一九四二年。㊶不過傑尊姑秀確實從家人那裡聽說祖母曾告訴過他們，她覺得傑尊姑秀是個十分特別的孩子。一九四〇年，在第一個男孩降生之後，祖母非常開心：「我現在有一位傑尊瑪，又有一位法王子，眞高興啊。」達嫞企美貢噶卓瑪修了許多綠度母法。她的主要職責是照管度母宮，達嫫聽列巴久也一直在幫她。

達嫫聽列巴久姊妹倆以不同的方式互相幫助。達嫫聽列巴久在婆婆過世後負責度母宮的事務，達嫞索南卓噶則負責生育子嗣，陪伴丈夫。雖然達嫞索南卓噶身子一向虛弱，但她總共生育了四個孩子。姊妹倆共同撫育孩子，但主要是達嫫聽列巴久來照料孩子們。另外，達

㊵ 桑赤亞洋（2014），第 26 頁。

㊶ 察速聽列仁千（1974），第 2 冊，第 222 頁。達嫞企美貢噶卓瑪在一九二七年時為四十九歲，所以她出生於一八七八年。在察速日誌的第 1 冊中，關於她的訂婚與結婚有著簡略的記述，見第 1 冊，第 234-237 頁。她的全名是薩迦達嫞．企美貢噶．卓瑪仁增．巴傑拉嫫。

嫫聽列巴久還與兩位丈夫中較年長的達欽貢噶仁千一起管理度母宮及其家族的所有土地。

傑尊姑秀描述她姨媽達嫫聽列巴久的個性，說她的性格非常堅強和睿智，對宗教與政治的了解十分廣博。她決策精明，而事後看來，顯然她的許多決定都使薩迦傳承免於走向滅亡，尤其是在印度時，那裡的藏人必須以難民的身分應對嚴重的問題。傑尊姑秀如此回憶：

> 我的姨媽達嫫聽列巴久是位大冒險家。和許多康巴人一樣，她非常直接。若是有人對她忠誠，她就對他們忠誠。她充滿了慈悲。不過，若是有人要和她較量，她則會非常堅強、決不屈服。若是有人想傷害她或貶低她，她會反擊。我姨媽是位令人敬畏的女性。㊷

傑尊姑秀繼續說：「姨媽和母親的外貌和性格完全不同。姨媽又矮又壯，身高大約四英尺十一吋，從不化妝。她很健談，而我母親卻很安靜，甚至很少吩咐僕人。從外表上看，我母親是兩人之中更有魅力的那一位。她身高超過五英尺六吋，身材苗條，也喜歡化妝。」

㊷ 西藏主要分為四大地區：西藏的西部（阿里）；西藏中央的南部（衛藏）；西藏的東南部（康區）；西藏的東北部（安多）。來自不同地區的藏人透過比較來區分自己。在這四個地區中，康巴人被認為是最直接的；相較於中藏人的敏感而言，他們則太過魯莽。由於達嫫聽列巴久在後藏江孜長大，人們期待她會像中藏同時代的人一般說話較為溫和，而不是像許多康巴人那樣直接。【譯註】衛藏之中，拉薩、山南地區稱為「前藏」，日喀則地區則稱為「後藏」。

眾所皆知，兩姊妹都待人友善。一九四〇年代中期，俄爾寺喇嘛東登仁波切丹貝嘉贊（1933-2015）造訪薩迦。他說起與達嫞索南卓噶的見面，認爲她又高挑又苗條。也許年近三十。兩姊妹都穿著進口羊毛做的長袖裙袍。東登仁波切記得達嫞索南卓噶對他很好，給了他一顆很大的甘露丸，是第三十九任薩迦法王察速聽列仁千加持過的。東登仁波切認爲這顆甘露丸無比珍貴，後來逃亡印度時，由於只能隨身帶上幾樣東西，他便帶了一副古老的金剛鈴、杵，還有就是這顆珍貴的甘露丸。

當我在華盛頓州岸線市採訪東登仁波切時，我問他那顆甘露丸是否還在，他告訴我，二〇〇〇年，傑尊姑秀請她的胞弟第四十一任薩迦法王於加拿大溫哥華傳授道果法的密法，東登仁波切參加了那次廣軌教授。結束後，他請求第四十一任薩迦法王到西雅圖進行普巴金剛灌頂。接受灌頂後，他邀請第四十一任薩迦法王去他家裡，爲感謝法王的傳法與灌頂，他獻上了那顆由法王祖父加持過的珍貴的甘露丸。尊者薩迦法王當時感到非常歡喜和驚訝。㊸

傑尊姑秀提及：「家母和姨媽都擅長縫紉。她們在一九四四年到尼泊爾朝聖時，家母還將一台手動縫紉機帶回薩迦。她教會我姨媽和薩迦的裁縫們如何使用縫紉機，從那時起，在薩迦的家裡有了第一台縫紉機。家母要求裁縫必須當著她的面裁剪衣料，然後才讓他們將衣料拿回自己的房裡縫製。她還喜歡鉤針和編織。」㊹

㊸ 二〇〇五年二月十一日，於華盛頓州岸線市採訪東登仁波切。

㊹ 傑尊姑秀觀察母親的才能，也學會了鉤針和編織。甚至到今天，傑尊姑秀仍繼續為自己家裡鉤毯子或其他物件。

傑尊姑秀印象中的姑媽們

母親和姨媽是傑尊姑秀童年時期的重要人物，而她也記得自己的五位姑媽（第六章），其中有三位年紀比她父親大。最大的是傑尊瑪貢噶旺嫫。第二位是傑尊瑪格拉，全名是格桑雀諄，患有精神疾病。第三位是傑尊瑪企美聽列旺嫫，她與達嫫聽列巴久合作得很好，尤其是在傑尊姑秀的父親去世後，她們倆人合作無間，爲整個家族貢獻很多。傑尊瑪企美旺嫫在一九五〇年代中期因爲乳腺癌過世。傑尊姑秀說大家都不提乳腺癌一詞，只會說她的胸部出了一些問題。

接下來的兩個兒子（傑尊姑秀的父親達欽貢噶仁千和他弟弟），娶了兩姊妹爲共妻（傑尊姑秀的母親和姨媽）。之後是傑尊瑪貢丹，全名是貢噶丹貝尼瑪。傑尊瑪貢丹與第五個妹妹、么妹格桑雀諄非常親密。小妹的名字和二姐一模一樣，但大家都叫她傑尊瑪瓊娃（較年輕者）。㊺傑尊瑪瓊娃不與人說話，大家都以爲她是啞巴，但其實不然。在中國入侵後，她死於自己的拉章中（見下文）。

達嫫聽列巴久很會講故事，有一次，她說起傑尊瑪貢噶旺嫫、傑尊瑪格拉和傑尊瑪企美旺嫫這三位較年長的傑尊瑪，前往拉薩和西藏南部的山南或藏南朝聖的故事。她們來到八世紀時建立的古寺桑耶寺，並未告知任何人她們是薩迦傑尊瑪。她們不想接受一般給予昆氏

㊺ 雖然第五個女兒和第二個女兒的名字一樣，但度母宮成員把第二個傑尊瑪稱為格拉、第五個傑尊瑪稱為瓊娃（較年輕者）。見第六章。

家族成員的特別關注。她們只帶了兩匹馬，一匹用來馱行李，另一匹給走累的人騎，看上去和普通朝聖者無異。但大多數時候她們都用步行的。當時，蔣揚欽哲確吉羅卓仁波切也在桑耶寺㊻，他是具有高度了證的上師，絕大多數二十世紀最重要的喇嘛都出自他的門下。他問她們：「你們是哪裡人？」她們回答：「是陶德（西藏西部地區）人。」他追問道：「陶德的哪裡？」她們回答：「拉孜（西藏西部的一個城市）。」

蔣揚欽哲仁波切的帳篷離她們的帳篷很近。當她們在帳篷裡修持的時候，他無意中聽到她們正在修的是喜金剛成就法，也知道她們在供養食子。他一發現這件事，便走進她們的帳篷向她們行大禮拜：「妳們不是一般的尼師，妳們是薩迦派的修行者。普通人不會做這種修持和儀式的。」他因而向她們求法。於是最年長、通常負責傳法的傑尊瑪貢噶旺嫫，便給予他一些法教上的口傳。（傑尊姑秀不確定具體是哪些教法。）

她們就這樣試著保持低調，避免那些通常會在接待薩迦昆氏家族成員時所出現的排場和儀式。傑尊姑秀的一位姑媽曾對她說過一件軼事，那就是有位年輕僧人認出了最年輕的傑尊瑪企美旺嫫，他說：「你可以說自己是個普通尼師，不過我知道你是誰。我去薩迦的時候，你曾發食物給僧人。」他記得自己曾經從她那裡接過食物。傑

㊻ 蔣揚欽哲確吉羅卓仁波切於一九二六年到中藏朝聖。儘管在日誌中沒有提及，但薩迦傑尊瑪們應該是在他該次的朝聖中於桑耶寺和他相遇。

尊瑪企美懇求他：「請不要聲張。」僧人聽從，也沒有對誰提起。

傑尊姑秀還說過另一件事：「家父圓寂後，傑尊瑪企美旺嫫每週五都會爲第四十一任薩迦法王給予馬頭明王和長壽佛的長壽灌頂，每週一則爲他進行淨化儀式，以保護度母宮的唯一男嗣。傑尊瑪企美旺嫫非常害羞，不讓侍者來幫忙，她告訴我：『你來當事業金剛。』所以我就去做獻曼達等等的事情。」傑尊姑秀還回憶道：「當姑媽傑尊瑪企美旺嫫給弟弟上課時，若是我看著她的臉，她就會訓斥我：『不許看。』由於弟弟還太小，所以她不在乎讓他看。其他姑媽則都沒有幫我弟弟上課。」

第四十一任薩迦法王也記得自己的姑媽傑尊瑪企美旺嫫，說她是位偉大的金剛瑜伽母修行人。他回憶道：

> 「在我學完普巴金剛法會和金剛舞之後，沒多久就去看她，她要我跳舞給她看。我跳了之後，她印象十分深刻……還要我為她祈願，希望她能投生到〔金剛瑜伽母的淨土〕卡雀林。這話說完之後不久，她就去世了。」
>
> 在她火化後，打開荼毘塔，裡面全都是辛都拉粉，她的骨頭變成黃色。（這些標誌都說明她是位傑出的金剛瑜伽母修行人。）㊼

㊼ 尊者第四十一任薩迦法王（2017）《偉大的薩迦女性》，第 23-24 頁，紐約：沃爾頓：大悲遍空寺出版。文中，傑尊瑪企美旺嫫被誤寫為企美丹貝尼瑪。

大多數傑尊瑪在接近二十歲時，都會搬到自己的住處，可能屬於度母宮或圓滿宮，並由他們做維護。那些拉章是一代又一代傑尊瑪的居所，家裡會提供一切所需。傑尊姑秀的第四位姑媽傑尊瑪貢丹，以及更早之前傑尊姑秀的姑婆怙主貝瑪聽列（第五章），都曾住在離薩迦五英里的札西崗村內，拉章的名字就叫札西崗。㊽ 薩迦北寺地區有兩座毗鄰的拉章，但各自有其大門，其中南方的是孝登羅拉章，由傑尊瑪企美旺嫫（第三位姑媽）和傑尊瑪瓊娃（第五位姑媽）居住。另外北方的是孝登楊拉章，由傑尊瑪貢噶旺嫫和傑尊瑪格拉居住（第一位和第二位姑媽）。㊾

每座拉章有兩層或三層樓。一樓通常是護法殿，多數供奉瑪哈嘎拉。有些拉章會有僧人每日進行護法修持，有些拉章則只在特殊日子才有僧人進行護法修持。大多數傑尊瑪都是十分虔敬的修行人，也都在自己的家中進行長期閉關。

五位姑媽中最小的傑尊瑪瓊娃，是眾傑尊瑪生命中的一個獨特案例，她從八歲起便不再說話。正如薩迦五祖之一，偉大的札巴嘉贊在他的著作《道歌集》中所說：「一切偉大之行者，請勿耽溺於閒談。」㊿ 傑尊姑秀表示，傑尊瑪瓊娃並非啞巴，而是一位非常認真的修行人。她只對自己的姊姊傑尊瑪貢丹和服侍她的一位老尼說話。她

㊽ 參見達瓦諾布（1974）《紅星照耀西藏》，第一章，倫敦：科林斯出版。他出生於札西崗村。

㊾ 班納德（2015），第 1-20 頁。

㊿ 策丹（2008），第 13 頁。

和許多傑尊瑪一樣，一直住在自己的居所內，直到去世。一開始，中國人以為她是個啞巴，不會造成傷害，就沒有管她。可是後來，他們強迫她從二樓的住所搬出來，遷居到樓下的瑪哈嘎拉護法殿。一九六二年，當她聽到中國人打算將她從拉章裡趕走，便死在護法殿中。

尾聲

本章中，讀者可以看到達嫫聽列巴久得到度母宮女性親屬的支持。在下一章，我們將看到她的外甥女傑尊姑秀在充滿慈愛的環境裡，由她的姨媽、姑媽們，以及其他堅毅的修行人養育長大。

8

生而修持：
傑尊姑秀與胞弟
第四十一任薩迦法王

一九三八年十一月十四日，達孀索南卓噶（見第七章）生下了她的第一個孩子，是名女兒，取名爲傑尊企美．歐瑟布崔．仁增聽列旺嫫（以下稱為傑尊姑秀）。① 這一天是非常吉祥的日子，根據藏曆，佛陀到忉利天去見他的母親並傳授重要教法《阿毗達摩》（關於存有的系統性解說），便是於那天返回人間的。在藏傳佛教中，每年都會舉辦法會和慶祝儀式來紀念佛陀天降日。許多藏傳佛教徒都認爲，這預示了傑尊姑秀未來會成爲一名偉大的老師。第一個孩子能夠在十一年後出生，全家都充滿喜悅。

儘管達孀索南卓噶是傑尊姑秀的生母，但她身體很差，所以便由姊姊達嫫聽列巴久（第七章）來照顧新生兒，並在許多方面擔任起母親的責任。嬰兒時期的傑尊姑秀總是白天睡覺、晚上醒來，而且第一個月裡都是在夜裡哭，於是達嫫聽列巴久會整夜不睡覺以便安撫她。因爲夜間經常要起來照顧小嬰兒，達嫫聽列巴久養成了整個晚上分次小小打盹，並在打盹的空檔間做修持的習慣。她成爲了不起的禪修者，一天只小睡幾次，而且是「睡」在禪修箱裡，而非床上。她餘生都延續這個習慣。

傑尊姑秀的姨媽被公認爲是修行人的典範，這在傑尊姑秀的心中留下深刻的烙印，並伴隨她成長。人們可以看到傑尊姑秀像她姨媽一樣，足智多謀且堅韌不拔。當她自己做了母親後，自行發展出適切的

① 企美意思是無死，歐瑟意思是光明，布崔意思是帶來兒子的人，仁增意思是持明，聽列意思是佛行事業，旺嫫意思是強大的女人。

方法，恰當處理好孩子的教養、修持的義務，以及在流亡時的謀生所需。大家都知道傑尊姑秀睡得很少，她永遠將誓戒（三昧耶）放在首位，堅持每天的修持。她的姨媽對事物的判斷既迅速又敏捷，決策能力頗負盛名。傑尊姑秀也一樣，若誰有機會和她相處一整天，就會知道她能夠同時處理多樣事務，並且相當果斷。她極有天賦，能準確快捷地對情勢做出判斷。她的一名弟子詹妮弗・哈林頓回憶說：「傑尊瑪讓我永遠欽佩的一點是，她能夠用不到十個詞，通常只要三個詞，就能給出個別指導。而且一來好記，二來能夠運用在各種情況。可說是既簡潔又全面。」② 傑尊姑秀以她嚴謹實務的生活方式聞名。她把這一切都歸功於自己的姨媽達媖聽列巴久，是姨媽在她幼年時培養了她的這些品質。

一九四〇年代：悲喜交集的十年

自傑尊姑秀於一九三八年出生後，她的母親達嫞索南卓噶又生育了三個孩子（見第六章圖表4）。第二個孩子生於一九四〇年，是名男孩，稱爲法王子吉札敦札。在期待了整整十三年後，終於有了男嗣，全家都充滿歡喜。未來似乎充滿希望。此外，一九四三年藏曆十月，第二個女兒出生了，取名蔣揚布崔。然而歡樂轉瞬即逝，一九四三年底或一九四四年初，法王子吉札敦札因痲疹去世。不久之後，孩子們的叔叔阿旺貢噶嘉贊也去世了。③ 這是悲傷的一年。傑尊

② 詹妮弗・哈林頓（Jennifer Harrington）的郵件，二〇一九年一月二日。

③ 雖然達媖聽列巴久和達嫞索南卓噶兩姊妹是昆氏兩兄弟的共妻，但傑尊姑秀稱兄長達欽貢噶仁千為父親，兄弟阿旺貢噶嘉贊為叔叔。

姑秀當時只有六歲，不過她清楚記得家裡決定要去朝聖，爲剛過世的叔叔和弟弟積累福德，也祈求能再懷上兒子。

西藏和尼泊爾的朝聖之旅

這次朝聖的區域很廣，包括岡仁波齊山、木斯塘王國和尼泊爾，尤其會去南無布達、博達那、斯瓦揚布和帕平等聖地，爲期長達六個多月。朝聖的人有傑尊姑秀的父親達欽貢噶仁千（娶了她母親和姨媽的昆氏兄弟中，仍在世的那位）、母親達孀索南卓噶、姨媽達嫫聽列巴久、傑尊姑秀自己，還有她的妹妹蔣揚布崔。他們每到一處，都會在那裡進行法事、持誦與祈願。

這是傑尊姑秀人生裡第一個讓她歷歷在目的回憶。每當她說起那次艱難的旅行，都顯現出一種重新體驗那再也無法如法炮製之過去而如夢如幻的感覺。他們於一九四四年夏季出發，家人與隨行人員騎馬西行，首先穿越遼闊的北原，邁向聖山岡仁波齊。

廣闊的北原聳立著一座座超過一萬四千英尺的山峰，淡水湖和鹹水湖散布其間，喚起一種遼闊的感受，占地約爲整個西藏的三分之一，沒有細分爲農田，或者不同的村落。居住在那裡的牧人們年復一年地回到同樣的冬夏草場，但沒有人擁有這片土地。④ 當朝聖者一行人穿越廣闊的原野時，他們看到大群栗色毛髮、肩高四點五英尺、

④ 達瓦諾布如此形容北原：「四大元素雪、霜、風、日，加上起伏的荒原和裸露的岩石與峭壁，所有這些構成了羌塘獨有的莊嚴壯麗和微妙美感」。諾布（1974），第 25-26 頁。

腹部純白色的西藏野驢；強壯無比的野犛牛；一群群黑色脖子、頭頂一點丹紅的大白鶴；還有橘紅色的鴨子（可能是黃麻鴨）。傑尊姑秀說：「我只在西藏見過這種橘紅色的鴨子，世界上的其他地方都沒有。」她的眼神望向遠方，回憶起充滿野生動物的平原。藏族人相信這些野生動物屬於當地的神靈，因此從不傷害或獵殺牠們。⑤

隨行人員中，有三位女僕保姆、三位廚師、二到三位看守行李與馬匹的隨從，還有五位男僕，其中兩位是僧人。傑尊姑秀和妹妹年紀還小，所以各自都由保姆帶著騎在馬上。當穿越廣大的平原時，大家通常會持誦咒語，一邊騎馬一邊熟練地撥弄念珠。原野廣闊而安全，馬匹也平靜而穩定，旅程如此安詳，以致人們有時會在馬鞍上打瞌睡。傑尊姑秀記得有一次，她看見母親騎著馬從後面追上姨媽的馬。達孃索南卓噶看到姊姊在馬背上打起了瞌睡，手中的念珠快滑落了，於是立刻催馬向前，趕上姊姊的馬後未作停息，而是靈巧地將念珠掛到姊姊的脖子上。⑥

大多數日子裡，他們每天從早上八點動身，旅行六到七個小時，直到日落前停止腳步。由於原野十分平坦，往往走了好幾個小時後還能望見前一夜殘存的篝火。每天晚上休息前，家族和隨行人員會一起念誦《二十一度母禮讚文》。傑尊姑秀說：「我們從來沒有忘記，不

⑤ 不幸地，在一九六〇年代，當中國軍隊進駐，他們比動物強大萬倍，野犛牛、野驢等都被獵殺來餵養軍隊。現今僅少數存活。

⑥ 大部分藏人在六、七歲的時候學會騎馬。孩子僅僅藉由模仿大人，不必教導就能學會騎馬。騎馬是必須的技能，因為馬、犛牛和騾子是僅有的交通工具。犛牛相當平穩，但速度很慢。騾子非常強壯，所以有些高階喇嘛在難行的地段比較願意騎騾子。

管多累，都會在睡前念誦這篇禮讚文。」念誦是由僧眾帶領的。⑦日後，當傑尊姑秀成爲老師時，她總是推薦學生念誦這篇禮讚文。

他們的第一個主要朝聖地是聖山岡仁波齊山，梵文名稱爲凱拉什，意思是水晶山。岡仁波齊是藏文名稱，意思是珍貴的雪山。岡仁波齊山是佛教、苯教（西藏本土宗教）、印度教和耆那教這四大宗教的共同聖地。傑尊姑秀並沒有提及他們到達這座聖山的細節，我們只能想像家族在浩瀚聖峰前所生起的敬畏，聖峰高達二萬二千英尺，獨自矗立，像一個巨大的水晶，在蔚藍的天空中於陽光下閃閃發光。山的四個陡峭面各自朝向四大方位，我們很容易就能理解佛教和印度教何以都將它視爲宇宙的中心。它是世界之軸，天地在此交會。

附近有兩座湖泊，在海拔一萬五千英尺的高度，一個是瑪旁雍措湖（心之湖），是一大片圓形的淡水湖。另一個在西南面，面積較小，呈月牙形，名叫拉昂措湖（魔之湖），是鹹水湖。有人說它們分別象徵太陽與月亮。

薩迦一家人和其他朝聖者一樣，用了三天的時間沿著朝聖路線參拜了各處神聖的洞穴。他們在許多聖地念誦祈願文，迴向給傑尊姑秀已逝的叔叔和早夭的胞弟，以及一切有情眾生。度母隘口（海拔一萬八千四百七十一英尺）是朝聖之旅中海拔最高的地點之一，咸信人們

⑦度母被認為是能迅速消除障礙的重要本尊。她有二十一種主要化身，呈現從寂靜尊到極忿怒尊的面貌。《二十一度母禮讚文》在藏人之間十分流行，許多人都會背誦。穹拉仁波切在他的《生命之旅》一書（1996，第 21 頁）中提到：在參訪達賴喇嘛的夏宮羅布林卡時，「突然間，我聽到達賴喇嘛的侍衛在深夜低吟著這篇度母禮讚文。……我告訴自己，西藏真的是個宗教之國，連士兵都會唱誦我們這位女性本尊的禮讚文。」

在此一邊反思無常並觀想自己的死去，一邊通過墓地，之後就會「重生」了。

從岡仁波齊山向南出發，他們便進入了木斯塘王國，該處雖位於尼泊爾，卻是藏族的聚居地。⑧ 木斯塘地區所修持的藏傳佛教四大派別中，最盛行的是十五世紀時傳入木斯塘的薩迦派。⑨ 一家人住在木斯塘的王室家中，朝拜了各處的寺廟。在之後的旅程中，他們參訪了「百泉之地」，那裡有一〇八個水龍捲，人們可以從冰水中得到加持。此地更爲人所知的名字是「解脫之地」，也是佛教與印度教的共同聖地。藏傳佛教徒相信八世紀時，著名的印度瑜伽士蓮花生大士在前往西藏的途中，曾在此停留禪修。這裡還有一尊特別的觀世音菩薩像。這些傑尊姑秀都沒有說起。

不過，她確實清晰記得有著特殊火焰的山洞。地火洞中的土地發出淡綠色的火焰。水火洞裡有個小水池，其中有著正在燃燒的火焰，石火洞中有正在燃燒的石頭。傑尊姑秀說：「我記得清清楚楚，因爲那些火焰實在太不尋常，我興致勃勃地盯著它們看。」⑩

離開木斯塘，他們向南前往尼泊爾中部，在那裡參拜了佛教聖地

---

⑧ 雖然木斯塘是尼泊爾的一部分，但直到二〇〇八年，該地區仍有國王。前任國王吉美多傑巴跋比澤現仍居於木斯塘。

⑨ 喇嘛俄欽貢噶臧波於十五世紀中葉到達木斯塘，卡貝尼著名的寺廟佛龕上，便供奉著俄欽貢噶臧波的青銅雕像，三面牆上彩繪的圖像來自薩迦派的俄爾支派。

⑩ 在火母廟（意思為「火母廟」或「神火廟」）的佛壇下方，燃燒著天然的藍色火焰。最初有三種火苗，分別燃燒在水面、石頭以及地上。地上的火苗約在五十年前熄滅，當地人認為這是萬物發生變化的不祥之兆。參見 https://www.pyramidkey.com/legends-of-muktinath。（【編按】如今該網頁已無法閱讀。）

南無布達、博達那、斯瓦揚布和帕平聖地。南無布達是佛陀某個前世見到母虎和幼崽被困在深谷中的地方。由於他了知母虎已經餓得想要吃掉自己的一隻幼崽，因此跳入深谷以身餵食母虎，免得母虎因爲吃掉自己孩子而造下惡業。

第二個聖地是博達那，位於平坦的平原上，有一座超過一百一十八英尺高的巨大佛塔（俗稱：滿願塔）。據說其中保存著過去佛迦葉佛的舍利。薩迦四寶之一的勝利佛塔中也存有一顆迦葉佛的舍利。對藏人而言，博達那是加德滿都山谷中最神聖的聖地之一，一九五九年藏人逃亡海外後，在此建立了大量的寺院與廟堂。

傑尊姑秀一家的下一站是位於加德滿都山谷西側、與博達那方向相對的斯瓦揚布佛塔（原意：自生塔，俗稱：猴子廟）。對藏傳佛教徒而言，斯瓦揚布是僅次於博達那的第二重要聖地。相較於地處平原的博達那，斯瓦揚布建立在山上。今日，人們必須登上三百六十五級臺階才能到達斯瓦揚布的佛塔，而且越往上層、越接近佛塔，臺階就變得越爲陡峭狹窄。佛塔上繪製了巨大的眼睛，從臺階上看起來相當氣勢磅礴。

傑尊姑秀印象中的最後一處是帕平聖地，在加德滿都的南面。帕平旁邊是揚列雪。對一些藏傳佛教徒來說，此地與釋迦牟尼佛獲得證悟之處印度菩提迦耶一樣神聖，因爲被尊爲「第二佛」的蓮花生大士便是在這裡獲得證悟。希求蓮師加持的朝聖者會熱切地找到他的兩個主要禪修洞穴。

從其中的一處洞穴向下，就來到帕平的古寺金剛瑜伽母廟，對薩迦派修行者來說，這裡是極爲神聖的朝聖地，因爲龐亭兄弟於十一世紀就住在這座廟裡，兄弟倆都是印度大成就者那若巴的弟子，而後者爲薩迦派傳承金剛瑜伽母教法的創始人。薩迦派修行者認爲，那若巴的金剛瑜伽母是他們最重要的修持本尊之一。

進入寺廟後，人們必須登上二樓，才能看到供奉在內聖壇的金剛瑜伽母像。繞壇的通道黑暗狹窄。⑪ 傑尊姑秀記得在每一處聖地，家人都會進行法會，供養許多油燈和燃香。因爲傑尊姑秀和妹妹都還太小，就一起玩耍。漫長而艱苦的旅程，把小嬰兒蔣揚折騰得幾乎快死了，好在她獲得治療而撿回一命。

參訪完尼泊爾中部的主要朝聖地後，傑尊姑秀的父親進行了占卜，以便決定他們應該繼續前往印度，還是返回西藏。占卜顯示他們最好從尼泊爾回西藏，不要再去印度。回程中，一行人翻越廣大的喜馬拉雅山，陽光毫不留情地映照在雪地上，使得年輕的傑尊姑秀得了雪盲症。當時大家都沒有太陽眼鏡，侍者靈巧地從一匹馬的尾巴上剪下了一些毛髮，爲她做了一副眼罩，緩解她受到灼傷的雙眼。

第二家鄉則東

經歷了岡仁波齊山、木斯塘與尼泊爾的長途朝聖後，度母宮一家

⑪ 傑．古德伯格在二〇一六年三月十六日的郵件中說道：「隱藏在主要金剛瑜伽母像之後的雕像，據說是從那若巴傳給龐亭兄弟的。先前在一九七〇年代，如果你給寺廟看守人（他們是龐亭兄弟的後人）一點小費，他們會把雕像拿出來給你看。然而，他們只是拿著雕像在你眼前一晃，就立刻放回主像背後，所以不可能真正看得多清楚。」

人繞過薩迦，繼續向北，去了他們在後藏則東的一處主要居所。則東位於浩浩蕩蕩的藏布江（雅魯藏布江）北岸，該河發源於神山附近，由孟加拉灣出海。爲了到達那裡，全家人不得不在日喀則附近以獸皮小漁船渡過藏布江。日喀則是後藏的重要城市，也是班禪喇嘛的法座所在。則東離日喀則有四、五天的騎馬路程，離薩迦則有七十英里。

則東位於兩座山岳之間的小山谷裡，村莊的構建方式與藏地其他村落一樣。村民們居住在山谷中，而昆氏家族所住的則東莊園在較高的山上，莊園上方是寺廟，最高處是一座小佛龕。山坡上遍布低矮的桃樹，耕種的山谷中包括種植青稞、小麥、黑豆、紅芥菜（而非常見黃芥菜）的田地。則東以工匠聞名，一些後藏最優秀的金工匠、雕塑師、畫匠、木雕師都住在這裡。⑫ 此外，該地還出產木材，薩迦的建築物在需要翻新時，其中一些木材便是由這裡運過去的。⑬

傑尊姑秀很喜歡那棟房子，她記得它和日喀則的堡壘有點像，後者要小一些。雖說莊園在名義上屬於薩迦政府，不過度母宮付了租金。房子便成爲家庭居所，因此度母宮家族把這裡當成第二個家園。如此的情況，在昆氏家族中已延續了五百年。偉大的薩迦喇嘛阿羌阿旺貢噶仁千於一五一七年出生在則東，他是第二十三任薩迦法王，從一五三四年起在位，直到一五八四離世。⑭ 他復興了薩迦派教法，也重建了薩迦派許多重要的神聖建築。一九四五年，未來的第四十一任

⑫ 見傑克森（2020），第 590 及 135 頁。

⑬ 薩迦與愛默里（1990），第 127 頁。

⑭ 見 http://treasuryoflives.org/biographies/view/Ngakchang.Ngawang-Kunga-Rinchen/7053。

薩迦法王在則東出生，他出生的房間與四百多年前第二十三任薩迦法王出生的房間相同。

傑尊姑秀如此描述這棟房子：三樓是家人的主要居住區。中央有一個大廳，十分寬敞，大家都稱之爲「布達拉廳」（表示它非常巨大，布達拉宮是達賴喇嘛位於拉薩的宏偉冬宮）。布達拉廳有幾個功能，既可接待客人，也可傳授教法。三樓東面是傑尊姑秀父母的房間、姨媽的房間，以及客房。西面是幾個儲藏室、一間廁所、幾間空房，和一個大長廊。二樓則留給管家們和退休的老僕人居住，他們在這裡可以食住無憂，安度晚年。

類似於許多藏人的房屋，則東莊園的底層也拿來當作倉庫，可以飼養牲口並儲藏飼料。由於房子實在太大，底層未有良好的維護，許多窗戶都破了，鳥兒們開心地在底樓做巢。平坦的土質屋頂，作爲晾曬十八種不同食物的曬場，包括桃子、蕪菁、蕁麻、白菜、白蘿蔔、犛牛肉和羊肉。

則東寺便在這棟房子的上方，由南卡札西嘉贊創建，確切的名稱爲西松南嘉寺。一進入寺廟，便是一座正對主殿的中央庭院，周圍有著一層樓和兩層樓的僧房。僧眾有百餘人，包括住持以及其他僧院職員。

後來，在一九五四年的冬天，一位來自康區德霍的年輕薩迦派僧人丹津達瓦到則東拜訪了幾天。⑮ 儘管則東寺那時只有約兩百名僧

⑮ 於二〇〇九年四月十七日和二十二日錫金榮傑的俄爾寺採訪丹津達瓦。之後，他成為印度錫金邦岡托市榮內地區薩俄秋措寺的住持。他最初來自於康區東通寺。

人，但各個井然有序、戒律嚴明，讓他印象深刻。他認爲自己能看到普巴金剛的喇嘛舞，是相當具有福報的。與會的大眾約有五百到六百人。丹津達瓦觀看了第一天的表演，不過當時僧人們並無特別的服裝，而是在第二天才會穿上華麗的緞袍，戴上面具表演，只可惜他無法留到那時。不過，他作爲一名康區的金剛舞演出者，還是很高興有機會看到僧人們的舞蹈。則東寺的上方爲山頂廟，由一位守廟人維護。雖然只有守廟人住在那裡，但白天的時候朝聖者絡繹不絕。

第四十一任薩迦法王的出生

一家人在則東莊園休息後，便向拉薩以及更北的篇波那爛陀寺繼續朝聖之旅。那爛陀寺是薩迦傳承的分支薩迦察巴派的主寺。雖說此次朝聖的目的是爲已逝的叔叔和早夭的胞弟祈福，但還有一項任務，那就是爲家族帶來福德，以期生下男嗣，繼承薩迦法座。傑尊姑秀的父親達欽貢噶仁千幾乎快要放棄再次生子的希望。然而，當他們來到篇波那爛陀寺的時候，那裡的一些第三十九任薩迦法王察速聽列仁千的弟子，堅持度母宮必須有個繼承人，懇求達欽貢噶仁千能夠再次生子。

達欽貢噶仁千在寺裡見到了與度母宮家族淵源深厚的究給企千仁波切，⑯ 後來他成爲第四十一任薩迦法王的主要老師之一。究給企千仁波切深知度母宮的困境，建議他們去找自己的上師，亦即偉大的

⑯ 參見傑克森（2020）。這是一部兩冊的究給仁波切傳記。

學者兼瑜伽士喇嘛阿旺羅卓仁千（1892-1959；人們更常稱他為阿羅仁波切），請他進行必要的「求子」法事。阿羅仁波切以求子法事之靈驗而聞名，不過此時他有些爲難，一方面他很想幫助昆氏家族，與他們一起旅行，進行各種必要的法事，但另一方面他已著手爲年輕的究給企千仁波切傳法，且希望能夠完成整個傳法。在藏傳佛教中，喇嘛有責任完成傳法。究給企千仁波切催促老師幫助昆氏家族，最後阿羅仁波切答應了他的懇求，決定與度母宮一家同行，同時進行必要的法事。

傑尊姑秀強調說：「他的法事向來都很靈驗。」果然，阿羅仁波切並未讓昆氏家族失望。幾個月後，達嫞索南卓噶就懷孕了。日後，阿羅仁波切成了傑尊姑秀和她弟弟（圖 15）的重要上師，弟弟則成爲期盼已久的男性繼承人。

圖 15、尊貴的傑尊姑秀與第四十一任薩迦法王。二〇〇二年攝於印度拉賈普爾。

在達嫲索南卓噶的懷孕期間，達嫫聽列巴久想起了她的公公，第三十九任薩迦法王察速聽列仁千所講的一個故事。當年她努力想要懷孕的時候，公公也進行了許多儀式來幫助她懷胎，而在他進行儀式的期間，有一群蒙古人到了薩迦。

西藏人與蒙古人之間有很深厚的佛教連結，許多蒙古人會到西藏來完成他們佛法義理的學習。在藏人中，薩迦派與蒙古人有一種獨特的關係，因為元朝皇帝忽必烈汗（1215-1294）曾指定昆氏家族的祖先八思巴作為他的國師，並讓後者領導西藏。十三世紀時，薩迦曾是西藏的首都。

來訪的那群蒙古人向察速聽列仁千承諾，會供養一尊比真人尺寸還大的蓮花生大士像。由於那尊金屬塑像太大，只能拆開來運往薩迦。一天，正當察速聽列仁千完成求子法事時，雕像的「中柱」抵達了。⑰ 他對達嫫聽列巴久表示，這是非常吉祥的徵兆：「這意味著我們只會有一個兒子，而他將十分堅定有力地持舉薩迦的法脈，並成為薩迦傳承的中流砥柱。」

當達嫲索南卓噶生下第一個兒子的時候，所有人都認為他就是那位法脈繼承人。可是孩子夭折了，人們不僅為他的死亡哀悼，也為法脈的延續感到絕望。然而最終證明，察速聽列仁千對「中柱」的解讀是正確的，大家在希望與煎熬中過了十八年，一九四五年九月七日

⑰ 藏傳佛教中，一尊殊勝的雕像通常都會有「中柱」，位於主體的中央，代表微細身的中軸。傳統上，中柱必須以嚴格的規範進行雕塑，製作材料通常是松木或昂貴的檀木。

（藏曆木雞年八月一日）的日出時分，一名男嬰在則東降生。這是達嫞索南卓噶最後一個孩子，生下他後，達嫞便圓滿了度母宮最殷切的期望，因爲他會成爲第四十一任薩迦法王。⑱ 這是一九四〇年代最棒的時刻之一。

降生在這樣一個偉大的佛法家族，新生兒和所有昆氏家族的孩子一樣，一旦呱呱落地，便會經歷他的第一場法會。第四十一任薩迦法王說：「孩子一出生，第一件事情就是用藏紅花和其他各種材料所調製的特殊甘露，在他的舌頭上寫下文殊師利菩薩代表口說能力和智慧的種子字『諦』。」⑲ 因此，降生之初的幾個小時，嬰兒就與代表智慧的大菩薩文殊師利連結，爲心智的開展開啓善緣。

爲了確保孩子長壽，大家也念誦許多的祈願文，舉行各種的特別灌頂與法會。父親與阿羅仁波切都給予了長壽法會。達欽貢噶仁千爲兒子取了一個梵文名字：阿育金剛（長壽金剛）。⑳ 佛教源自神聖的印度，而梵文被認爲是眾神的語言，因此取個梵文名字相當吉祥。之後，達欽貢噶仁千爲襁褓中的兒子做了第一次長壽九尊的長壽灌頂，還爲他取了一個長長的藏族名字「阿旺貢噶・帖千巴跋・聽列桑佩・

---

⑱ 事實上，第四十一任薩迦法王是在位時間最長的薩迦法王，長達五十八年（1959-2017）。他被認為是他祖父第三十九任薩迦法王察速聽列仁千的轉世和寧瑪派伏藏師阿龐鄔金聽列林巴（1895-1945）的轉世，因此他與寧瑪派和薩迦派都有很深的因緣。

⑲ 策丹（2008），第 31 頁。

⑳ 藏傳佛教也被稱作金剛乘。金剛象徵著邁向圓滿正覺的堅不可摧法門。它也能強化平等幫助一切有情眾生了證菩提的悲心法門。昆氏家族的許多男子都有梵文名字，兩宮也都有為兒子取梵文名字的傳統。第四十一任薩迦法王的大兒子稱為大寶金剛，小兒子稱為智慧金剛。

旺吉嘉波」。㉑

當時地位崇高的佛教上師，偉大的俄爾寺住持金剛持當巴仁波切（阿旺羅卓・賢遍寧波，1876-1953）對阿羅仁波切說：「你讓這個孩子降生，實乃偉大的善行。薩迦派教義的未來已然獲得保障。我這個老和尚，即使現在死去也沒有遺憾。」㉒

儘管一九四五年有著歡慶，但也有悲傷。未來的薩迦法王出生後幾個月，達嫫聽列巴久和達嫞索南卓噶得知大哥噶倫本修過世了，享年五十八歲。他們的母親之前一直和大哥一起住在拉薩，於是姊妹倆想讓母親到薩迦與她們同住。老太太雙目失明，生活簡樸，在晚年已出家爲尼。最後老人家終於來到薩迦，可是她在達欽貢噶仁千面前感到十分害羞，結果只住了一年就回拉薩了。當昆氏家族一九五一年去到拉薩時，老太太已經去世，她活到七十多歲。

當薩迦法王的第二個生日來臨時，薩迦舉辦了盛大的歡慶儀式。格西圖傑旺楚回憶說：「一九四七年（火豬年），度母宮之子達欽貢噶仁千、他的小兒子（未來的第四十一任薩迦法王）、達嫫（索南卓噶，他的母親）和她的姊姊達嫫聽列巴久臧波，還有許許多多從則東趕來的人，都在薩迦。藏曆八月，他們在度母宮的頂樓，爲小兒子舉辦了盛大的慶生會。母親抱起孩子的時候，他感覺不太喜歡，而當姨媽達嫫聽列巴久抱起他的時候，他則非常開心。這表明孩子知道母親

㉑ 阿旺意思是具力之語，貢噶意思是歡樂，帖千意思是大乘，巴跋意思是吉祥威德，聽列意思是事業，桑佩意思是心願增上，旺吉意思是大力，嘉波意思是王者。

㉒ 大寶金剛薩迦等（2003），第 39 頁。

即將不久人世，阿姨則會長久承侍薩迦法王。」㉓

這些年裡，傑尊姑秀一直接受完整的訓練。當各個孩子年滿六歲時，父親便會從薩迦大寺的僧人中挑選最好的老師來教導他們。老師們則和父親商談，了解應該教授哪些內容。接著，老師們遵循禮儀去見孩子們的母親和姨媽。兩位傑尊瑪（傑尊姑秀和妹妹蔣揚）同有一位親教師，日後，第四十一任薩迦法王則有另一位教師。

兩位小傑尊瑪的老師是佛學院的院長盧瑞嘉措，他是最傑出的佛學論師之一。傑尊姑秀回憶說：「他非常溫和安靜，學識淵博，也能指導閉關。」每次上課之前，他都會向兩位傑尊瑪行大禮拜三次。他教她們閱讀、默背佛教典籍和祈願文，爲期五到六年的時間。每個孩子一開始都是背誦文殊菩薩和妙音天女的短篇祈請文。在佛教的發祥地印度，人們認為，一個人應該有吉祥的緣起，以便對未來有所助益。對薩迦昆氏家族而言，他們將來要成爲許多淵博學者的上師，因此在學習之初，從念誦增長智慧和學習的本尊祈請文開始，能爲將來的賢善成效奠定良好的基礎。

她們很快就開始掌握字母，學習閱讀。藏文有許多不發音的輔音，會影響該字的發音及意思。每個音節都以一個點隔開，因此必須熟知語法和拼寫，才能認出具體的單字。第四十一任薩迦法王曾說：「我們藏人有句俗話，越常練習拼寫，越快能夠閱讀。」㉔舉例而言，

㉓ 格西圖傑旺楚的一份個人手稿，第 19 頁，撰寫日期不詳。
㉔ 薩迦大寶金剛等（2003），第 32 頁。

如果按藏文的規則來寫英文，那麼「Tibetan language」（藏語）就會寫成「ti.be.tan.lang.u.age.」，除非知道「Tibetan」和「language」這兩個詞，否則便不曉得一個詞是在哪裡結束，下一個詞又在哪裡開始。因此，將來要給予長篇口傳的佛法老師們，都得學習速讀，而這就必須對文法和拼寫規則瞭若指掌才行。

孩子都必須從早上九點學習到下午三點，除了中午和老師一起吃午餐的休息時間，當中沒有其他的課間休息。第四十一任薩迦法王曾說：「我每天學習拼寫七個小時，每週學習六天，這樣學習了近兩年的時間。」㉕所有孩子都要成爲傑出的修行人，精通佛事。此外，達嫫聽列巴久還教傑尊瑪們如何書寫。在西藏，大部分的孩子被教導閱讀而沒有被教導書寫。大家認爲學習書寫並不重要，除非是貴族家庭的子女，還有官員的兒子，因爲他們長大後需要撰寫公文和公函。

傑尊姑秀記得自己六歲時，老師指導她如何針對文殊菩薩和妙音天女進行她生平第一次的禪修。指導她禪修的老師會確認她所做的都是正確的。一旦老師滿意，她就可以獨自進行禪修。這爲她一生中每日的禪修打下基礎。一九四五年春，南寺的住持堪蔣巴臧波在度母廟爲她授以沙彌尼戒。

傑尊姑秀的父親和姨媽告訴孩子們的親教師，可以進行腰部以下的體罰，臉部和上半身則不能打。體罰之前，教師必須對傑尊瑪和法王子們行三次大禮拜。傑尊姑秀憶起自己的教師：「盧瑞嘉措是個很

㉕同上。

好的人，非常溫和。他從沒有打過我和妹妹，不過夏天的時候，他會拿蕁麻來嚇唬我們。這很管用，我們保證會聽話，因爲即使你被蕁麻碰了一下，也會很疼。若是我們表現不錯，他隔天就會帶小禮物來，例如糖果。冬天，商店供應印度水果的時候，他也會買一些給我們。不幸的是，他得了肺結核並在四十多歲圓寂。他去世的時候出現很多瑞相，包括一片有著許多彩虹的美麗天空。」（這些瑞相表示他是一位出色的修行人。）

一九四七年底對度母宮一家來說，是一段傷痛的日子。長期以來，達𡢃索南卓噶一直患有氣血失調之症，她在藏曆十月病入膏肓。㉖

正當此時，一位非常尊貴的喇嘛——第三世德松仁波切（見第三章）從康區前來拜訪。他與圓滿宮及度母宮家族都有很好的關係，和達欽貢噶仁千的關係尤爲親近，並將他視爲自己的根本上師之一。達欽貢噶仁千請德松仁波切賜予他的妻子和家人長壽三本尊的加持。㉗德松仁波切在接受這個請求後，做了一個具有凶兆的夢，在夢中有一尊美麗的度母像損毀了。㉘他深感憂慮，因爲病人的名字正是卓瑪（度母），㉙而白度母又是長壽三本尊之一，他覺得夢兆極爲不祥。他

㉖ 傑克森（2003），第 625 頁與第 599 頁。「氣血失調」的症狀包括頭痛、頭部腫脹、頭部悸痛、陣發性頸部疼痛、失眠等。根據西醫，其與高血壓症狀相應。

㉗ 關於長壽三本尊有不同的說法，最常見的是長壽佛、白度母和佛頂尊勝佛母。

㉘ 傑克森（2003），第 156 頁。

㉙ 卓噶是度母（卓瑪）和白色（噶默）兩個詞合起來的縮寫，指的是「白度母」。白度母是長壽三本尊之一，德松仁波切指的是度母的這個身相。

向達欽貢噶仁千說了這個夢，達欽貢噶仁千也請他解夢。不久之後，達孀索南卓噶去世，年僅二十九歲。當時，傑尊姑秀九歲，妹妹傑尊瑪蔣揚四歲，而未來的第四十一任薩迦法王只有兩歲（他曾多次表示自己不記得母親的樣子）。

德松仁波切原本打算到著名的俄爾寺接受一年一度重要的道果法教授，但在達欽貢噶仁千的請求下，他還是留在薩迦，幫助舉行四十九天的喪禮法事。[30] 在最後的儀式和火化後，仍由他主持，並以逝者達孀索南卓噶之名供養了十萬盞的紀念酥油燈。德松仁波切的妹妹阿尼企美卓瑪一路陪同，並協助他完成這項任務。她記得，那些油燈主要是供養在薩迦瑪哈嘎拉郭絨神殿和仁千岡廟，以及由巴日譯師所建而供奉佛頂尊勝佛母之重要的尊勝寶塔前，這是因為佛頂尊勝佛母能夠去除障礙（見第二章）。由於該塔的狀況與昆氏家族有著密切的關連，因此為昆氏家族所有成員所舉辦的法會都必須同時在這座佛塔進行。

最後，德松仁波切和他妹妹阿尼企美，到薩迦朝聖指南手冊裡所提及一百三十處佛殿中的一百零八處，進行供養和祈願，阿尼企美說：「我們念誦了非常多遍的祈願文，到最後，許多祈願文我都能背誦了。」[31] 度母宮一家非常感激他們的幫助。後來在印度和美國時期，德松仁波切也教導過第四十一任薩迦法王和傑尊姑秀。事實上，

㉚ 傑克森（2003），第 157 頁。俄爾寺每年的道果法教學，從藏曆十月二十五日開始，到隔年的藏曆一月十八日結束。

㉛ 同上，第 625 及 605 頁。

他給予他們的其中一些教法和口傳，是德松仁波切當初從他們的父親那裡領受的。

傑尊姑秀在母親去世後不久，就開始進行特定本尊的閉關修持，且終生不輟。十歲那年，㉜ 她從藏曆十一月初到十二月底，進行了人生第一次閉關，這次的本尊是伏魔金剛手菩薩，那是金剛手菩薩持著金剛杵降伏妖魔的一種形態。傑尊姑秀的老師一路陪伴，確保她每一座都修持正確且維持專注。由於該本尊的閉關對於去除修道途中的障礙與違緣極爲有效，因此昆氏家族每個孩子的第一次閉關都是從伏魔金剛手菩薩開始。

與所有薩迦派的閉關一樣，一日之中共有四座。傑尊姑秀每天淩晨三點起來開始第一座，並在完成第四座後於晚上十一點睡覺。這樣的閉關能使散亂的心寧靜下來，專注於有益的方向，以一致和持續的方式訓練自心，同時也能積累福德。大多數的閉關都會要求必須持誦特定本尊的主要咒語（有時候為事業咒語）達到一定的次數。年輕的傑尊姑秀在這次爲時一個月的閉關中，總共念了一百萬次短咒和十萬次長咒。佛法認爲一切現象皆爲無常，一個人必須精進修行以幫助他人，同時也幫助自己度過人生的艱難時期。

有時候，家裡也會接待來訪的外國官員。在西藏的貴族中，薩迦昆氏家族有著特殊的地位，因爲在中國元朝或說蒙古王朝時（1272-

㉜ 根據藏曆，小孩出生時即為一歲。以前在西藏，所有人在新年時都會多一歲，而不會慶祝個人的生日。但如今他們則會慶祝自己的生日。

1368），他們曾是西藏的統治者，早於達賴喇嘛從一六四二年開始的統治時期。由於這一特殊地位，多數外國要員在出訪中藏南部時，都會拜訪昆氏家族。度母宮西側臥房即是專爲他們準備的。傑尊姑秀記得那間房裡一直掛著達賴喇嘛的畫像。從一九一〇年到一九四八年期間，主要到訪的官員是來自印度的英國政務部官員。一九五〇年代初，中國官員堅持要在房裡也掛上毛主席像。

最後的英國來訪者是印度獨立前最後一名印度政務長官亞瑟·J·霍普金森（1894-1953），和他的妻子埃莉諾（1905-2007）。一九四八年，霍普金森夫婦到西藏日喀則、江孜、薩迦等地的行政中心，進行爲期一個月的參訪，告知藏人英國人即將離開印度，藏人現在要直接與獨立的印度打交道了。㉝

由於第四十任薩迦法王來自圓滿宮，所以霍普金森夫婦住在圓滿宮那裡，但他們也拜訪了度母宮。傑尊姑秀還記得她姨媽達嫫聽列巴久說道：「爲霍普金森夫婦當嚮導的那兩名瘦削的藏人，是度母宮的遠房親戚。」傑尊姑秀從不知道他們的名字。

她倒是記得霍普金森夫婦給了度母宮三張唱片。所有人都很好奇這黑圓盤轉啊轉的怎麼就發出了聲音。「我們搞不懂，不過其中一張唱片中笑聲不斷，所以我們都覺得它很有趣。」霍普金森夫婦還播放了電影，不過因爲薩迦沒有電力，所以他們還帶來了發電機。發電

㉝ 印度一直在爭取從大英帝國中獨立。莫罕達斯甘地及賈瓦哈拉爾尼赫魯等領導人不斷發動罷工、破壞和和平抗議。印度人在自由鬥爭中取得成功後，於一九四七年八月十五日慶祝了他們的獨立。

機的煙霧讓傑尊姑秀頭痛欲裂，她沒看多少的電影，「有一段是在不丹，不丹人拿著弓箭，射箭還有騎馬。」看電影一定激起了傑尊姑秀的興趣，因爲當她住在印度時，她喜歡和堂兄喇嘛貢噶仁波切一起觀賞印度電影和美國電影。直到今天，她對《赤膽屠龍》之類的電影都還是有著好感，也喜歡聽狄恩．馬丁與瑞奇．尼爾森的柔聲低吟。

埃利諾．霍普金森的個子很高，讓全家人印象深刻。她告訴薩迦一家人，說她很想念自己的四個孩子，並表示想看看度母宮的小寶寶。但家人拒絕了，他們擔心來自國外的訪客可能會帶來傳染病。回想起這段諷刺的往事，傑尊姑秀大笑著說：「當年在薩迦，家人甚至不許英國人看我弟弟一眼，而現在，我弟弟正在用英語教外國人。」

霍普金森夫婦從印度遠道而來，爲孩子們帶來玩具，展現了他們富有遠見。傑尊姑秀記得弟弟第四十一任薩迦法王、妹妹蔣揚和她自己都很喜歡那些禮物。雖說霍普金森夫婦沒有見到第四十一任薩迦法王，他們仍然送給他兩部鐵製的玩具大卡車，傑尊姑秀依稀記得好像是藍色的。她倒是清楚記得自己的禮物，是一部紅色的小汽車和一部綠色的客貨兩用車，妹妹蔣揚則是一部粉紅色卡車和一部黑色小汽車。這些玩具車都是金屬製成的，不像他們其他那些通常用陶土所做的玩具。傑尊姑秀很滿足地說：「那些玩具車十分耐久。」這樣的訪視並不常見，可說是在他們精進不斷的學習生活中，一種令人歡迎的消遣。

一九四八年，達欽貢噶仁千到印度的佛教聖地朝聖四個月。㉞ 這次他沒有帶任何家人，不過有十名左右的隨行人員。傑尊姑秀記得父親回來時帶了一些陶土玩具，是印度婦女在田間與動物一起工作的小雕像。

達欽貢噶仁千（圖 16）臨行之前，囑咐德松仁波切住在未來第四十一任薩迦法王主要修行房隔壁的書房中。他請德松仁波切在他遠行的日子裡進行各項法事，確保自己的孩子們健康長壽。由於達欽貢噶仁千曾經失去一個兒子，德松仁波切完全明白自己的責任，也時刻記掛著年輕的未來第四十一任薩迦法王的健康。他每天晚上都進行護法儀式；每週一則進行淨化儀式；每週五爲全家人進行長壽灌頂；並在孩子們每天晚上睡前時給予加持。孩子們常常爬上他的膝頭，互相玩耍嬉戲。德松仁波切在度母宮待了整整八個月。㉟

傑尊姑秀經常流鼻血。流血會暫停一段時間，然後又開始繼續，這讓德松仁波切更加擔心孩子們。他和堪蔣巴臧波（南寺的住持）、迪普秋傑仁波切一起舉行了相當密集的度母替身除障法，希望能遣除怨魔。㊱ 這種儀式在驅疾除障方面一向很有效。然而，直到傑尊姑秀的父親從印度回來，對她說：「你現在沒事了，上床睡覺吧。」她的

㉞ 傑克森（2003），第 167 頁。其中並未提及達欽貢噶仁千為何要去印度朝聖，一個可能的原因是想為去世不久的妻子積累更多福德。

㉟ 同上，第 168 頁。

㊱ 這個精心設計的儀式，包括以木框上伸展的交織線製成本尊宮殿的複製物，藏文稱此為「mdo」（交叉繩線），有時則如同美國人所說的「神之眼」。他們日夜不休地持誦，最後德松仁波切和其他僧人一起將象徵祭獻的 mdo 送走。

圖16、達欽貢噶仁千在度母宮的庭院裡，
一九四〇年代末攝於薩迦。

鼻血才算徹底止住。傑尊姑秀說：「父親回家就是最好的藥，我的鼻血停止了。」達欽貢噶仁千對德松仁波切以及他爲家人所做的一切法事，感到萬分歡喜。㊲

㊲ 傑克森（2003），第168頁。

一九四九年與普巴金剛灌頂

一九四九年中期，㊳當德松仁波切回到薩迦，他正式向達欽貢噶仁千求法，請他傳授始於八世紀昆氏家族傳承的普巴金剛灌頂。薩迦昆氏家族被認為精通此法，每一代薩迦法王都會向當任的達賴喇嘛授予此法。㊴因此能從昆氏家族那裡接受此法是殊勝罕有的機會，不容錯失。㊵

昆氏家族的每一位男性成員都必須透過進行各種儀式和法事，以展現自己對普巴金剛的理解和自己與這位本尊的連結。其中極具特色的展現形式之一，便是在一年一度的普巴金剛慶典儀式上，穿上精心製作的服裝，跳著特定的舞蹈。昆氏家族的男子們表演舞蹈，其餘的喇嘛則評判家族兒子們的舞蹈表演水準，並推斷每個舞者與普巴金剛的連結有多深。於是每位兒子的公開表演都是在展示自己於佛法上的精通與修證。㊶

達欽貢噶仁千不僅答應授予灌頂，還決定傳授最完整的版本，因

㊳同上，第 163 頁。時間是藏曆三月。

㊴德松仁波切（1995），第 499 頁，注 16，另見同書前言第 46 頁。在一九四〇年末，第四十任薩迦法王土登旺楚曾到拉薩，為達賴喇嘛政府進行古代普巴金剛法事以去除障礙。

㊵普巴金剛修法並非僅限於薩迦派，但它是昆氏家族的主要修法，從八世紀起便延續不斷。此外，這個法脈從蓮花生大士與其大弟子之一昆龍王護的時期開始，至今從未間斷。幾世紀以來，代代相續的普巴金剛傳承持有者，也都有極高的了證。更多資訊參見 http://hhsakyatrizin.net/teaching-vajrakilaya/。

㊶這個傳統的延續者，包括第四十一任薩迦法王的兒子：第四十二任薩迦法王大寶金剛仁波切、第四十三任薩迦法王智慧金剛仁波切，以及薩迦吉札達欽的三個孫子：法王子無變金剛仁波切、法王子無著金剛仁波切、法王子無畏金剛仁波切。

爲這是他第一次向自己的兒子傳授此法。能夠從自己的根本上師之一領受此灌頂，德松仁波切爲此相當欣喜。一小群人，包括傑尊姑秀和一些從康區來的祖古，大家在度母宮三樓的大玻璃窗房接受了灌頂的第一部分「上部事業」（「寂靜事業」，指的是獲得證悟）。

灌頂的第二部分是「下部事業」（「忿怒事業」，指的是猛厲「度脫」仇敵和障礙）。㊷ 對於這個部分，傑尊姑秀和第四十一任薩迦法王都彷彿歷歷在目。年輕的未來薩迦法王當時未滿四歲，坐在侍者的膝頭，但他很清楚記得父親穿著忿怒尊的服飾，頭戴普巴金剛的黑帽，跳著儀式舞蹈。「我甚至還想得起來當時演奏樂器的人是誰」，隔了六十七年的歲月，薩迦法王如此說道。㊸ 年輕的第四十一任薩迦法王在繼任後，就必須學習金剛舞，練習精確的舞步並了解儀式的進行。傑尊姑秀協助弟弟的方式，包括與他一起跳金剛舞。㊹

就在普巴金剛灌頂結束後不久，他們的姨媽達嫫聽列巴久生了

㊷ 傑克森（2003），第 163 頁。舞者以忿怒相出現，以調伏觀者充滿貪瞋癡等負面情緒的「粗大」心，使其轉化為慈愛、佈施、智慧等有益情緒。

㊸ 參見策丹（2008），第 32 頁。作者也於二〇一二年五月十日在紐約沃頓採訪了第四十一任薩迦法王。

㊹ 後來證實，這種修持並非常態：「在艱難重重的一九五九年，當許多藏人作為新近難民在印度奮力存活時，一位名叫卡多祖古的康巴喇嘛告訴他們，雖然他過去在西藏的寺院未曾有金剛舞的法會，但他願意拿出自己的財富贊助人們在印度舉辦金剛舞法會。這次談話發生在藏曆七月，也就是薩迦地區通常舉行年度法會的時候。當卡多祖古聽到〔法王提及此事〕後，便問：『我們現在為什麼不這麼做呢？』第四十一任薩迦法王後來報告說，他自己、傑尊姑秀、卡多祖古和一位年長的比丘因而舉辦了這個儀式。雖然沒有砂壇城，但所有的灌頂和觀想禪修都圓滿完成了。」見 http://www.hhthesakyatrizin.org/teach_vajrakilaya.html。【編按】如今該網頁已無法閱讀。

重病，德松仁波切受命按照唐東嘉波的《長壽成就付無死吉祥》舉行一百次的長壽灌頂儀式。唐東嘉波（1385-1509）是一位文藝復興時期的人，學識淵博、廣具才能，除了身為專精的大修行者，還是西藏戲劇的創立者、鐵橋建築師。㊺ 他的長壽灌頂非常受歡迎，因為人們相信他本人壽命超過一百二十四歲。㊻ 在德松仁波切進行灌頂時，達嫫聽列巴久看到了唐東嘉波，她認為這是個吉兆，立刻向家裡的唐東嘉波像供養了新裝。她很快痊癒。達欽貢噶仁千對德松仁波切非常滿意，說：「你的祈請很有力量。現在請為我和我的孩子們舉行一百遍的長壽灌頂。」德松仁波切欣然照辦。㊼

德松仁波切在完成各種為達嫫聽列巴久所做的法事後，腿疾突然加劇。傑尊姑秀說：「就好像他承擔了她的疾病。」在佛教中，對他人培養高度的悲心與關懷者，可以承擔他人的疾病。將快樂施於他人並承擔他人的痛苦，這樣的修持稱為「自他交換」。

因而德松仁波切對昆氏家族是有恩的，而他也請求賜予大三紅尊法的殊勝灌頂，也就是作明佛母、象鼻天和欲帝明王之特殊身相的一系列灌頂。傑尊姑秀解釋說，完整的大三紅尊法包括一部特殊的祕密教導。大三紅尊能增長一個人的力量。這個教導是從印度大師因扎菩提授予西藏巴日譯師的傳承。此法脈在度母宮家族擁有穩固的傳承。

㊺ 關於唐東嘉波的傳記，見斯特恩斯（2007）。有關《長壽儀軌經》的教法歷史，見同書第28-30頁。

㊻ 唐東嘉波的歲數有各種不同說法，如一三六一至一四八〇年，一三八五至一五〇九年，等等。

㊼ 傑克森（2003），第164頁。

第三十九任薩迦法王將它傳給了兒子達欽貢噶仁千，如今，後者則要向自己的家人傳授此法。這是極爲稀有的教法，很少人領受過。達欽貢噶仁千對德松仁波切說：「我們關係密切，所以我會傳授給你。」受法者只有十一位，包括德松仁波切、達嫫聽列巴久、傑尊姑秀的妹妹蔣揚布崔，以及南寺的住持堪蔣巴臧波。㊽後來，大三紅尊之一的作明佛母成爲達嫫聽列巴久的本尊。她一生中持誦了兩千萬次的作明佛母咒。㊾

傑尊姑秀表示，由於當時他們需要十一個人，所以她也受邀參與。㊿但是她拒絕了，因爲她弟弟沒有領受，而她想要和弟弟一起領受法教。家裡人又再問她一次，她建議他們去問妹妹蔣揚布崔，然後妹妹加入了。如今回想，傑尊姑秀相信這對她妹妹有重要性，因爲妹妹在一九五〇年去世，死時才七歲。傑尊姑秀說：「也許這是她即將離世的預兆。」此外，傑尊姑秀繼續說：「我的名字裡有六個詞〔企美、歐瑟、布崔、仁增、聽列、旺嫫〕，薩迦法王的名字裡則有八個詞〔阿旺、貢噶、德千、巴跋、聽列、桑佩、旺吉、傑布〕，都是長名，而我妹妹和另一個弟弟都是短名，兩人都早夭。」

㊽ 同上。

㊾ 正確的梵文名是「咕嚕咕拉」，但藏人都稱之為「咕嚕咕列」，這是她的呼格詞，因為她在咒語中被稱為「咕嚕咕列」，而不是主格形式的「咕嚕咕拉」。

㊿ 傑尊姑秀說：「灌頂的人數最好是單數，而且十一被認為是吉祥的數字。」人們相信單數代表著開放，或者有相續的可能性，而偶數則被視作已經完整的封閉系統。

傑尊姑秀教學生涯的開始

一九四九年，傑尊姑秀十一歲時，大家認爲她對佛法的精通已足夠成爲一名佛法老師。她講述了以下情況：一九四五年，雷電擊毀了薩迦寺的西南側柱子，[51] 有兩層樓受到影響，大量的書籍和圖像受到破壞，其中許多需要更新與修復。此外也決定重新粉刷。集資進行修復與更新的重擔，落在薩迦昆氏兩個家族的身上。尤其是在圓滿宮身上，因爲當時執政的第四十任薩迦法王阿旺圖登旺楚 [52] 屬於圓滿宮。

昆氏家族首先向拉薩的西藏政府借貸一萬藏秤 [53]，這是一筆無息貸款，昆氏家族每年只需還七百藏秤。西藏政府還任命四品官洛桑亞佩邦達昌來幫助重建工作，[54] 他本人並未親自到薩迦，但他指派了祕書多傑嘉波前來。然而，仍需要更多的資金，所以第四十任薩迦法王要度母宮幫他一起籌措必要的資金。

度母宮手頭沒有足夠的積蓄，於是傑尊姑秀的父親派她到拉薩

---

[51] 參見凱西奈利與艾克沃（1969），第 200 頁與第 392 頁。

[52] 第四十任薩迦法王（1936-1950 年在任）。

[53] 一藏秤的價值約等於四磅銀條，是面值最高的貨幣，因此這是一筆相當可觀的數目。【譯註】根據自生智藏英詞彙網站的說明（https://rywiki.tsadra.org/index.php/rdo_tshad），一藏秤約為五十桑。如前關於「桑」的譯註，此類解釋僅供參考。

[54] 關於洛桑亞佩邦達昌（生於約 1898 年）的描述如下：「最富裕的藏族商人，也是西藏政府在印度的代理商。在卡林邦有分支。他的公司在西藏、中國和印度各地都有代理商⋯⋯這個家族來自康區。一九四〇年十一月晉升為第四級，並被任命為西藏貿易代理。能說流利的印度語和中文。一九四七年九月被任命為西藏貿易代表團的商務顧問，前往印度、中國、英國、美國。一九五二年六月被任命為卡林邦西藏貿易使團的在家人領導。」https://tibet.prm.ox.ac.uk/biography_201.html。

北邊的牧民地區，納木錯及阿楚卡一帶收納佈施。她得到薩迦政府的准許，傳授長壽佛與馬頭明王的長壽灌頂。傑尊姑秀解釋，此法從蓮花生大士（八世紀時將佛法帶入西藏的偉大印度上師）傳至唐東嘉波（偉大的長壽法修行者，壽達一百多歲），㊺是個廣受歡迎的薩迦派灌頂。

一九四九年藏曆四月至十月，傑尊姑秀和一群人同行，包含老師本樂貢噶嘉贊、一位管家、兩位僕人（一女孩和一男孩）、一位年長僧人、最大的姨媽蔣巴楊吉、一名廚子、三名馬夫、三名照管犛牛的人。另外還有五名修法和奏樂的僧人、兩名藏式嗩吶（甲玲）吹奏者、兩名儀式長號（筒欽）吹奏者、一名擊鼓者。另外還配有一頭犛牛和一匹騾子來搬運法器、帳篷、睡具、茶壺、炒鍋，以及一個搗茶器。㊻傑尊姑秀傳授了長壽法，以及能將亡者神識遷轉到極樂淨土的阿彌陀佛頗瓦法。㊼她表示，由於當時牧民請求此法，她便在一個小時之內給予他們簡短的教導。

她也做了食子供養和燃香供養。她所獲得的酬謝回報超過一千藏秤，還有許多禮物，包括犛牛、綿羊、馬、羊毛和乳製品。父親曾告訴她：「不要把動物帶回薩迦，動物搬到新地方會死掉，你就在原地賣掉，帶錢回來。」傑尊姑秀說：「我收集到的所有佈施，除了分

㊺ 蓮花生大士和唐東嘉波（參見本章前注 45 與 46）兩人都曾來到日後被稱為薩迦的地區。
㊻ 二〇一〇年，在加拿大英屬哥倫比亞省列治文，尊貴的傑尊姑秀家中對她進行採訪。
㊼ 頗瓦法是一項針對臨終者所作的特殊修持。純熟的修行者可於亡者即將死去前，將其神識遷轉到較為良善的投生，例如投生阿彌陀佛的極樂淨土。

給幾位侍者，其餘都作爲薩迦大寺的修繕費用。我爲這份貢獻感到驕傲，連一分錢都沒有浪費。」

傑尊姑秀培養的另一門技術是攝影（圖 17，圖 18）。一位住在錫金岡托的表親送了她一台相機和一些顯影液，[58] 教她如何拍攝和沖洗照片。許多僧人請她爲他們拍照，她便拍了，並免費沖洗給大家。後來逃亡印度時，她還隨身帶了一些自己拍攝的負片，最後帶到如今定居的加拿大。

圖 17、一九五七年，年輕的第四十一任薩迦法王於西藏亞東。傑尊姑秀攝。

圖 18、一九五七年五月，在度母宮舉行的金剛舞。傑尊姑秀攝。

[58] 參見蔣揚諾布的《新語言和新西藏，第二部，中國將西藏及藏文現代化的迷思》，phayul.com，二〇〇五年六月十七日週五 23:42。這篇文章討論了上流社會對攝影的風靡現象，以及一些人如何成為專業攝影師。

傑尊姑秀早期的占卜修持

傑尊姑秀有不少技能。她的姨媽達嫫聽列巴久曾鼓勵她學習用骰子占卜。西藏傳統中有許多種占卜方式，通常使用的是念珠或骰子（見第四章）。一九四九年，傑尊姑秀去北原（羌塘）收納佈施時，有個晚上曾在一座山中小廟裡歇腳。那天夜裡的稍晚時分，一些僧人從格魯派的主要寺院之一——位於拉薩郊區的色拉寺趕來，儘管天色已暗，但他們還是立即要求拜見。傑尊姑秀說：「我在那裡只停留一晚，他們大概是擔心我可能隔天一早就離開，而失去占卜的機會。」他們是爲了住持卡多祖古．格桑圖登入獄的事情來請求占卜。一九四七年，前任西藏攝政熱振仁波切（在位時間 1933-1941）㊾因涉嫌密謀毒害現任攝政達札而被捕入獄，後來神祕圓寂。因爲住持卡多仁波切曾支持熱振仁波切，所以也被捕入獄，寺裡的僧人擔心會發生最不幸的結果。傑尊姑秀用骰子占卜後，建議他們舉行度母四壇城法會，並且持誦十萬次的《二十一度母禮讚文》。

傑尊姑秀回憶道，兩年後，也就是一九五一年，當她在拉薩時：

㊾ 也就是攝政嘉察仁波切（1911-1947）。以下摘自《西藏名人錄 1915/1938》簡介中的部分節選：「攝政土登蔣巴迪謝嘉贊出生於一九一一年左右，被發現為熱振寺大喇嘛的第五任轉世。他在色拉寺學習，取得格西學位。一九三四年，十三世達賴喇嘛圓寂後，他被任命為攝政。一九三三年，為了尋找達賴喇嘛轉世的蹤跡，他來到了楚果溪湖。一九三六至一九三七年英國代表團在拉薩期間，他表達了辭職的意願，但也顯然可以延後，直到發現達賴喇嘛的轉世。在找到新的轉世靈童後，他隨後辭去了攝政職務。他通常被稱為嘉察仁波切。」參見 https://tibet.prm.ox.ac.uk/biography_291.html。

「有一群僧人要求見我。他們眞誠而再三地感謝我，而我已經忘了當時的事件和占卜。當我問起何以如此致謝的原因時，他們告訴我，當時他們依照我的指示去做，在完成持誦十萬次《二十一度母禮讚文》的第二天，住持就被釋放了。」第十四世達賴喇嘛（1935 年生）於一九五〇年十一月十七日親政後，特赦了所有囚犯。卡多仁波切於當天獲釋。

這些年，傑尊姑秀作爲預言家的技能日益精深。她的一名弟子聽列．迪瑪克（1936-2020）曾在華盛頓州弗萊迪港傑尊姑秀的閉關中心薩迦卡雀寺擔任二十一年的經理，他觀察到：「傑尊姑秀爲人占卜，結果總是正確的。」[60] 她的許多弟子都證明了這一點。傑尊姑秀會非常清楚地告訴請求占卜的人，對於正考慮進行的計畫，應該要全心全意，還是謹慎進行，或者整個放棄。

達欽貢噶仁千的圓寂

一九五〇年，薩迦地區有一場流感，一天之內，達欽貢噶仁千就主持了十一場葬禮。[61] 第二天，他搬遷到自己的禪房，接著就圓寂了。傑尊姑秀回憶道：「我走在父親房間附近的走廊上，聽到遠處有人在哭。我坐在台階旁聆聽著。不知道發生了什麼事。我的導師安靜地過來，把我帶到姨媽房裡，然後把我抱到腿上。這時姨媽進來了，

---

⑥⓪ 二〇一八年十二月二十八日，聽列．迪瑪克的郵件。

⑥① 傑尊姑秀談到，當父親去世後，瘟疫就平息了；這令人悲哀；他預見到中國共產黨的入侵，而不想活在那樣的未來。傑克森（2003），第 631 頁，注 684。

她哭著並突然暈了過去。她的兩個僕人都不知道該怎麼辦才好。我記得姨媽有時會用治療風大失調的藥，我就去她的藥箱裡拿出合適的藥——瓊脂三十五號，我用酥油拌著藥粉，然後把這種混合物塗在她的手掌和腳底上，還把一些粉末放在熱鍋上燒出煙。接著她就醒過來了。這就是我發現家父去世時的情景。家父於藏曆鐵虎年二月八日離開，享年四十九歲。我記得很清楚，那時我正好十三歲，凶年，虎年。」62

不到一個月前，藏曆一月十二日，傑尊姑秀的妹妹蔣揚死於肺炎。為了讓她有善好的投生，人們遵照建議造了一尊四臂觀音像，安放在傑尊姑秀的修行房中。同一年的下半年，藏曆六月二十日，第四十任薩迦法王，圓滿宮的阿旺圖登旺楚圓寂。

達嫫聽列巴久的姊姊蔣巴楊吉一得知達欽貢噶仁千圓寂的消息，立刻從拉薩趕來安慰和幫助妹妹。她不是昆氏家族的一員，所以不參與家族事務的決策，但她陪伴妹妹，姊妹倆可以一起聊天和放鬆。她待了很久。傑尊瑪企美旺嫫（傑尊姑秀的姑媽）也幫助達嫫聽列巴久做出重要決定。她雖然非常安靜，但在佛法和政治上相當具有見識。

極度哀傷之際，還是得打理一切喪葬事宜。達嫫聽列巴久根據堪蔣巴臧波（南寺住持）的建議，主持一切法會、供養、荼毘，以及她

62 人們普遍相信，特定年分對一個人而言是不祥的，尤其是自己的生肖年。傑尊姑秀和她父親都是虎年出生，她父親是一九〇二年木虎年，她是一九三八年土虎年。她的父親在四十八歲那一年圓寂，四十八歲和七十二歲都被認為是凶年（傑尊姑秀在七十二歲那年中風）。

丈夫舍利子的保存工作。⑥³

此外，達嫫聽列巴久還有一項艱巨的任務，那就是務必找到最好的喇嘛，以便如理如法地培訓當時五歲的未來第四十一任薩迦法王，以及十二歲的傑尊姑秀。昆氏家族中，父親或叔伯通常是孩子的主要上師，然而目前的情況是父親和叔伯都已經圓寂，必須再另找一位上師。堪蔣巴臧波是昆氏家族的佛法顧問，在他的幫助下，達嫫聽列巴久得以確保傑尊姑秀和她的胞弟能獲得所有重要的教導和必要的口傳，以延續並保存薩迦的法脈。

第四十一任薩迦法王特別提到，時機極其重要，因爲在他父親死後的幾年內，一些重要的上師都相繼去世，後來又有許多動盪，以致不可能接受教導和口傳。因此，達嫫聽列巴久的高瞻遠矚，配以絕妙的時機而圓滿了這一職責。他強調說，儘管姨媽在自己的生命中遭遇了種種困難，但她還是成功地保存了薩迦法脈。

薩迦傳承中最重要的教法就是道果法（見第一章）。所有昆氏家族的成員都必須在年幼時接受這一教法，授法的喇嘛最好是公認的道果法傳承持有者。當時，西藏最著名的上師之一是住在康區的蔣揚欽

---

⑥³ 在昆氏家族中，任何子嗣過世都要舉行廣大的儀式和一種特殊的火葬。對於大多數藏人來說，會有四十九天的密集祈願和供養。在薩迦，亡者多是火化，不像西藏其他地區，由於缺乏可用的木材，火化成本太高。後來建造了一座十英尺高、非常華麗的鍍金佛塔，用來安放達欽貢噶仁千位於大寺內的舍利，位置就在其他家族成員佛塔所在的度母宮佛堂內。有關此主題的經典文章，參見〈西藏薩迦地區的殯葬習俗〉，特瑞爾．懷利著，收錄於《哈佛亞洲學期刊》第 25 期（1964-1965）第 229-242 頁。亦可參見凱西奈利與艾克沃（1969）第 194 頁。

哲確吉羅卓仁波切。[64] 雖然他是最好的老師，但達嫫聽列巴久與顧問等人都認為康區太遠了。自從中國共產黨由中國東部慢慢入侵康區以來，那裡就很危險，如果孩子們留在薩迦和俄爾寺所在的後藏地區，會更安全。有些人覺得未來的第四十一任薩迦法王應該留在薩迦，不過達嫫聽列巴久認為，其中一位最好的老師在騎馬不到一天距離的俄爾寺。儘管薩迦社區與她意見相左，她仍然於一九五〇年秋天將傑尊姑秀和弟弟送到了俄爾寺，在偉大的康薩住持當巴仁波切（1876-1953；圖 19）的座下學習。

當巴仁波切（全名為阿旺羅卓・賢遍寧波）作為當時最偉大的薩迦派及利美運動上師而受人銘記。他年輕時是一位極為精進和虔敬的弟子。十幾歲時到了康區，遇見一位對佛法有深刻領悟的上師。這位上師即是堪布賢噶（全名是賢遍確吉・尼瑪囊瓦，1871-1927）。堪布賢噶對經文的闡釋為眾人稱道，他以經典中的深奧偈頌作為向弟子指引心性的方式。[65] 堪布賢噶有一首證道歌為：「實與非實若皆離於心，離諸戲論唯一住寂靜。」[66]

當巴仁波切一見到堪布賢噶，就知道自己必須成為他的弟子，盡其所能地學習。堪布賢噶觀察到當巴仁波切徹夜學習的無上精進，以及他的其他優點，曾說：「他不是凡夫，他是一位聖人。」對於同樣

---

[64] 雖然傑尊姑秀和第四十一任薩迦法王並沒有從蔣揚欽哲確吉羅卓那裡領受道果法的教導，但在一九五〇年代中期，他們有幸從他那裡領受了其他重要的薩迦派傳承及寧瑪派傳承教法。

[65] 傑克森（2020），第 39 頁。

[66] https://www.rigpawiki.org/index.php?title=Khenpo_Shenga。

圖 19、尊貴的當巴仁波切身穿密乘服裝。

在艱苦環境中堅持不懈，被自己的老師視爲一位不屈不撓弟子的堪布賢噶來說，這絕非僅僅只是恭維。因此，當巴（無上者）仁波切在青少年時期就得到了這個稱號，此後一生中人們都如此稱呼他。[67] 舉個例子來說明他的虔敬：當巴仁波切每天都會供奉一百盞酥油燈並念誦二十五遍《二十一度母禮讚文》，從未中斷。他將自身的一切錢財和

[67] 傑克森（2020），第 39 頁。

物品都捐給了佛教機構。㊳

在當巴仁波切向他們傳授道果法的密宗教導時，第四十一任薩迦法王回憶道：「康薩住持（即當巴仁波切）非常殊勝，了證極高，他總是非常寧靜，動作極緩，每件事都做得非常完美。」㊴ 年輕的傑尊姑秀和未來的薩迦法王沒有在俄爾寺接受定期的年度公開法教，而是在住持的房間裡得到特別教授。當時只有三十人領受這些教授。他們在俄爾寺待了四個月。

傑尊姑秀說俄爾寺的戒律嚴明，對接待女眾訪客有嚴格的規定。俄爾寺共有四座給住持的居所（拉章），每一位住持要不是與轉世傳承相關，就是與家族傳承相關。家族傳承有「康薩、祿頂、遍德與塔澤」。其中遍德與塔澤屬於轉世傳承，所以女眾只能在白天到訪，不能過夜。祿頂是家族傳承，他們比較可以接受女眷的訪視。日後傑尊姑秀嫁進了祿頂家族，她的一個兒子成爲印度俄爾寺祿頂法脈的一部分。不過當年她還是個小女孩，跟隨康薩住持學習道果法，所以住在康薩拉章。

㊳ 同上，第 38-44 頁。當巴仁波切的一些成就，包括一九〇九年從康區的蔣揚羅特旺波那裡接受了《續部總集》的教法。他也接受了道果法和時輪金剛法。他從康區返回後，成為俄爾寺的第六十五任住持，他的餘生大部分時間居住在後藏。他傳法無數，包括道果法、《成就法總集》，以及最重要的《續部總集》。後來，傑出的究給企千（第四十一任薩迦法王的根本上師之一）讚揚當巴仁波切拯救了《續部總集》免於滅絕。由於他的精進，許多重要的喇嘛得以接受教法。他有很多弟子，其中不少來自度母宮家族，包括傑尊姑秀的祖父察速聽列仁千、父親、叔叔、她自己以及第四十一任薩迦法王。她與弟弟二人都將當巴仁波切視為自己的根本上師之一。

㊴ 策丹（2008），第 33 頁。

傑尊姑秀記得，在康薩拉章附近有一棟獨立的兩層樓房子，薩迦家族就住在二樓。在許多典型的西藏房屋中，夜晚時都會將母牛、山羊、綿羊等家畜聚集在一樓。那棟房子的一樓只有飼養母牛。相較於其他幾個拉章，康薩拉章離俄爾寺中心更遠。俄爾地區規矩最嚴的地方是俄爾拉康，即寺院的主殿，那裡禁止婦女入內。傑尊姑秀說：「不管你是不是薩迦傑尊瑪，只要是女人，都不許入內。」

第四十一任薩迦法王人選的確認

對度母宮和圓滿宮來說，一九五〇年都是非常動盪的一年，因為兩宮的父親都圓寂了。傑尊姑秀記得在父親達欽貢噶仁千圓寂後，「有些人試圖從我們手裡奪走度母宮的一些土地。我姨媽覺得有必要向西藏中央政府求助，介入並保護這片土地。她也知道要向護持我們的邦達昌和蔣揚吉兩家豪族求助，請他們向政府申訴我們的案子。」[70] 因此，家族決定要前往拉薩。

在薩迦，圓滿宮的第四十任薩迦法王圓寂後，由於度母宮傑尊姑秀的父親不久前圓寂，所以誰來繼任還不明朗。傑尊姑秀解釋道：「繼承權在兩宮之間交替。一宮的薩迦法王圓寂後，法座就由另一宮繼任。然後在陞座那一宮的兒子中，長子將成為薩迦法王。」[71] 根據這個規則，傑尊姑秀的胞弟將成為薩迦法王。然而，圓滿宮的領導人

⑳ 二〇二〇年八月十二日，傑尊姑秀的郵件。

㉑ 同上。

認爲他們的長子薩迦吉札達欽（1929-2016）理應成爲第四十一任薩迦法王，因爲他已經到了可以治理的年齡，而度母宮的兒子只有五歲。傑尊姑秀回憶，當度母宮一家在拉薩等待解決土地糾紛的答覆時：

> 薩迦政府致函拉薩，告知西藏中央政府，已選定達欽吉札仁波切為薩迦法王，但達欽吉札仁波切的胞弟聽列仁波切提出異議。不知何故，此案中度母宮被提及，並上報到尊者達賴喇嘛。他詢問道：「為何只有兩位法王子的名字？」因為他聽說薩迦共有三位法王子。於是將尊者的名字也交給了達賴喇嘛。在對三位法王子進行占卜後，達賴喇嘛說他的占卜結果表明，尊者是薩迦派的最佳人選。這就是尊者被選為第四十一任薩迦法王的過程。[72]

儘管薩迦吉札達欽沒有成爲薩迦法王，但他和達嫫薩迦蔣揚的婚姻圓滿，長達六十多年，直到他於二〇一六年圓寂。[73] 他與達嫫薩迦蔣揚皆爲全球著名的傑出上師。

儘管如此，仍有反對意見。有些人想不通爲何不考慮二十一歲的吉札達欽薩迦，而讓這樣一個年少的男孩繼承王位。其他支持這位

---

[72] 同上。

[73] 參見薩迦與愛默里（1990）。薩迦吉札達欽仁波切於二〇一六年四月二十九日在華盛頓州西雅圖去世。

五歲候選者的人，則想知道如此的小男孩能否勝任這個法座。傑尊姑秀回憶，第十四世達賴喇嘛說到當他自己還是少年時：「我年輕的時候，有幾個助手在幫我，所以貢瑪仁波切⑭（傑尊姑秀的胞弟、未來的第四十一任薩迦法王）一定會有人幫他，直到他可以自己管理。沒事的。」

度母宮的家人和隨行人員從北邊的道路出發前往拉薩。他們住在達嫫聽列巴久已逝的兄長噶倫本修在拉薩的住所。它是空的，因爲他的妻子與母親也都去世了，只有一些僕人和幾個房客住在那座大宅。昆氏家族的人在那裡住了兩、三個月。中國高級官員首次出現在拉薩。爲了討好西藏貴族，這些官員以高價租用了拉薩貴族的住宅。由於本修府不再有家人常住，所以在度母宮的人到拉薩後沒幾個月就租給了中國人。於是度母宮一行人搬到著名的佛寺兼密乘學院的小昭寺，那裡有娘家姜惹家族的一個舅舅（達嫫聽列巴久的媽媽來自姜惹家族）。他們就住在舅舅家。也更方便，因爲這裡比起本修府更靠近市中心。

對藏人來說，一九五一年是艱困的一年，因爲中國在一九四九年十月一日之前一直處於內戰之中，現在由中華人民共和國統治，並試圖併吞西藏。中文的西藏，有人翻譯爲「西方寶庫」，中國人覬覦西藏豐富的自然資源，包括林業、礦產，以及最重要的是，爲亞洲大部分地區提供寶貴資源的五條主要河流：巴基斯坦的印度河、印度的布

⑭ 西藏人用貢瑪（殊勝者）或者洽恭（怙主）作為薩迦法王的稱號。見附錄C。

拉馬普特拉河、緬甸的薩爾溫江、中國的長江，以及奔流於泰國、老撾、柬埔寨和越南的大河湄公河。任何國家控制了這些河流，就等於控制了亞洲大陸。

一九五〇年末，中國佔領了西藏東部的部分地區，並將目光投向了首都拉薩。情況萬分危急，西藏政府決定立即任命十五歲的達賴喇嘛爲他們的政治和宗教領袖。一九五〇年十一月十七日，第十四世達賴喇嘛成爲西藏的政治領袖，但在中國入侵的威脅之下，一九五〇年十二月十六日，第十四世達賴喇嘛和主要內閣成員祕密離開拉薩，在靠近錫金邊境的卓木（圖 20）成立臨時政府。這是一項安全措施，以便年輕的達賴喇嘛在必要時候可以逃亡印度尋求保護。

西藏政府進一步決定派出一批代表去北京，希望能改善局勢。但此舉卻造成西藏一連串失敗的開始。西藏代表在多方威脅下，被迫於

圖 20、第十四世達賴喇嘛在西藏卓木，攝於一九五一年。

一九五一年五月二十三日簽署了臭名昭著的《十七條協議》，該協議基本上將西藏的主權交給了中國。協議第一條寫道：「西藏人民必須團結起來，將帝國主義侵略勢力驅逐西藏；西藏人民將回歸祖國大家庭——中華人民共和國。」⑮

當年輕的達賴喇嘛聽到北京廣播電臺播放這一則令人痛心的消息時，差點昏過去。他無法相信代表們沒有和他商量，就簽署了這樣一份協議。他的一些顧問建議他逃離西藏，向新成立的聯合國求助。儘管西藏確實曾經尋求國際救援，但很少有國家關心他們的困境。⑯最後，第十四世達賴喇嘛決定返回拉薩，並於一九五一年八月十七日到達。

第四十一任薩迦法王對這一天仍記憶猶新。他的家人和隨行人員幾天前就已經抵達拉薩，他們被告知達賴喇嘛即將返回。「雖然我只有六歲，但達賴喇嘛的到來仍令人印象深刻。數里之外，整裝精良的騎兵在兩側等候迎接達賴喇嘛，他坐在有著亮黃色窗簾的金色轎子裡。當然我沒看見他，但我永遠記得西藏人民歡迎他回家的情景。」後來，第四十一任薩迦法王得到達賴喇嘛的接見。他說他的姨媽和家人都對年輕的達賴喇嘛有著很大的信心。

第四十一任薩迦法王和傑尊姑秀還參加了達賴喇嘛在夏宮羅布林

---

⑮ http://www.tibetjustice.org/materials/china/china3.html。

⑯ 一九五九年十月二十一日第一項決議：愛爾蘭和馬來亞要求在聯合國大會上審議「西藏問題」。第 1353（XIV）號決議以四十五票對九票、二十六票棄權獲得通過。一九六一年十二月二十日，馬來亞、泰國、愛爾蘭和薩爾瓦多再次要求聯合國大會重新審議「西藏問題」。大會以五十六票對十一票、二十九票棄權通過了第 1723（XVI）號決議。

卡舉行的四臂觀音灌頂與教授。三十六名祖古⑰有幸坐在達賴喇嘛身旁的舞台上。每位祖古都有一張桌子，上面寫著他們的名字。說到這裡，傑尊姑秀調皮地笑著承認道：

「我喜歡扮成男孩，穿著薩迦派僧眾的袈裟。雖然作為一位傑尊瑪有嚴格的規範要遵守，但我想穿男裝。姨媽很不高興，但也沒有多說什麼。只有我最親近的家人知道我假扮成僧人。連薩迦人都以為我就是個僧人，因為我扮成一個男孩。在拉薩，西藏政府以為我是薩迦的出家眾兒子，而我弟弟是在家眾兒子。」

她再次說道：「人們以為我是一位祖古，是出家的法王子。每個人都叫我『仁波切』，我被安排在祖古的座位區，桌上的名牌寫著『薩迦法王子』。」⑱

第四十一任薩迦法王記得自己也在前排，他是少數投擲花莖⑲（灌頂儀式之一）並直接從達賴喇嘛那裡接受加持的人之一。當他接受加持時，他沒看著達賴喇嘛，而是轉頭以便更仔細地觀察他生平第

⑰ 祖古的意思是「被認證的轉世」，其字面意思是「化身佛」，但它指的是具有能力與深刻關懷，回到世間幫助一切有情的人。

⑱ 雖然傑尊姑秀沒有明說，人們可以推測，昆氏家族的兒子比女兒享有更多的尊榮。

⑲ 在為期兩天的灌頂中，其中的一個儀式是向五方佛壇城投擲花莖，並記錄它落在哪個佛的方位，這便相應於修行人與該佛的緣分。比如說，如果花朵落在阿閦佛（東方不動佛）的方位，表示此人將能培養大圓鏡智。

一次見到的大麥克風。第四十一任薩迦法王笑著說：「我從小就對大麥克風很感興趣。」

雖然中國人並未受邀，但他們仍堅持參加儀式，並用大型電影攝影機拍攝一切。西藏人很不高興。灌頂第一天結束時，每個人都領到兩根吉祥草放在他們的床下，以利獲得具有徵兆的夢，並於灌頂第二天解夢。第四十一任薩迦法王回憶說：「參加的人很多，大家手裡都拿著吉祥草，⑳ 感覺就像在一片田野當中。」

在拉薩的四個月裡，全家人藉此機會參觀了拉薩市及其周邊地區的許多廟堂及寺院，包括距離較遠的薩迦篇波那爛陀寺和八世紀在西藏建立的第一座寺院——桑耶寺。返家的路上，他們也順道探望了幾位親戚。其中一位是喇嘛貢噶（俄爾）塔澤仁波切（1935 年生），他是偉大的喇嘛，被認爲是著名瑜伽士密勒日巴心子之一色邊日巴的轉世，現居加利福尼亞州的肯星頓。他回憶說：「薩迦法王六歲的時候，昆氏家族正從拉薩回家，父親邀請他們來我們靠近日喀則拿爾村的古什佩林莊園，家父一九〇四年就出生在這個莊園。㉛ 我記得在他們來訪期間，我遇到了全家人和阿旺羅卓仁波切（阿羅仁波切）。」喇嘛貢噶繼續說道：

---

⑳ 吉祥草是一種常見的印度草，由於瑜伽士用它來製作禪修墊，所以在藏傳佛教中，它與行者的精進與修持有關。灌頂時，把它放在自己的被褥下面，可以喚起吉祥的夢，並顯示自己與灌頂本尊和修持的緣分。

㉛ 拿爾村離俄爾寺騎馬一天的距離。關於喇嘛貢噶父親的生平，詳見瑟默．卡納罕與喇嘛貢噶仁波切（1995）合著《面對我的敵人》，新墨西哥州聖菲市：淨光出版社。

「薩迦法王很愛玩，把遊戲當成他在表演金剛舞那樣享受。我認為他們的姨媽達嫫聽列巴久大約四十五歲。我當時十六歲，她在場時我很緊張，因為她以權威和嚴厲著名。我希望在她面前行事合宜。我想向薩迦法王和姨媽行大禮拜，她罵我：『別傻了，不要對我頂禮。』雖然我很擔心，但姨媽對我很好。她說她愛我、關心我，要我好好表現、認真學習。我覺得她是真的關心我。」㊷

達嫫聽列巴久也屬於喇嘛貢噶母親那一方的姨媽。㊸

一家人停留了幾天。昆氏家族給了一些加持，但大部分是社交訪視。喇嘛貢噶很高興他們的到訪。今日，傑尊姑秀和喇嘛貢噶的關係非常友好，經常在加州和加拿大之間互相探訪，他們的談話範圍從自己對西藏和印度的記憶，到特定佛法修持的甚深闡述。另外，一九五三年，喇嘛貢噶的一位兄長，俄爾寺康薩住持阿旺羅卓丹津寧波（1929-1956）㊹ 在俄爾寺，爲傑尊姑秀和第四十一任薩迦法王教授道果法的不共法。

在整個旅行過程中，直到他們回到薩迦，未來的第四十一任薩迦法王雖然只有六歲，但卻倍感壓力，因爲他必須背誦薩迦派的主

㊷ 二〇一一年六月二十一日，於紐約州沃爾頓市採訪喇嘛貢噶仁波切。

㊸ 傑尊姑秀解釋，她與喇嘛貢噶在兩方家族都屬於親戚。喇嘛貢噶的祖父與傑尊的祖母是兄妹。此外，喇嘛貢噶的外祖母與傑尊的外祖母是姊妹。

㊹ 見圖 21 及本章注 97。

要經典之一，也就是長達六十頁的《喜金剛根本續》。不管他們是否在旅行，他都必須不斷地背誦課文。一九五二年初，他在薩迦陞座爲薩迦法王候任者。（這是由於他還太年輕，無法陞座為真正的薩迦法王。）在那次首度的儀式上，他必須證明自己有能力背誦《喜金剛根本續》，而這是要成爲薩迦僧眾的必要條件。他說：「我很高興自己正確背完，並且過關。」㊺ 當然，這句話是謙虛，因爲對許多人來說，薩迦法王被認爲是文殊菩薩的化身，從很小的時候起，他就因迅速透徹的理解力使人們留下深刻的印象。隨著年歲成熟，他的名聲越來越大，已然成爲一位能夠敏銳清晰地闡釋深奧教義主題的卓越老師。

第四十一任薩迦法王解釋，只有身爲拉薩西藏中央政府領袖的達賴喇嘛，才有權力認證薩迦法王。薩迦政府是不能認證的。只有達賴喇嘛才能授予稱號和地位。首先，西藏中央政府會發出正式信函，爲選中的人授予此地位。一九五一年，六歲的他訪問拉薩時，收到了這樣一封信，回到薩迦後，便舉行公開儀式來確定這項認證。公開儀式當天，他以頭碰觸信函，表示對達賴喇嘛及其權威的尊敬，然後將信函交給薩迦政府的首長薩迦夏佩，讓他在公眾集會前宣讀此信，從而證實了達賴喇嘛對新任薩迦法王的認證。眞正的陞座典禮是在一九五九年初舉行。

由於度母宮的兒子被選爲新任的薩迦法王，一家人便有幸從夏

㊺ 策丹（2008），第 33 頁。

宮度母宮搬到薩迦法王的冬宮喜拓拉章⑧⑥。喜拓拉章有五層樓，傑尊姑秀描述說：「因爲家父並非薩迦法王，所以我們童年的大多數時間裡都不是住在喜拓拉章。只有當我弟弟被選爲薩迦法王時，一家人才搬進喜拓拉章過冬。」她接著說：「頂樓是薩迦法王的主室，因窗戶飾以黃金，故而名爲金窗房。」這間房間用作招待客人和貴賓的接待室。傑尊姑秀說：「尊者、姨媽和我都一起睡在金窗房隔壁一個比較小的房間裡。其他有些房間很大，但大部分都是空的。三樓是金剛乘房，在此授予灌頂儀式。薩迦政府在不同樓層有其他的房間，他們的辦公室在二樓或三樓的一側。三樓有佛殿，有一間供奉金剛瑜伽母的大佛殿。二樓是廚房和僧眾的寮房。一樓是個小監獄。」

這幾年間，儘管發生了不少事件，傑尊姑秀和新受命的第四十一任薩迦法王在所有其他活動之外，依然持續進行學習與修持並以此爲首要事務。這提醒了人們，昆氏家族最重要的是作爲一個佛法家族。

一九五二年

當其他同齡的孩子仍在玩著玩具和遊戲自娛時，七歲的新任薩迦法王已經在接受佛法與政治兩方面的訓練。一九五二年夏（藏曆五月），他來到位於後藏日喀則班禪喇嘛的駐錫地札什倫布寺，參加第十世班禪喇嘛的陞座典禮。⑧⑦ 這是他首度以受認證之薩迦法王的隆重

---

⑧⑥ 喜拓拉章（Zhitog）一詞中，gzhi 的意思是「基礎」，而非「四」。

⑧⑦ 伊莎貝拉．希爾頓（1999）《尋找班禪喇嘛》，第 84 頁，紐約：W.W. 諾頓公司。

儀式和裝備出行，傑尊姑秀和達嫫聽列巴久與他的隨從也一同在場。

班禪喇嘛與達賴喇嘛有著特殊的關係。「班禪」這一稱號包括了梵文「班」（「班智達」的縮寫，意思是「學者」）和藏文「禪」（「偉大的」），因此，眾所周知，班禪喇嘛是偉大的學者，許多世紀以來，他們都是達賴喇嘛的老師。班禪喇嘛被認爲是無量光佛阿彌陀佛的化身，而達賴喇嘛被認爲是大悲觀世音菩薩的化身。在大乘佛教的圖像中，阿彌陀佛會坐在觀世音菩薩的頂上，守護著觀世音菩薩。因此班禪喇嘛對達賴喇嘛而言有獨特的地位。

儘管班禪喇嘛與達賴喇嘛的關係看來融洽，但班禪喇嘛所在地日喀則的行政部門，與達賴喇嘛所在地拉薩的政府之間時常有紛爭。一九二三年，第九世班禪喇嘛（1883-1937）因爲與西藏中央政府在稅收等問題上發生分歧，而出走中國。十五歲時，他才以新的轉世——第十世班禪喇嘛（1938-89）的身分回來。班禪喇嘛在西藏以外的地方生活了二十九年，對於他的虔敬追隨者和主要寺院僧眾來說，這是個期待已久的回歸。第十世班禪喇嘛於一九五二年六月二十三日回到札什倫布寺，盛況空前。

然而，他的回歸並非沒有爭議，因爲有許多中國官員和一支中國軍隊陪同他。這似乎沒有影響到班禪喇嘛的陞座典禮，也沒有影響到他的貴賓，但確實讓七歲的薩迦法王留下了深刻的印象。作爲薩迦法王，他同樣得兼顧薩迦派於政治和宗教方面的責任。

從一九五二年到現在，有些藏人一直在質疑十世班禪喇嘛的忠誠。一九五九年及一九六〇年代初期，當許多藏人都設法流亡時，他留在了西藏。幾年之內，他成爲中國政府的俘虜，於北京軟禁。他被迫還俗娶妻，並在中國爲西藏擔任「傀儡發言人」。他確實努力在幫助西藏人民，但因遭到中國政府的軟禁和持續監視而極受限制。一九八九年一月二十八日，他獲准回到札什倫布寺，其後神祕圓寂。許多人認爲是一名中國官員毒害他的。

第十一世班禪喇嘛根敦確吉尼瑪出生於一九八九年四月二十五日，由第十四世達賴喇嘛在一九九五年五月十四日認證其爲新的轉世。但在一九九五年五月十七日，中國政府從他在西藏的家中綁架了這名六歲的小男孩。他就此消失，沒有人知道他是否還活著。中國政府挑選了自己的第十一世班禪喇嘛作爲他們的發言人，但藏人不接受他是十世班禪喇嘛的眞正轉世。班禪喇嘛轉世體系的命運岌岌可危。

一九五二年夏秋及一九五三年冬日

第四十一任薩迦法王和傑尊姑秀的老師對他們說，必須回去跟隨俄爾寺康薩住持當巴仁波切繼續學習道果法，於是他們回到俄爾寺接著學習道果法的共法與密法。他們於一九五二年藏曆六月二十五日開始不共法的學習與修持，經過了多次停頓，直到一九五三年藏曆六月四日，終於在吉祥的佛陀初轉法輪紀念日完成。㊇ 他們還接受

㊇ 二〇一八年十二月八日，第四十一任薩迦法王於電子郵件中說，由於當巴仁波切後來圓寂，以致他們沒能跟隨當巴仁波切完成道果法密法的修學。當巴仁波切的主要弟子康薩霞仲（見圖 21）則完整獲得。他是喇嘛貢噶仁波切的哥哥。佛陀初轉法輪日是一年一度的紀念日，紀念釋迦牟尼佛證悟後初次轉動法輪。

了其他重要教導，包括金剛瑜伽母法的釋論與闡述，以及薩千貢噶寧波的《遠離四種執著》教導（見第一章）。另外，他們從咸認當巴仁波切最優秀弟子之一的俄爾寺遍德拉章住持阿旺科朱嘉措（1917-1969）⑧⑨那裡，領受了俄爾寺第十任住持俄欽貢卻倫朱（1494-1557）⑨⓪的傳記。俄欽貢卻倫朱被譽爲偉大的道果法行者，一生共傳授道果法三十五次。此外，他還寫過一部道果法的釋論，其中強調輪涅無二見地的重要義理（見第一章）。⑨①他的傳記爲第四十一任薩迦法王和傑尊姑秀於上述教導的修持帶來了啓發。

他們在俄爾寺學習了一年，直到中國人要求年輕的薩迦法王參加位於薩迦的會談。⑨②中國政府堅持要薩迦法王或昆氏家族的成員去參加政治會議，儘管不時有這樣的打擾，薩迦法王和傑尊姑秀仍專注於佛法學習。於此期間，在薩迦長大的西藏作家達瓦諾布（1949-2006）曾在《紅星照耀西藏》一書中寫道：「十個長相奇特，穿著卡其色衣服的騎士，排成一列騎馬經過，他們肯定不是藏人：他們是中國人。」⑨③他繼續講述一個有趣的事件：「當一些藏人在搬運糞便時，

---

⑧⑨阿旺科朱嘉措於一九六九或一九七〇年在印度拉賈普爾圓寂。他從一九四八年至一九五一年任職遍德拉章的住持。見傑克森（2020），第 121 頁。

⑨⓪有關俄欽貢卻倫朱的略傳，參見 http://rywiki.tsadra.org/index.php/Ngorchen_Konchog_Lhundrup。

⑨①見德松仁波切（1995）。

⑨②中國政府正逐步堅持其在西藏的政權。它使用不同的技巧去影響西藏人民接受其控制西藏的合法性。一種技巧是堅持讓西藏領導人成為中國的代言人。在薩迦地區，昆氏家族享有極大敬重，藏人信任他們，中國人因此迫使圓滿宮的達欽仁波切和度母宮的薩迦法王出席會議，告訴他們要對西藏人民說些什麼。西藏人認為這完全是中國官員的脅迫。

⑨③諾布（1974），第 107 頁。

於度母宮附近遇到了中國人。他們立即開始擊掌。中國人非常高興，因爲他們覺得藏人在歡迎他們，中國人便加入和藏人一起鼓掌。然而，中國人不知道的是，西藏人拍手是爲了驅敵。」⑭

儘管有這些打擾，達嫫聽列巴久從未忘記她的主要任務，也就是確保她的外甥與外甥女受到完善的佛法教育。傑尊姑秀經常重複第四十一任薩迦法王一九七五年在印度於他們心愛姨媽的葬禮上所說的話：「從學習字母開始，繼而由如佛親現之上師那裡領受如海深廣的法教，並得以成爲這些賢善人士中的一份子，都來自我已故姨媽的大恩大德。」⑮

一九五三年藏曆神聖的四月十二日，當巴仁波切在自己的房中圓寂。⑯ 他所屬俄爾寺康薩住持（霞仲）的繼任者爲阿旺羅卓丹津寧波（1929- 約 1956 年；圖 21）。⑰ 第四十一任薩迦法王強調說，尊貴的康薩霞仲是當巴仁波切的心子，他與剛圓寂上師的連結很深。在道果法灌頂的開始，都會念誦歷代傳承上師。第四十一任薩迦法王說：「當念到當巴仁波切的名字時，他必須一邊哽咽、一邊流淚地說出上師的名字，他哭了很久。」⑱

---

⑭ 同上。

⑮ 薩迦大寶金剛等（2003），第 31 頁。

⑯ 藏曆四月被稱為「薩嘎達瓦」，意思是：氐宿（薩嘎，二十八星宿之一）、月亮或月分（達瓦）。參見第六章注 19。

⑰ 阿旺羅卓丹津寧波（也稱為耶喜丹津）是喇嘛貢噶塔澤仁波切的一位哥哥。見喇嘛貢噶仁波切與卡納罕（1995），第 80 頁，舒古巴家族子女姓名表。

⑱ 二〇一八年十二月十三日，第四十一任薩迦法王的電子郵件。

圖 21、尊貴的康薩霞仲。

一九五三年下半

接受了道果法的主要傳承以及整套必修的附帶教法後，第四十一任薩迦法王和傑尊姑秀準備好進行喜金剛及其明妃無我佛母的必要長期閉關。閉關從一九五三年藏曆七月底開始，傑尊姑秀那時十五歲。他們在度母宮各自的修行房中進行閉關，兩人決定要同一天入關以及出關。閉關包括每日四座中，念誦和觀想喜金剛成就法，還要完成必要的喜金剛及無我佛母咒語持誦。

第四十一任薩迦法王表示，他們兩位的閉關指導上師，同時是薩迦北寺的維那（領誦師）貢噶澤旺，他非常嚴格，只允許他們倆的姨媽和兩名僕人進入關房。雖然第四十一任薩迦法王和傑尊姑秀不能見面，但他們可以透過僕人傳遞字條。因爲在閉關的前半程，貢噶澤旺病得很重，所以他們確實遇到了一些困難。第四十一任薩迦法王和傑尊姑秀的身體都很好，但他們的老師無法如其所望地指導他們。幸好在閉關圓滿結束時，他們的老師也終於完全康復。⑲爲了圓滿所有必要的修持，他們進行了爲期七個月的閉關，並於一九五四年藏曆二月完成。

一九五四年夏

一九五四年夏天，藏曆五月初，住持阿旺羅卓丹津寧波從俄爾寺來到薩迦，他授予薩迦法王和傑尊姑秀《成就法總集》（見第五章）。傳法是在度母宮花園裡的休閒室內進行的。薩迦法王回憶道：「這次傳法持續了三、四個月，是個非常愉快的時光。……以非常休閒的方式教學。」⑩傑尊姑秀記得當時有一些喇嘛在場，包括南寺的

---

⑲ 策丹（2008），第 34 頁。
⑩ 同上，第 35 頁。

住持堪蔣巴臧波。許多僧眾和三名居士也參加了傳法。印度古姆薩迦寺的住持堪布桑耶丹津（1904-1990）於傳記中表示，他也在度母宮領受了這些教法。⑩

一九五四年秋

一九五四年藏曆七月，第四十一任薩迦法王參加了為期一個月的普巴金剛大法會。他幾乎每天都參加法會，也參與金剛舞，而他那一年沒有主法。⑩

普巴金剛大法會結束後，傑尊姑秀和薩迦法王從阿羅仁波切那裡接受了瑪哈嘎拉的祕密教導。而多年前離開篇波那爛陀寺，跟隨度母宮家族旅行並修持「求子法」，隨後達嫞索南卓噶便懷胎且生下未來的薩迦法王的人，正是這位仁波切。薩迦法王回憶起阿羅仁波切，說：「他是一位了不起的上師，非常嚴格地持守戒律，從來都過午不食，不穿獸皮製成的衣服，也不穿有袖子的襯衫，不管天氣多冷，他的胳膊總是光著的……「儘管」薩迦是很冷的地方，但他的房間裡總是很暖和……所以我們可將水放在那裡。冬天時，我們根本不能在其他地方放水，如果將水裝在瓶子裡，幾分鐘內就會結冰並使瓶子破裂。⑩這意味著阿羅仁波切是能夠控制體外溫度的拙火大師。」

傳法一結束，他們立刻進行為期一個月的閉關，專修護法瑪哈

---

⑩ 雖然傳記中沒有提供具體日期，但應該是同一次。
⑩ 策丹（2008），第 35 頁。
⑩ 薩迦大寶金剛等（2003），第 32 頁。

嘎拉，以此鞏固對教法的修持與理解。之後薩迦法王又接受了一些教法，並在短暫的間隔後，開始爲期三個月的普巴金剛閉關。⑭

傳授道果法之第四位且最年輕的傑尊瑪

一九五五年冬，一大群僧人從康區（西藏東南部）來到薩迦拜訪，他們希望從正值十歲的年輕薩迦法王那裡領受道果法。然而他正在閉關，以作爲具格授予重要普巴金剛灌頂的預備法。深諳薩迦派歷史的達嫫聽列巴久知道，過去曾有傑尊瑪傳授道果法。她認爲傑尊姑秀最近剛完成大閉關，應該追隨姑婆怙主貝瑪聽列（第五章）的足跡，⑮ 因而敦促她的侄女向來自康區的僧人傳法。最後決定，她要傳授阿旺確札⑯傳承的俄爾寺道果法教法簡軌，連同附帶的灌頂和其他儀式。

傳法持續了三個月。傑尊姑秀是第四位授予道果法的女性，而且正值十八歲，成爲最年輕授予道果法的昆氏家族傑尊瑪。透過傳授這些富有盛譽的教法，她的地位不斷提升，在特殊場合受到更多排場和儀式的接待。最有意義的是，她的頭上有著高階薩迦傳承持有者所戴

⑭ 策丹（2008），第 35 頁。

⑮ 儘管諸位傑尊瑪接受過完整的道果法教學，也進行了所有修持，但似乎只有四名傑尊瑪傳授過道果法，也就是：傑尊瑪企美丹貝尼瑪（第三章）、圓滿宮的傑尊瑪丹真旺嫫（第四章）、度母宮的怙主貝瑪聽列（第五章）以及她的侄孫女傑尊姑秀企美祿頂（第八章與第九章）。

⑯ 關於阿旺確札的傳記，見 https://treasuryoflives.org/biographies/view/Ngawang-Chodrak/10548（1572-1641）。

的紅金色帽子。

當傑尊姑秀傳授道果法的時候，十歲的薩迦法王正在爲他第一次大灌頂——普巴金剛灌頂——進行所有必要的準備。當道果法傳授完成時，薩迦法王已然預備好要在一九五五年春天給予普巴金剛的灌頂。由於有一千多人想要領受灌頂，而在薩迦派傳統中，有的灌頂一次只能給予二十五人。因此薩迦法王進行了多天且多次的灌頂。傑尊姑秀和達嫫聽列巴久是第一批領受灌頂的人。

傑尊姑秀說，一九五五年春夏，她和弟弟從住在度母宮休閒室裡的阿羅仁波切那裡接受了祕密教法。傑尊姑秀強調：「只有我們兩人得到這些教法。仁波切是從篇波那爛陀喇嘛那裡得到教法，而篇波那爛陀喇嘛又是從我們的祖父那裡得到教法。其中的一些教法是關於大三紅尊、三金剛瑜伽母與薩迦兩大護法。其他的教法則有不同傳承的喜金剛、文殊閻摩敵、密集金剛、文殊師利、斷法以及醫學典籍《玉妥寧體》。」這些灌頂、釋論及教導都在度母宮傳授，持續了五個月。⑩⑦

一九五五年秋日之會見與法教

一九五五年秋，薩迦法王、傑尊姑秀和達嫫聽列巴久，以及眾多薩迦官員和僧人（總共約三十人）前往拉薩覲見達賴喇嘛。每一位薩迦法王在被認定爲薩迦法座持有者後，都會去拜訪達賴喇嘛。本次如

⑩⑦ 策丹（2008），第 36 頁。二〇一八年十二月十五日，第四十一任薩迦法王的電子郵件。

圖 22、年輕的第四十一任薩迦法王和堪蔣巴臧波在拉薩邦達昌家的佛殿，攝於一九五六年。

同一九五一年的參訪，以相同的方式開始旅程，一行人先騎馬從薩迦來到日喀則。不過，當他們到達日喀則時，班禪喇嘛允許他們使用一些中國卡車和一輛吉普車。這是傑尊姑秀和第四十一任薩迦法王第一次坐汽車，他們記得每個人都是既興奮又有點擔心，因爲他們不知道會發生什麼。行程十分順利，很快就到達了拉薩。這次他們住在屬於薩迦家族主要護持者的邦達昌府（圖 22），位於拉薩大昭寺附近最爲神聖之環狀路線八廓街的東南角。

朝聖者們終於到達拉薩，當他們看到尊者達賴喇嘛的冬宮布達拉宮時，整個人出了神。在《生命之旅》一書中，年輕的穹拉仁波切於幾個月前開始從康區察雅出發，長途騎馬到達了拉薩：

「在一個美麗的秋日午後，我們終於抵達拉薩所在的藏布大山谷。天空就像頂上的巨大綠松石華傘，當我們騎馬穿過寬闊的山谷時，我可以遠遠地望見平原中央有一座光芒四射的高山。東傑（仁波切的護衛）指著中央山頂上一座巨大建築物的輪廓，我也看見那萬丈光芒是因為陽光照耀在金色屋頂上。而那座建築就是布達拉宮，尊者達賴喇嘛的宮殿，也是西藏最大的建築。」⑽

尊者達賴喇嘛是大悲觀世音菩薩的化身，布達拉宮即是大悲觀世音菩薩淨土在人間的化現，也是偉大的世界奇觀之一。這座宏偉壯觀的建築讓人心生敬畏。第五世達賴喇嘛（1617-1682）指示他的攝政修建布達拉宮，工程從一六四五年開始，直到一六九四年才完成，偉大的第五世達賴喇嘛未能見到它的竣工。

中央部分漆成紅色，有十三層樓，每個側翼都塗成白色，有九層樓。此建築高出周圍山谷一千英尺，彷彿觸及了眾神居處。事實上，拉薩這個名字的意思是「眾神之地」。這座巨大建築的石牆有著坡度，上層平均厚度爲十英尺，底部平均厚度爲十六英尺。整個建築過程中沒有使用混凝土和起重機。

布達拉宮分爲兩個主要部分。頂層外牆塗成紅色，代表宗教領域，是達賴喇嘛的冬宮所在地；底層白牆，代表世俗領域的事務，爲西藏政府的辦公室。布達拉宮體現了達賴喇嘛政教合一的角色。近代

⑽ 穹拉仁波切（1996），第 43 頁，第 52-53 頁。

以前，無論是騎馬還是步行，行人來到拉薩，首先映入眼簾的就是這座巨大如山的宮殿。這座建築擁有一千多個房間，裡面安置著無數的佛殿和聖像。

由於第四十一任薩迦法王已被正式認證，所以家人獲准在布達拉宮與達賴喇嘛進行私人會見。登上布達拉宮的頂層既艱鉅又令人嘆爲觀止。騎馬可以從布達拉宮的後門到達一些較低的樓層。然後，沿著許多高高的石階步行上山，可以看到拉薩的部分地區和遠處最神聖的大昭寺金頂。雪山環繞著拉薩山谷。爬得越高，繞行布達拉宮朝聖路線的朝聖者就顯得越渺小。

終於，到了一座寬闊的庭院，不過此處只供歇腳喘氣。然後，人們開始登上一條狹窄、光線昏暗的木製樓梯，進入實際的建築。一進入聖域，四面八方彷彿是充滿房間的迷宮，其中有不少是聖殿。最高樓層保留爲達賴喇嘛的私人住所。可想而知，當薩迦家族的人走近布達拉宮，緩緩登上頂層，見到袞頓（尊前），⑽⑼ 他們心中肯定是充滿了喜悅、興奮和崇敬。

第四十一任薩迦法王請達賴喇嘛給予《道次第》的廣軌教導，⑾⑽ 但由於達賴喇嘛沒有太多時間，便提議傳授極簡軌的教導。於是他們

⑽⑼ 藏人用「袞頓」來稱呼達賴喇嘛。【譯註】意思為高貴、有求即來等。

⑾⑽ 「道次第」的意思是「邁向菩提的道次第」，關於菩提道次第有各種文本，但格魯派的創始人宗喀巴大師（1357-1419）寫下了最重要的相關著作之一。《菩提道次第廣論》翻譯委員會譯出了極佳的英譯本，由約書亞．科特勒（Joshua Cutler）與蓋伊．紐蘭（Guy Newland）編輯（2014），波士頓：雪獅出版社。

轉而請達賴喇嘛給予中軌的教導。達賴喇嘛同意並隨後在布達拉宮傳授。

若有團體請法，他們便是該法教的護持者，也是獻曼達的主要團體。⑪ 通常團體獻曼達並不會做論述，但那次年輕的薩迦法王在達賴喇嘛、來自尊勝寺的僧眾，以及包含高級官員甚至一些內閣成員在內的居士面前，詳細解釋了壇城的意義。每個人都被他的學識所折服，而他當時只有十一歲。

傳法持續了七天，與會者有薩迦法王、傑尊姑秀、達嫫聽列巴久、他們的表兄俄爾寺喇嘛貢噶塔澤仁波切，堪布嘉措、達賴喇嘛的胞弟洛桑桑丹（1933-1985）、來自印度拉達克的巴庫拉仁波切，⑫ 以及達賴喇嘛尊勝寺的僧眾（最年長的僧人是達賴喇嘛非常尊敬的一位年邁格西），還有一些服侍家族的僧眾和一些薩迦的貴族，總共有大約五十名參與者。⑬ 法教以護法吉祥天母（又稱巴登拉嫫或瑪佐瑪）⑭ 灌頂作爲結束，並伴隨著特別薈供（向護法的感恩供養）。傑尊姑秀

⑪ 藏傳佛教中，有不同種類的曼達，根據印度傳統宇宙論，此處的曼達象徵著整個宇宙。當一個行者請法時，必須表現出對接受珍貴事物的真誠感激。在獻上曼達時，便表述了宇宙和所有伴隨的象徵性美妙物質。施主和所有其他參與者應該以深思和美意觀想，真心將一切供養給上師，以期領受珍貴的教法。此外，在結行時會供養另一座曼達，以表達對獲得法教的感恩之情。

⑫ 巴庫拉仁波切（1917-2003）後來成為拉達克在印度德里的印度議會部長，一位印度籍駐蒙古大使。

⑬ 二〇一一年六月在紐約州沃爾頓採訪喇嘛貢噶。

⑭ 第四十一任薩迦法王解釋說，在梵文中吉祥天母的名稱只有一個（瑪哈嘎哩），但藏文中有兩個不同本尊，巴登拉嫫為四臂，瑪佐瑪（全名瑪佐嘉摩）為二臂。

記得那次薈供有烤青稞粉、紅糖和酥油，有一種「美妙的滋味」。⑮

一九五六年初於拉薩，在每年藏曆一月一日到十五日都會舉行的祈願大法會之後，第四十一任薩迦法王及隨行人員南下朝聖。他們拜訪了許多薩迦派的寺院，與各寺住持及僧人建立了良好的關係。但行程因故縮短了，這是因爲中國官員要求他參加一九五六年四月二十二日中國政府在拉薩成立的西藏自治區籌備委員會儀式。中國人越來越相信他們可以對西藏人命令要求。西藏人認爲自己是一個獨立的民族，而中國人正在入侵他們的國家。中國人對此有不同的看法，並堅持認爲他們是在幫助西藏人擺脫高壓和帝國主義。

爲了建立所謂的西藏自治區，中國政府成立了籌備委員會，還大張旗鼓地開起成立大會。大會激怒了藏人，因爲在中國政府堅持這是在解放西藏的同時，又逐步宣稱西藏一直都是中國的一部分。許多高階喇嘛和西藏官員都被迫參加成立大會。第四十一任薩迦法王記得，因爲自己還很年輕，且大會不准有任何侍從，這使他很不自在，幸好第十六世大寶法王帶著他穿過人群。

幸好黑暗中總有一線光明，因爲傑尊姑秀和第四十一任薩迦法王在拉薩，所以他們有個極佳的機遇。不分教派運動的核心人物、具有高度了證的上師蔣揚欽哲確吉羅卓（圖 23），就住在他們附近的桑珠頗章。幾十年前（見第七章），蔣揚欽哲曾經在桑耶寺遇見傑尊姑秀

⑮ 傑尊姑秀說「美妙的滋味」，暗示達賴喇嘛與護法瑪佐瑪有特別的聯繫，護法加持供品，轉化供品，給予供品美妙的滋味。

圖 23、尊貴的蔣揚欽哲確吉羅卓。

與薩迦法王的姑姑們。[116]第四十一任薩迦法王回憶道:「我當然已經聽說不少有關他的故事，因爲他很有名。但當我眞的見到他時，那是一次非比尋常的經驗。僅僅在他面前，我就生起了無比的虔敬。他是一位非常偉大的上師，很少有喇嘛能受到各個教派的尊敬。」[117]傑尊姑

⑯ 策丹（2008），第 59 頁。第四十一任薩迦法王說，「我很小的時候，姨媽讓一些僧人做鏡子占卜，他們在鏡中看見一位陌生的喇嘛，而我在這位喇嘛面前。這位喇嘛有大耳垂，人中很長。他臉上有條疤。我們不知道他是誰，後來才發現那就是欽哲仁波切。」

⑰ 二〇一八年十二月五日，尊者第四十一任薩迦法王的電子郵件。

秀則第一次見到欽哲仁波切年輕的佛母康卓慈玲雀諄（1929-2011），她被認爲是具有高度了證的行者兼空行母。⑱

蔣揚欽哲確吉羅卓正在祕密流亡錫金的途中。傑尊姑秀與薩迦法王請他給予完整的寧瑪派傳承龍欽寧體口傳，⑲蔣揚欽哲答應了。他被認爲是此傳承的主要持有者，並在邦達昌府用了十一多天的時間傳授整個法教。⑳大約有二百人領受法教。透過受法，傑尊姑秀與薩迦法王和蔣揚欽哲確吉羅卓建立了深厚的法脈連結。㉑

同年的後期，一九五六年秋，蔣揚欽哲確吉羅卓來到薩迦，在度母宮的大玻璃窗房向傑尊姑秀與薩迦法王傳授了「四不間斷法」，進一步強化了他們之間的連結。受法者約有一百人，其中包括達嫫聽列巴久。㉒

此外，蔣揚欽哲確吉羅卓看來也想要與傑尊姑秀建立更深的連結，因爲他向她要求口傳。傑尊姑秀回憶道：

⑱ 梵文 ḍākinī（藏文 khandro，「空行母」），參見第七章注 24。

⑲ 龍欽寧體被認為是大圓滿法的極密教法，只能向最高根器的弟子傳授，使其理解——更重要的是了悟——心的本質。偉大的寧瑪派上師頂果欽哲仁波切如此描述大圓滿法：「修持大圓滿法或阿底瑜伽，就是要證悟佛性，佛性一直存在於我們的本性中。此處，僅僅專注於涉及智力和概念的造作是不夠的；要認識本性，修行應該完全超越造作。修行只是為了證悟光明，即智慧的自然展現，它超越所有智識的概念。對於如是究竟自性的真實了悟，是最終之果。」https://www.rigpawiki.org/index.php?title=Dzogchen。

⑳ 二〇一八年十二月五日，第四十一任薩迦法王的電子郵件。

㉑ 前注已表明，第四十一任薩迦法王被認為是寧瑪派阿龐祖古的轉世。

㉒ 二〇一八年十二月十四日，第四十一任薩迦法王的電子郵件。四不斷法包括：喜金剛成就法；金剛瑜伽母成就法；畢瓦巴守護口訣；上師瑜伽。

「那時，欽哲仁波切在薩迦，住在家父的房間裡。姨媽指示我為欽哲仁波切奉茶，並好好服侍他。於是，我幾次都乖乖地進房給他倒茶。有一次，我拿著茶壺給仁波切斟茶的時候，他拿起正在閱讀的幾頁經文，要我口傳。那是一部簡短的長壽成就法。我答說自己不能給口傳，因為我沒有領受過適合的灌頂。欽哲仁波切則對我說，他確信我一定得到了傳承，因為我已經領受了完整的《成就法總集》。我無可選擇，只好依照他所說的為他口傳。在念口傳的時候，欽哲仁波切驀地結了曼達手印，向我獻曼達。」[123]

此外，傑尊姑秀與康卓慈玲雀諄的友誼，也因經常見面而加深。她們喜歡一起唱歌，像年輕女孩一樣互相嬉戲。她們一直是朋友，直到二〇一一年康卓慈玲雀諄去世。

一九五六年末，印度朝聖

一九五六年十一月，達賴喇嘛與班禪喇嘛（圖 24）應印度政府邀請，抵達印度，參加佛陀涅槃二千五百週年紀念大會。他們參觀了主要的佛陀聖地，例如佛陀成道的菩提伽耶，以及其他許多地方，包括總理尼赫魯在德里的家。

---

[123] 二〇二〇年八月十二日，傑尊姑秀的電子郵件。

圖 24、第十四世達賴喇嘛與第十世班禪喇嘛在錫金，攝於一九五六年。

中國政府對印度領導人施加了許多壓力。事實上，中華人民共和國總理周恩來突然出訪印度，堅持要印度官方不得為達賴喇嘛和班禪喇嘛提供庇護。儘管受到限制，達賴喇嘛和班禪喇嘛還是能夠參加一些紀念活動，也訪問了印度從南到北的許多地區。

第四十一任薩迦法王、傑尊姑秀、達嫫聽列巴久，以及他們的導師堪蔣巴臧波等隨行人員，在達賴喇嘛離開後不久前往印度朝聖。這次旅行的時間不長，只持續了大約兩個月。傑尊姑秀永遠都不會忘記他們第一次坐火車的經歷，她很喜歡，從車廂窗外可以看到許多新的風景、人物和動物。

他們和大多數朝聖的佛教徒一樣，參觀了與佛陀生平有關的四大遺址。第四十一任薩迦法王記得當時有點麻煩，因為團隊中沒有人會說印度語或英語。幸好他們在鹿野苑遇到來自拉達克並會說藏語的兩位朝聖者，分別是喇嘛洛桑和喇嘛圖多，兩人都在貝納瑞斯印度教大學讀書。薩迦法王爲他們做了占卜。昆氏一家還遇見一位名叫圖登炯內的格魯派僧人，他打算在鹿野苑建一座寺廟。當時那片土地上只有一間屋子，他請薩迦法王加持他與其他僧眾。薩迦法王便給予了加持。十二年後，即一九六八年，該寺成爲第四十一任薩迦法王第一次傳授道果教法的東道主。⑫④

下一個地方是菩提伽耶，佛陀在此處覺醒並了悟實相。西藏人稱此聖地爲金剛座，表示佛陀的心不再動搖，沒有任何人事物能打擾佛陀的禪修，直至他證得菩提。佛陀坐在那棵著名的菩提樹下，直到了悟眞諦。昆氏一家在佛陀成道的菩提樹下做了數千次的供養，並在那裡禪修。對所有的佛教徒來說，該處充滿了神聖和佛法的臨在。

幾十年後，傑尊姑秀於二〇〇二年和二〇〇四年，帶著一些弟子前往菩提伽耶朝聖（圖 25）。琳達．勞倫斯記得，他們經過漫長而疲憊的車程，到達時天色已暗。琳達以爲他們會在第二天參拜聖地，但是在大家入住房間後，傑尊姑秀宣布他們要立即去參觀摩訶菩提寺。琳達回憶說：「那是一個寂靜、黑暗的夜晚，天空非常晴朗。我們在寺廟門口脫鞋後就進去了。感覺眞是超凡又脫俗。我聽到卡洛琳．斯萬說：『天堂肯定就是這個樣子！』」⑫⑤

---

⑫④ 二〇一八年十二月十三日，第四十一任薩迦法王的電子郵件。

⑫⑤ 二〇一八年十二月二十八日，琳達．勞倫斯（Linda Lawrence）的電子郵件。

圖 25、尊貴的傑尊姑秀在印度菩提伽耶摩訶菩提寺向度母祈願，攝於二〇〇二年。

薩迦一行人又繼續前往靈鷲山的王舍城，佛陀曾在此傳授《般若經》。他們也參觀附近的那爛陀大學，這所著名的大學培養了許多佛教學者，其中包括高度了證的偉大那爛陀住持畢瓦巴尊者，他以法護一名廣爲人知，後來傳授的珍貴道果法教導則被帶入了西藏薩迦。第四個、也是最後一個朝聖地點是佛陀涅槃的拘尸那羅。每到一處聖地，昆氏一家都會舉行法事，念誦祈願，進行廣詳的供養。

第四十一任薩迦法王記得，他們在每一處聖地都會念誦〈十六羅漢禮供文〉，因爲咸信如此將可生起很多福德，並增進對佛法的了悟。傑尊姑秀對朝聖之旅記憶猶新，當我問她可曾遇到什麼困難時，她以超然的態度回答：「我的心是平等的，能影響我的事情不多。不過我記得在叢林裡很難找到可以洗澡的地方，而且我擔心蛇。」

也是在印度的時候，傑尊姑秀萌生了要到西方學校學習英語的念頭。她的導師感到震驚並駁回了這個想法，因爲她必須專心修持佛法，而不是學習外語等無聊的追求。

在回西藏之前，他們像許多藏人一樣，停下來參觀了英屬印度的前首都加爾各答。那裡到處都是印度人、中國人以及白皮膚和淡色眼珠的外國人。許多西藏人來加爾各答之前從未見過歐洲人。城裡有高樓大廈、鐵橋、機動車輛、輪船，還有堆滿貨物的商店。事實上，這裡就是採購各種印度貨物的好地方，從金錶、收音機、絲綢、錦緞，到手電筒、紅茶、糖、果乾、堅果、棉布。許多商品很可能是爲即將到來的年輕第四十一任薩迦法王陞座典禮做準備。達嫫聽列巴久肯定爲這些採購和訂單忙翻了。

昆氏一家住在百老匯酒店，這座酒店成立於一九三七年，至今仍在營業。傑尊姑秀記得當她在弟弟的房間時，她被告知大寶法王噶瑪巴（1924-1981）要來見她弟弟了。她在噶瑪巴到來之前匆忙離開，卻在離開房間時正好撞上了噶瑪巴。尷尬之餘，她低著頭退了下去，以示對如此崇高喇嘛的敬意。

錫金的王太后在加爾各答接見了昆氏一家，還帶著傑尊姑秀、第四十一任薩迦法王和他們的導師堪蔣巴臧波去看電影。薩迦法王笑道：「那是一部西方電影，裡面有好多跳舞和接吻的鏡頭，我們的導師堪欽蔣巴臧波大爲震驚，發誓再也不看電影了。另一天是去看馬戲團，我們的導師則非常喜歡。大多數時候我們都在購物。我們還去了印度教的寺廟——迦梨女神廟，人潮洶湧，很難進得去。」[126]

一家人從加爾各答前往錫金的甘托克探親訪友，並慶祝新年。薩迦法王回憶說，家人和他們的導師向當時住在甘托克的蔣揚欽哲確吉羅卓拜年並獻上哈達。慶祝完新年後，他們回到了薩迦，開始爲薩迦法王陞座典禮進行大量的準備工作。

一九五七年，傑尊姑秀在自己的拉章小住

如前所提，每一位傑尊瑪都會有自己的住所或拉章。分配居所的時候，傑尊姑秀獲得的是位於薩迦北寺建築群的札西拉章。另外，她父親還給了她阿澤拉章，那裡有更大的土地，而且離度母宮很近。一九三八年到一九六一年居住在薩迦的喇嘛格西圖切旺楚如此描述阿澤拉章：一半爲三層樓高，另一半爲兩層樓高；底層爲私人的護法殿以及侍者居住的房間，上面兩層是爲昆氏家族保留的。其中還有一個宜人的院子，裡面種著高大的樹。[127]

達嫫聽列巴久建議傑尊姑秀住在札西拉章，可是傑尊姑秀不想。札西拉章的環境並不那麼令人心曠神怡，因爲它位於城裡，而且就在薩迦政治宗教事務處理中心喜拓拉章的西側下方。一樓是護法殿，很受來訪朝聖者的歡迎。傑尊姑秀覺得那裡太過繁華，周圍居住的人也太多，而且看起來就是一棟普通的房子。她一再表示自己想要住在阿

---

⑫⑥ 二〇一八年十二月十三日，第四十一任薩迦法王的電子郵件。

⑫⑦ 二〇一六年十一月二日，在傑夫．舍寧的幫助下，於西雅圖採訪了格西圖傑旺楚。

澤拉章的意願，但姨媽需要有更多的理由來說服。傑尊姑秀就說阿澤拉章看起來像薩迦的其他宗教建築，它被塗成灰色，並具有薩迦特色的紅、白、藍豎條紋。

最後她的姨媽心軟了，但又補充說：「既然只有你一位尼師，就不需要阿澤全部的土地作爲你的收入。你可以住在阿澤拉章，但要將土地和札西拉章交換。」傑尊姑秀同意了。她想留在阿澤拉章，因爲那裡獨立、安靜，而且毗鄰弟弟居住的度母宮。傑尊姑秀傷感地回憶道：「不幸的是，不到兩年，我們就失去了西藏；所以我從來沒有機會住在那裡，只有一九五七年和一九五八年曾經短暫停留過。」⑫⑧

一九五八年至一九五九年：第四十一任薩迦法王陞座典禮

薩迦法王的陞座是一件耗時且花費高昂的事。在丈夫去世後，達嫫聽列巴久便是家中的關鍵人物，掌管著一切。由於薩迦有著自己的地方政府和行政辦公室，許多薩迦官員會幫她安排一切，並邀請重要客人。負責的管理人員必須收集種種儀式所需的費用與物品，其中許多儀式會在離薩迦遙遠的地方舉行。要完成所有的這些任務，需要兩年的時間走遍西藏各地。

⑫⑧ 蔣揚圖登臧波是傑尊姑秀祖父的弟弟，建造了阿澤拉章。他最初建造它作為自身住所，但後來成為傑尊瑪的拉章。普遍相信，他轉世為圓滿宮的次子聽列仁波切（1934–97）。這個拉章也被稱為長版的那拉澤或卓登拉章。（那拉澤是貢塘的一座重要廟堂，薩千在那裡遇見了馬譯師。）

在決定陞座典禮的確切日期時，提議者之間出現了一些不同的意見。一九五八年初，有些管理人員堅持必須在兩年內完成所有事情，但第四十一任薩迦法王覺得有必要盡快舉行儀式。西藏的一切都在變化。中國軍隊和官員在西藏的許多地區都不斷施加壓力。

爲了使意見一致，在郭絨神殿內，於薩迦四寶（見第二章）之一、著名的瑪哈嘎拉面具前進行了占卜。傑尊姑秀說：「每當昆氏家族或薩迦政府要做出重要決定時，他們都會到郭絨神殿，在面具前提問。面具不屬於常態展示的物品，所以大眾看不到。它是爲特殊情況保留的。」

占卜表明要加快準備工作。許多法會在薩迦的護法殿舉行，以免障礙生起。總共製作了數千顆包含特殊草藥和其他珍貴物質，並由尊貴喇嘛們加持的甘露丸。由於藏人希求這些甘露丸，許多甘露丸會送給參加陞座典禮的嘉賓。

陞座前最後要完成的儀式之一是廣軌普巴金剛大法會，每年都是在藏曆十二月二十三日到三十日舉行。一九五九年初，即將陞座的四十一任薩迦法王主持了普巴金剛大法會。該法會被認爲是一種強大的淨化儀式，能「清淨」一年中累積的一切罪障。透過法會，人們可以重新開始新的一年。

每天，薩迦都擠滿了來自西藏各地的人，前來參加這樁喜慶吉祥的盛事。人們搭起了帳篷，大多數家庭都擠滿了親朋好友。朝聖者蜂擁而至薩迦大寺，渴望一睹它的宏偉壯觀，包括過去佛、未來佛、文殊菩薩、觀世音菩薩、度母、金剛瑜伽母等受到加持的巨大佛像，昆氏先祖的佛塔、巨大的柱子，當然還有蒙古忽必烈賜予國師八思巴（見第二章）的著名法螺。對許多人來說，這是他們第一次、也是唯一一次來到薩迦。在當時看來，人們似乎無論如何都不會想到，這是薩迦的最後一次陞座典禮，而此儀式已經在那裡舉行了八百年。

在爲期三天的新年慶祝活動之後，陞座儀式始於七天的廣詳法會，爲的是向昆氏家族最重要的護法神之一寶帳瑪哈嘎拉致敬。寶帳瑪哈嘎拉是所有薩迦派寺院的護法。在薩迦，大寺的頂層就有其中一座寶帳瑪哈嘎拉神殿，不過最重要的佛龕乃是位於薩迦北寺區的郭絨護法神殿。因此，法會便在這些佛堂和其他佛堂中進行。這種特殊的儀式能遣除對陞座儀式的潛在障礙或干擾。

薩迦北寺一帶熱鬧非凡，人人既興奮又期待。眞正的陞座儀式是在喜拓拉章舉行的。西藏各地的官員前來參加，且依照官階就座。其中有薩迦政府的最高政府官員夏佩、超過六十位的四品貴族官員[129]、各寺的住持、來自俄爾寺和察巴寺的學者，以及各貴族家庭的成員。所有人都按著身分與地位而身著絲綢或錦緞。達賴喇嘛和班禪喇嘛的代表，甚至連一些中國官員也出席了陞座典禮。

第四十一任薩迦法王回憶道：「當時我在侍從的陪同下，進入寺院。我登上八思巴的政治法座，它被置於薩迦班智達的法座之上。」薩迦班智達的法座由生磚製成，像一座又長又寬的平台。[130]在這個磚

[129] 西藏政府有七品官階。達賴喇嘛是一品；二至四品是高層官員。

[130] 薩班的法座有三個名稱：大法座，三轉法輪法座，以及降伏智者傲慢法座。察速聽列仁千（1974），第 1 冊，第 99 頁。日誌條目描述了法座，也記述了察速聽列仁千的父親貢噶仁千於一八八三年就職第三十七任薩迦法王的陞座典禮。

台上有個古老的木製寶座，上面裝飾著金線，稱爲白蓮花寶座。這兩個寶座的放置，表明宗教影響了薩迦法王的政治面向。薩迦法王繼續說道：「我在登上法座後不久，便教授了薩迦班智達的著名作品《牟尼密意顯明論》。此文總述了大乘的顯宗之道。」

圖 26、尊貴的企旺祖古在印度拉賈普爾的薩迦中心。

圖 27、達媄聽列巴久頭戴傳統後藏髮飾，攝於一九五九年。旁邊插入的照片是她的兄弟札西巴惹，攝於印度。

一位名叫企旺祖古（圖 26）⑬¹的年輕祖古也到了薩迦參加陞座儀式。這是他第一次來薩迦。他記得達媄聽列巴久穿著一件美麗的綢緞裙袍，十分得體。她戴著藏族女性特有的巨大精緻頭飾，一對精美的耳環，以及一條綴滿珍珠、珊瑚、綠松石的項鍊（圖 27），⑬²兩側各

⑬¹ 企旺（策旺）祖古被認為是金剛瑜伽母法的成就者。

⑬² 關於頭飾及珠寶的詳細描述，見第七章注 38。

有一名侍從，看起來非常高興。陞座儀式結束後，達嫫聽列巴久邀請企旺祖古去她的私人會客室，企旺祖古一進門就向她行大禮拜，表示敬意。達嫫請他坐下，他們一邊聊著儀式及一些其他話題，一邊有人爲他提供茶點。

後來在流亡期間，企旺祖古於拉賈普爾擔任薩迦中心主任時，與昆氏家族變得相當熟識，度母宮家族曾於一九七〇年代初期住在那裡。在他的印象中：「達嫫是很好的人。她辦了種種法會，晚上睡得很少。她喜歡講薩迦南、北寺的故事，尤其愛說薩迦法王根本上師當巴仁波切與喇嘛阿旺羅卓仁波切（即阿羅仁波切）的故事，他們的修法促成了尊者的降生。她還讚揚了在她丈夫去世後給予她極大幫助的堪蔣巴臧波。」

陞座儀式最後以一場大遊行作爲結束。隨後是爲期七天的藏式戲劇，以慶祝這場重大盛會。等到所有慶典都結束後，人們便在護法殿中進行特別供養，向這些佛教護法致謝。正當他們供養瑪哈嘎拉時，卻傳來不幸的消息——拉薩淪陷了。

9

跨文化：傑尊姑秀在印度及西方

達娣聽列巴久（見第七章）被認爲是一位兼具智慧與勇氣的女性。她對侄子和侄女說：「我們必須聽新聞。如果聽到嘉瓦仁波切①（第十四世達賴喇嘛）出走印度的消息，我們就不能繼續待在這裡，而必須去印度。如果聽到尊者達賴喇嘛被帶去中國，我們就必須留在這裡。離開是沒有用的（暗示其他國家不會承認西藏人的困境）。」

傑尊姑秀從收音機得知來自印度的一切消息。在德里，全印廣播電臺雇用一名藏人洛桑拉倫巴做播音員，他曾擔任達娣聽列巴久兄長噶倫本修的私人祕書。藏人信任洛桑，覺得他會說實話，不像中國的新聞廣播大多是在宣傳。一天，傑尊姑秀聽到洛桑拉倫巴宣告達賴喇嘛已經前往南方，但不清楚他具體在何處。大多數人都希望他是去藏南，就像他在一九五〇年那樣。② 此外，在藏南，勇敢的康巴人正在保衛自己的地區，這些康巴人願意爲達賴喇嘛獻出生命，因爲對他們來說，沒有人比他們心愛的袞頓（尊前）更爲珍貴。

一九五九年，誰都不確定達賴喇嘛會回到拉薩還是流亡印度。藏人都在等待他已從留下或逃走當中做出明確決定的跡象。第四十一任薩迦法王正在收聽北京廣播電台，其中沒有任何關於達賴喇嘛的消息。全家人都覺得這是個好現象，如果中國政府逮住了達賴喇嘛，一定會大肆宣揚他的被捕。幸好，北京的電臺無聲無息。

---

① 嘉瓦仁波切並非達賴喇嘛專用的稱號，不過此處指的是達賴喇嘛。

② 一九五〇年，年輕的第十四世達賴喇嘛和主要內閣成員曾祕密離開拉薩，去了藏南的卓木。當時藏人擔心中國可能入侵，因此決定來到靠近錫金邊境的地帶，以備逃亡印度。他們在第二年返回拉薩。

聽了洛桑拉倫巴的廣播後，達嫫聽列巴久決定最好準備逃亡印度。她開始爲此難以置信的旅程做準備——而這是一趟流亡，迫使這個家庭離開祖居，拋棄親友和僕從，並留下一千多年來由本尊和傳承上師們加持過的寶貴財產。他們的大部分物質財產都變得毫無用處，甚至成爲一種負擔。達嫫聽列巴久派了一些值得信賴的僕人，將珠寶和中國銀幣（大洋）等家庭貴重物品，交給他們主要的功德主之一，也就是在印度卡林邦擁有府邸的邦達昌家。這即是所有可以送出的東西，相較於留在薩迦的浩瀚寶藏相比，這簡直是小巫見大巫。然而保全自身才是最重要的，尤其是年輕的薩迦法王，他可是薩迦派的領袖，絕不能有半點閃失。

他們從德里廣播電台裡再次聽到消息，洛桑拉倫巴宣佈第十四世達賴喇嘛已經到達印度邦迪拉。傑尊姑秀重述她姨媽當時的話：「若是聽到尊者達賴喇嘛到了印度，我們就必須前往印度。」他們悄悄地準備出發，並向薩迦的人們宣布，第四十一任薩迦法王將前往庫札寺幾日，爲護法瑪哈嘎拉舉行一些法會。庫札寺離薩迦有幾小時的路程。

全家人商定再等幾天，然後告訴大家他們要去泡溫泉。由於溫泉靠近瑪哈嘎拉廟，第四十一任薩迦法王可以在附近與他們會合。家人一致認爲同行的人數必須要少，以免引起注意。他們挑選了一位熟知西藏到錫金路線的商人，作爲值得信賴的嚮導。這群人包括第四十一任薩迦法王、傑尊姑秀、達嫫聽列巴久和她的姨孫女臧嫫（見附錄A），以及一些僕從，總共只有十五人。爲了掩人耳目，傑尊姑秀將自己僞裝成男人，並且爲了更有說服力，她在兩側腰上各攜帶了一把雪亮的手槍，其中一把手槍還上了膛。幸好傑尊姑秀在這次危險的逃亡中，最終並沒有使用它。

家人請度母宮總管同行，他卻表示要留在薩迦守護度母宮。對他而言，薩迦千年的創造和建立竟會有結束的一天，實在令人不敢相信。總管和眾多僕人會竭盡全力保護度母宮。

幾年後，達嫫聽列巴久的侍女兼姨孫女阿嘉卓噶（見附錄 A）冒著生命危險，勇敢地打破中共對度母宮的封鎖，取回了一些法會所需的重要法器。沒有人要求她這麼做，但她覺得自己一定要將這些法器帶給她最珍愛的薩迦法王。她在經歷監禁且孩子死於獄中等多年來難以忍受的痛苦之後，最終逃到了印度。當阿嘉卓噶在印度與薩迦一家重逢時，她激動萬分而流下了喜悅和寬慰的淚水。阿嘉卓噶表示：「感覺就像在夢中。」她在印度侍奉姨祖母達嫫聽列巴久，直到達嫫離世，至今她繼續爲其餘的薩迦家人服務，歷經三代。

逃亡印度

一些經常在印度做生意的家族商人，知道前往錫金的不同路線。他們決定先到錫金北部的拉欽，那裡有個很大的錫金軍營。一家人騎馬只花了三天時間，就到達錫金邊境。雖然三天的路途對藏人來說是很短的行程，然而這是一趟單程旅行，想要返回他們珍愛的薩迦可說希望渺茫。他們在拉千逗留了一個月，爲安全到達而鬆了一口氣，進而評估他們的選擇。接著遷居到錫金的首府甘托克。錫金王后來自拉格夏家族，而傑尊姑秀與薩迦法王的祖母達孋企美貢噶卓瑪也是拉格夏家族的人，因此受到了皇室的歡迎。後來，當達嫫聽列巴久與薩迦中心的主任企旺祖古談起往事，她說：「我沒法從西藏拿走什麼有價值的東西，不過我帶來了至爲貴重的珍寶（第四十一任薩迦法王）。這是最重要的。」

不用說，昆氏家族非常關心所有無法逃脫的藏人。許多家庭成員、寺院住持以及政府官員都被中共拿來「遊街示眾」，中共強迫薩迦的人們譴責藏人爲叛國賊、反動派。當薩迦昆氏家族的人被抓著頭髮在街上走時，藏人被告知要嘲笑他們、向他們吐口水和踢他們，以示羞辱。可想而知，大部分的藏民光是想到要對自己的上師及平日諮詢的顧問做出這種行爲，就已經感到震驚。

爲薩迦家族及人民舉行法事的北寺年輕僧人竹清嘉措被關進監獄。他記得自己的寺院有十六名僧人被捕入獄。一個月後，他們獲得釋放，因爲他們並非重要人士。竹清嘉措和另外四名僧人在獄中決定，如果他們獲釋，將設法越過邊境。他們還聽說中國人準備對南寺住持堪蔣巴臧波進行批鬥大會（批鬥大會上，人們必須批判並毆打受到批鬥的對象）。「我們這些僧人想，『他是那麼傑出的僧人，我們無論如何都不能去參加他的批鬥大會。』所以我們決定逃跑。」③所幸他們抵達了印度。就在一、兩年之內，包括堪蔣巴臧波等在內的許

③出自美國之音藏人專題節目《重建一九五〇》，包括一系列對藏人的訪談。此段話來自一九五〇年代時住在薩迦的竹清嘉措。

多藏人都死於監禁和酷刑。這是許多流亡藏人感到痛苦甚至內疚的根源，因爲他們無力幫助自己的同胞。

昆氏一家在錫金的日子苦樂參半。他們不僅是難民，而且他們最尊敬的上師之一蔣揚欽哲確吉羅卓仁波切也已病危。他們到甘托克的一週內便聽到這個不幸的消息。薩迦法王、傑尊姑秀和其他尊貴的喇嘛一起，不停地念誦祈願，④舉行法事和修法，以延長他的生命。蔣揚欽哲仁波切於一九五九年六月十二日（藏曆五月六日）辭世。他的一名親近弟子多竹千仁波切（生於 1927 年）在聽到這個噩耗後，寫下了一首淒美的詩，這首感人的詩在多方面反映了藏人失去家園的感受：

「眼前世間變化如戲法，
顯相猶如泡沫不可依，
寺院、摯愛法友與親戚——
一切唯有成為追憶矣。」⑤

第三世德松仁波切、圓滿宮的吉札達欽仁波切，以及俄爾寺塔澤住持索南嘉措（1930-1988，後來又名弘・祖南洋，是喇嘛貢噶仁波切的哥哥）從印度卡林邦趕來參加葬禮，表達他們對敬愛老師的虔

---

④ 除了蔣揚欽哲確吉羅卓仁波切的佛母康卓慈玲雀諄，傑尊姑秀可能是在場的唯一女性，念誦祈願並參加了仁波切的葬禮儀式。

⑤ https://www.shentongkalacakra.com/2020/01/05/part-ii-on-the-sikkimese-trail-of-jamyang-khyentse-chokyi-lodro-the-golden-stupa-of-tashi-ding-and-the-doorway-to-shambhala/。

敬。德松仁波切的傳記中記載，他幾年前在西藏，從蔣揚欽哲確吉羅卓仁波切那裡得到了珍貴的教法，而他爲了答謝，想要獻上更多的供養給上師。因此，蔣揚欽哲仁波切曾爲了給佛像鍍金而向他要了一些黃金。

在接下來的幾年裡，德松仁波切積攢了三十盎司的金子，這對身爲難民的他而言，是一筆可觀的數目。其他人可能會用它作爲自己的食物和住所，但德松仁波切立即將它用來參贊蔣揚欽哲仁波切的舍利塔。德松仁波切對陪同他流亡的妹妹阿尼企美卓瑪說：「這點金子不夠我們花上幾個月。無論如何，我們可能不會挨餓……不如獻給喇嘛。」⑥

如前所述，蔣揚欽哲仁波切有一位年輕的佛母康卓慈玲雀諄（1929-2011），她被認爲是空行母。她向來都陪伴在仁波切身邊，直到他圓寂，並參與了葬禮。在這悲痛的時刻，她與傑尊姑秀重逢；她們是一輩子的朋友。後來，當供奉仁波切法體的佛塔在錫金王宮附近建造時，康卓慈玲雀諄每天都來祈願、繞塔，並進行其他表示虔敬的佛事。

如今，身爲難民，達嫫聽列巴久正試著爲全家決定安身之處。一些親戚建議全家在甘托克定居。達嫫聽列巴久認爲第四十一任薩迦法王應該接受教育，並考慮一所私立學校。然而，當達嫫聽列巴久得知法王必須剃髮並摘下耳環時，就改變主意了：「不行，這違背了傳

⑥ 傑克森（2003），第 240 頁。

統。」對她來說這簡直是一種褻瀆，因爲薩迦法王都戴著獨特的綠松石耳環，並留著長髮。⑦

幾個月後，全家決定離開錫金，前往印度卡林邦。許多藏族商人在卡林邦都有住宅，因爲它是西藏貨物運往印度加爾各答等地、甚至遠達歐洲之前，進行分類揀擇的第一座印度城鎮。正如曾經參訪卡林邦的作曲家菲力浦・格拉斯所說，在二十世紀六〇年代中期：「的確，每個對西藏有興趣的人都會經過卡林邦。」⑧昆氏一家就住在邦達昌的一棟居所裡。⑨

聯合國在卡林邦爲西藏難民提供食品，各個藏人團體也互相幫助。由於那裡的環境較好，許多藏人都決定留下來。康巴捍衛戰士的主力四水六崗迎接流亡藏人，他們請求第四十一任薩迦法王爲死難者祈福。年紀尚輕的薩迦法王在聽到所有死者的名字時，哭了起來。達嫫聽列巴久責備他，說他不該哭泣。⑩

全家人決定他們必須幫助在西藏境內和流亡中的藏人同胞。作爲一個偉大的宗教家族，他們可以透過朝聖來提供最有效的幫助（圖28）。第四十一任薩迦法王說：

---

⑦ 這段資訊由錫金榮傑俄爾修道中心的前任住持丹津達瓦提供。於二〇〇九年四月十七日和二十二日在俄爾修道中心的採訪。

⑧ 菲力浦・格拉斯（Phillip Glass）著（2015）《無音之語》，第174頁，紐約：里芙萊特出版社。

⑨ 由於邦達昌家族壟斷了西藏與印度之間的羊毛貿易，因此家族非常富裕。他們是薩迦家族的重要護持者。

⑩ 於二〇〇九年四月十七日和二十二日，在錫金採訪丹津達瓦。

圖 28、度母宮家族與隨行人員在印度鹿野苑，攝於一九六〇年。坐在椅子上的第四十一任薩迦法王，身旁站著的人便是傑尊姑秀。

前往佛陀的聖地是非常重要的。佛陀親口說過：「在我入於般涅槃後，善男子、善女人皆應朝拜四處。」這四個地方，指的是出生地藍毗尼、成道地菩提伽耶、初轉法輪地鹿野苑，以及涅槃地拘尸那揭羅。⑪

於是一家人在冬天去朝聖，舉行了很多法會，念誦了很多祈願，爲所有藏人積聚福德，並爲死去的藏人超度。家人及隨行人員從大吉嶺開始這次的朝聖之旅。他們去了菩提伽耶、鹿野苑、拘尸那揭羅、藍毗尼和加德滿都。第四十一任薩迦法王清楚地記得：

⑪《法音》（2013），第 11 期，第 7 頁

在前往加德滿都的途中，經過一處很高的山隘，租來的巴士在山頂拋錨了，司機得到加德滿都買一些零件。他們等了很久司機才回來。又等了很久，他才修好公車。等他們到達加德滿都時已經是半夜，店都關了。於是司機邀請他們到他家過夜。那是一棟老式的房子，木製的門窗雕工精巧。第二天他們去了斯瓦揚布和博達那。在尼泊爾的日子十分方便，因為很多人會說藏語。他們的（印地語）翻譯是一位已婚的錫金僧人，他幾乎不需要食物或飲料，但會隨身攜帶他的檳榔盒。⑫

朝聖結束後，第四十一任薩迦法王住在卡林邦的札巴寺，由精通佛學因明的堪布仁千教授他義理及其他學科。他研讀的論典之一是寂天菩薩所著的《入菩薩行論》。這部七世紀的著作是第十四世達賴喇嘛最愛的論典之一，他最喜歡的一段偈頌是：

「乃至有虛空，
以及眾生住。
願吾住世間，
盡除眾生苦。」

此乃菩薩的究竟大願，他們自願一次又一次地回到世間，幫助眾

⑫ 第四十一任薩迦法王二〇一八年十二月九日電子郵件。

生離苦。

當第四十一任薩迦法王正透過學習和訓練以便成爲一名偉大的宗教領袖時，傑尊姑秀的地位和前途則不明朗。所有藏人的日子都不好過。作爲印度的難民，許多人現在都必須習得新的技能——或者找到新方法來應用他們已經擁有的技能。這對於身爲尼師的傑尊姑秀來說，尤其困難。在印度文化中，只有寡婦才剃光頭，而且會讓人聯想到不吉祥，因爲她們的丈夫比她們早逝。此外，在印度，穿著僧服的女性並不容易被接受，印度教和伊斯蘭教等印度的主流宗教，主要將女性視爲母親和妻子。

傑尊姑秀回憶說，由於薙髮和僧服，她成了嘲笑和蔑視的對象。她向尊者達賴喇嘛和自己的兄弟尋求協助，而他們建議她褪下僧服。但傑尊姑秀總是堅定地說：「雖然我捨棄了尼師的外貌，但我的內在永遠是一名尼師。」

他們從卡林邦搬到大吉嶺，住進邦達昌家族的另一個住所。他們住在二樓，不用付租金，但要承擔水電費用。邦達昌家之家主洛桑楊佩一位較年長的妻子，很快與達嫫聽列巴久成爲朋友，而他新婚的年輕妻子則成爲傑尊姑秀的朋友。傑尊姑秀說：「我試著在那學習英文，不過我很害羞，所以沒有說到多少英語。」

在大吉嶺，傑尊姑秀留著瀏海與短髮，穿著傳統藏族婦女的服裝（圖 29）。有些僧人會認出她來，並向她行大禮拜，她則感到煩亂。她左右爲難，儘管身爲傑尊瑪，也習慣接受諸如大禮拜的致敬，但她覺得自己穿著並不得體，所以不適合接受這樣的恭敬。相較於弟弟在

圖 29、尊貴的傑尊姑秀、達嫫聽列巴久和阿尼弗雷達貝迪。一九六〇年代中期攝於印度。

西藏以外的身分地位保持不變，她卻再也不清楚自己是誰，以及社會對她有何期望。

傑尊姑秀表示自己在印度生活時，像個十足的野丫頭，有些藏人記得傑尊姑秀因為想穿得更現代以及去看電影，而有了行為狂放的名聲。她喜歡電影，事實上，她說自己是透過看電影學會印度語的。但這可不是昆氏家族傑尊瑪應有的舉止。

她的姨媽達嫫聽列巴久責罵她，說：「妳在西藏表現得那麼好，還教授佛法，但在這裡卻沒這麼做。」她認為傑尊姑秀做錯事了，因而哭泣起來。但傑尊姑秀仍繼續在學習佛法，她研讀了俄欽貢卻倫朱的《三現分》，⑬ 而這部典籍闡述了有情眾生所經歷的三種狀態：

---

⑬ 參見俄欽貢卻倫朱著（1991）《三現分：藏傳佛教薩迦派的根本教法》，洛桑札巴與傑．古德伯格譯，紐約伊薩卡：雪獅出版社。另參見德松仁波切（1995），對此典籍的釋論。

「首先是痛苦和迷亂，因爲眾生缺乏對眞實實相的認知。第二種是已擁有去除自他痛苦的正確法門。第三種是究竟的狀態，即對眞實實相具有實際的體驗和認知。」她還學習了薩迦班智達的《三律儀論》。⑭作爲難民，昆氏家族必然要經歷「無家可歸」與適應印度新環境的諸多困境。這是藏人的艱難時刻，度母宮家族也不例外。

藏人們被鼓勵去學習英語。一九六〇年，昆氏家族圓滿宮的一些成員受邀去西雅圖，包括吉札達欽薩迦、達嫫蔣揚薩迦、第三世德松仁波切和其他幾個家庭成員，他們以西藏研究學者的身分受邀去華盛頓大學。全家人一致認爲，無論他們留在印度還是搬到西方，英語都是有用的。

傑尊姑秀說，當他們位於大吉嶺時，「我在家裡讓一位新教傳教士的隨從教我英語，他叫約翰先生。他一半是尼泊爾人，一半是不丹人。薩迦法王和我有一年的時間每週日都前往教堂，因爲這會讓傳教士很開心。教堂實際上是在某個人的家裡，我們唱歌，也讀《聖經》。大多數會眾都是當地迪巴里人。」傑尊姑秀以就事論事的方式解釋了這一點，似乎並沒有受到傳教士的影響。她繼續說道：「有人以爲我是在這座教堂遇到我未來的丈夫謝伊姑秀，但事情並非如此。謝伊姑秀是第四十一任薩迦法王的弟子。」⑮

達嫫聽列巴久聽說有一項護士培訓計畫，她覺得傑尊姑秀應該去

---

⑭ 參見薩迦班智達貢噶嘉贊著（2001）《三律儀論：小乘、大乘與金剛乘之區別》，傑瑞德 D. 羅頓譯，阿爾巴尼：紐約州立大學出版社。

⑮ 二〇一三年採訪傑尊姑秀。

學習成爲一名護士，以便爲西藏政府服務。一九六二年，傑尊姑秀來到喜馬拉雅山麓省分喜馬偕爾郡的首府西姆拉，在藏族托兒所裡照顧孩子們。她沒有眞正接受過護士培訓，只是有人花了十五分鐘教她如何測量小孩的體溫。她的工作基本上就是換尿布、整理床鋪和供應餐食。她和另外一名婦女一起照顧三十六個孩子。回想起那些日子，傑尊姑秀難過地搖搖頭說：「環境不衛生，我的健康狀況惡化。」九個月後，她得了「迪巴」，那是一種因爲接觸病人或周遭不夠衛生而得到的感染。由於曝露在那種不潔淨的環境中會使人生病，於是決定讓她辭職回家。所幸在她離開那裡後，迪巴就痊癒了。

一九六二年秋，中印邊境發生戰爭。中國從印度西北部的拉達克邦和東北部的阿魯納恰爾邦進攻。中國特意選擇在古巴導彈危機的時期，這樣印度就不會得到世界超級大國任何立即的幫助。所幸中國人不到一個月就撤退了。然而，此事讓印度政府看到了印度是多麼脆弱，這讓人民緊張，尤其是藏人，他們想知道自己在印度是否安全。

昆氏一家決定從大吉嶺搬到穆索里居住，那是另一個前英屬的山地車站，離印度首都新德里更近。他們在穆索里的駱駝背路租下一處房子，環境清幽，景致如畫，⑯ 可以遠眺北方的喜馬拉雅山脈，還能看到加梅德峰。全家人都喜歡遙望山脈，懷念雪域西藏。第四十一任

⑯ 參見傑梅恩・克拉爾（Germaine Krull）與瑪麗蓮・艾克達爾・拉維克茲（Marilyn Ekdahl Ravicz）（2018）《恪守誓約：印度藏人備忘錄》，利比斯。克拉爾在那些年中與企美拉（Chimey-la，克拉爾如此稱呼傑尊姑秀）、第四十一任薩迦法王以及其他度母宮家族成員一起待了很長的時間，書中有詳細描述。（可惜作者在寫完傑尊姑秀的部分後才得知有此書，非常推薦讀者。）

圖 30、第四十一任薩迦法王和他的上師尊貴的阿貝仁波切。
攝於一九六〇年代。

薩迦法王在這裡繼續學習和修行，達嫫聽列巴久確保他擁有最好的老師，其中包括阿貝仁波切（1926-2010）（圖 30），他是通達顯密的大師，也是著名蔣揚欽哲確吉羅卓的弟子。阿貝仁波切傳授給薩迦法王不同的續典，這些續典是蔣揚欽哲從他自己上師第一世德松阿江仁波切那裡領受的，德松阿江仁波切是一位偉大的藏密修持者。阿貝仁波切也教導薩迦法王中觀義理、詩歌、文法和算術。⑰ 全家在穆索里一直住到一九七一年。

由於家族住在一個狹小而與世隔絕的地方，他們的社會責任比起住在薩迦時，相對少了許多，因此達嫫聽列巴久關注的事情便有所

⑰ 策丹（2008），第 39 頁。

不同。她是個勤勞的人，如今她有更多的時間投入於修持，也喜歡做串珠。在薩迦時，傑尊姑秀的姑媽們都很會做串珠，並把這當成一項愛好。達嫫聽列巴久和傑尊姑秀都從她姑媽傑尊瑪企美旺嫫（見第六章）那裡學會做串珠。

薩迦傑尊瑪的串珠，可不是像西藏貴族婦女那樣的日常消遣，它主要是用作儀式寶瓶的外飾，曼達盤上的八吉祥符號，或者皇室象徵的八瑞物供養。達嫫聽列巴久初到印度，就忙著製作一座極爲迷人的串珠曼達，獻給第十四世達賴喇嘛。後來，她又用淡水珍珠和小珊瑚珠做了一座美麗的串珠曼達，拉賈普爾的薩迦中心至今仍在一些儀式上使用那座曼達盤。達嫫聽列巴久和傑尊姑秀都很喜歡這份工作，但她們可不是以此作爲生財之道，而是用來表達她們對佛法的虔敬之心。

雖然昆氏家族在印度沒有多少財產或政治影響力，但藏族難民仍希望能從家族得到幫助。隨著西藏局勢的惡化，越來越多藏人設法流亡印度。藏人期待第四十一任薩迦法王等重要的上師能幫助他們度過難關，但法王並沒有任何土地，也沒有足夠的財富分配給新來的難民。

他們需要全印廣播電臺藏文主播洛桑拉倫巴的幫助。他既是新成立的西藏流亡政府代表，又是德里廣播電臺的主播，他可以接觸到重要的印度官員。他記得當他們在穆索里時，傑尊姑秀曾作爲她弟弟薩迦法王的代表南下德里求助。一九六四年，傑尊姑秀告知流亡政府，有五百多名薩迦僧人於一九六三年跟隨昆氏家族從大吉嶺來到穆索里，需要一個住所。拉倫巴先生將傑尊姑秀引介給一些有影響力的印度官員，還告訴她要去徵求達賴喇嘛的同意。

幾個月後，第四十一任薩迦法王和達嫫聽列巴久被通知可以選擇一些土地做為定居地。這片定居地位於喜馬偕爾郡的普魯瓦拉，直到今天仍然存在，距離今日烏塔蘭恰爾邦的台拉登幾小時的車程。⑱ 該地占地一百一十二英畝，其中九十二英畝被改建成農田，其餘二十英畝用於住房和一座僧院。它於一九六八年落成，最初為九百名難民提供土地，至今仍是個繁榮的社區。⑲ 度母宮家族在普魯瓦拉建造了一座房屋，主要用於特殊場合，比如婚禮及慶祝藏曆新年。

尊貴的傑尊姑秀之婚姻

隨著一家在印度定居，昆氏家族重新評估了他們的處境。對於第四十一任薩迦法王獲得了妥善養育，並從許多著名上師那裡接受教法，達嫫聽列巴久感到相當滿意。然而，傑尊姑秀的未來仍不明朗，達嫫聽列巴久認為她應該要結婚。傑尊姑秀聽到這件事後，她表示不管未來的丈夫是誰，她都不要出嫁。她抗議並告訴姑姑她想繼續當尼師。但達嫫聽列巴久並未理會她的反對意見，而是著手為她尋找合適

⑱ 二〇〇七年十月，我在新墨西哥州桑塔非，洛桑 P. 拉倫巴先生（Lobsang P. Lhalungpa，1926-2008）的家中採訪他。

⑲ 參見策丹（2008），第 39 頁，第四十一任薩迦法王的訪談，訪談中薩迦法王將普魯瓦拉的建立歸功於尊貴的圖多祖古（1970 年去世），認為他「單槍匹馬」地組織建立了這個普魯瓦拉社區。另參見克拉爾與拉維克茲（2018），第 169 頁及書中各處，有關「圖多喇嘛」。圖多祖古是企旺祖古的兄長。

圖表 5、度母宮，二十世紀中期至二十一世紀

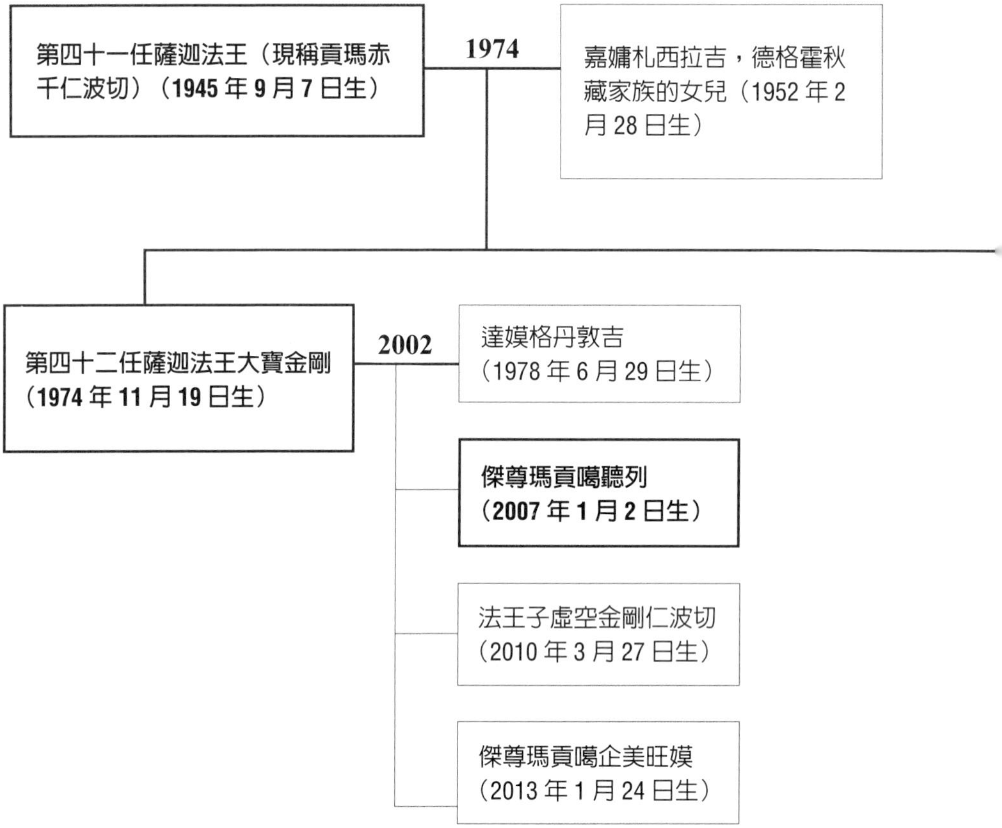
第四十一任薩迦法王（現稱貢瑪赤千仁波切）（1945 年 9 月 7 日生）
1974
嘉孋札西拉吉，德格霍秋藏家族的女兒（1952 年 2 月 28 日生）
第四十二任薩迦法王大寶金剛（1974 年 11 月 19 日生）
2002
達嫫格丹敦吉（1978 年 6 月 29 日生）
傑尊瑪貢噶聽列（2007 年 1 月 2 日生）
法王子虛空金剛仁波切（2010 年 3 月 27 日生）
傑尊瑪貢噶企美旺嫫（2013 年 1 月 24 日生）

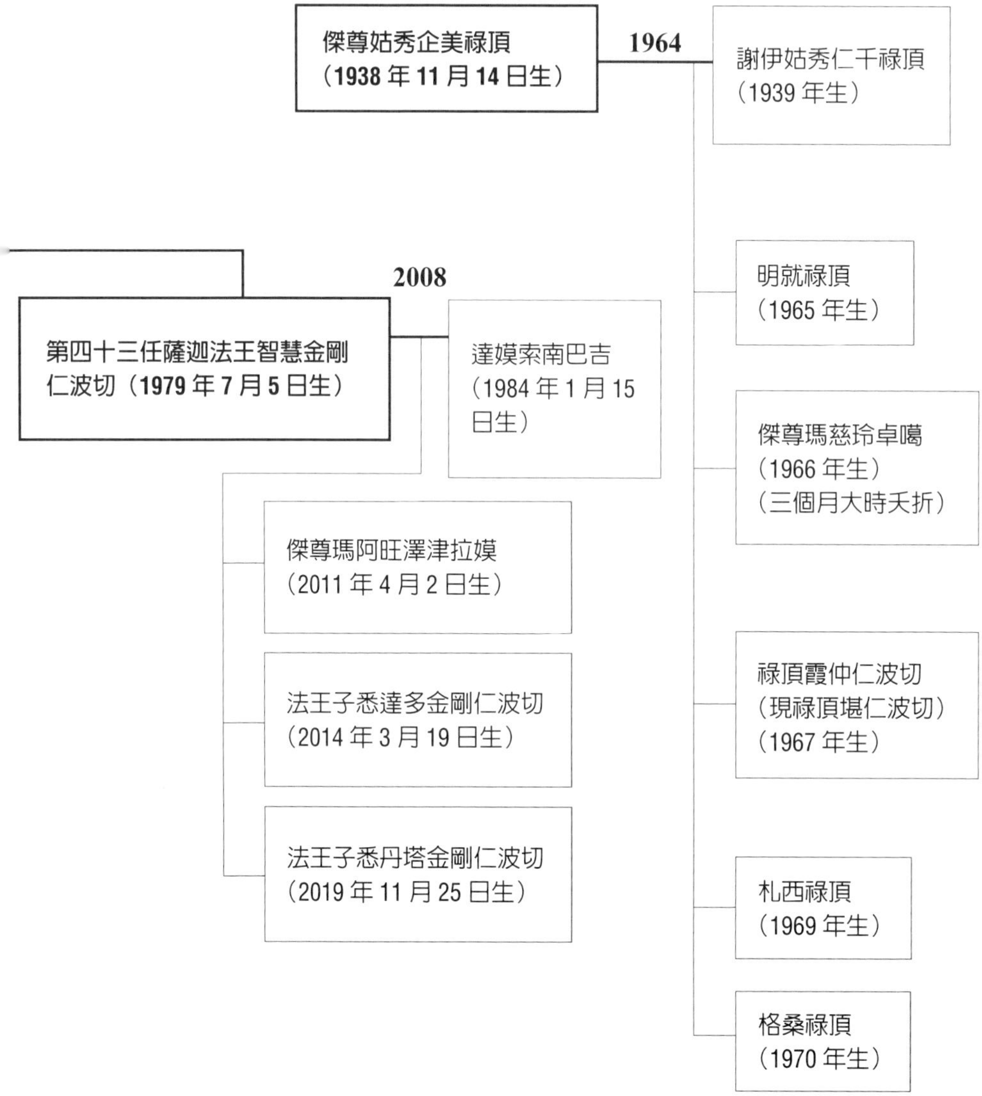

傑尊姑秀企美祿頂
（1938 年 11 月 14 日生）
1964
謝伊姑秀仁千祿頂
（1939 年生）
明就祿頂
（1965 年生）
傑尊瑪慈玲卓噶
（1966 年生）
（三個月大時夭折）
祿頂霞仲仁波切
（現祿頂堪仁波切）
（1967 年生）
札西祿頂
（1969 年生）
格桑祿頂
（1970 年生）
2008
第四十三任薩迦法王智慧金剛仁波切（1979 年 7 月 5 日生）
達嫫索南巴吉
（1984 年 1 月 15 日生）
傑尊瑪阿旺澤津拉嫫
（2011 年 4 月 2 日生）
法王子悉達多金剛仁波切
（2014 年 3 月 19 日生）
法王子悉丹塔金剛仁波切
（2019 年 11 月 25 日生）

的對象。

謝伊姑秀仁千祿頂（1939年生，以下稱為謝伊姑秀）是第四十一任薩迦法王的弟子之一，他是俄爾寺祿頂堪千仁波切（1931年生）的胞弟。祿頂家與昆氏家族是世交，達嫫聽列巴久和一些年長的家族顧問決定讓傑尊姑秀和仁千祿頂成親。傑尊姑秀雖不情願，但最終仍默許了，他們便於一九六四年在私下場合中舉行小型的婚禮（圖表5）。一九六五年，她生下了第一個兒子，達嫫聽列巴久很高興有了一個孫子。

傑尊姑秀和謝伊姑秀共生育了五個孩子，四男一女。長子明就一九六五年生於印度。令人遺憾的是，他們一九六六年誕生的獨生女慈玲卓噶，才幾個月就夭折了，傑尊姑秀仍然爲他們唯一的女兒這麼年輕就去世而感到難過。

第三個孩子蔣揚確吉嘉贊生於一九六七年，與其他孩子不同（圖31）。傑尊姑秀回憶說：「他的行爲不像其他孩子。他沒有哭。醒著的時候，他會打手印（佛教的象徵手勢），且似乎喃喃地持誦佛教經文。四歲時，對出家表現出誠摯的興趣，並樂於與僧人相處。如果有佛教儀式，他會想參加，而不是像大多數孩子那樣玩耍。」後來他被認證爲祿頂堪仁波切，目前他是印度滿都瓦拉俄爾寺的住持。⑳

第四個孩子札西生於一九六九年。第五個孩子格桑生於一九七〇年。傑尊姑秀說：「我的每個孩子，都在自己家裡生產。」一九七一

---

⑳ 有關祿頂堪仁波切更多的資訊，見本章注26。

圖 31、傑尊姑秀與兒子祿頂堪仁波切。攝於一九九〇年代中期。

年九月二十一日，全家移民到加拿大，最小的格桑只有十個月大。如今，明就、札西、格桑都於加拿大，住在傑尊姑秀和謝伊姑秀的附近。只要有機會，大家就會去看望祿頂堪仁波切（圖 32）。

這是一段非常美好的婚姻，無論傑尊姑秀在家裡還是出國教學，謝伊姑秀都會幫助她。傑尊姑秀說：「我的丈夫很好，一點都不會嫉妒，而不像有些人的先生妒心很重。而我不也會嫉妒他，我們彼此完全信任對方。這使我很方便旅行和教書；否則，如果先生是個善妒的人，那就會相當麻煩。他有許多良善的品質，也完全支持我。」㉑

傑尊姑秀還在印度的時候，曾經收到一部毛衣編織機，是由聯合國捐獻給難民的。她被送到台拉登學習怎麼操作。傑尊姑秀承認：「我一點都做不來。」她的丈夫比她更擅長設計。由於他的英語比傑尊姑秀好，便向她說明如何透過清楚的閱讀指示，來改進她的設計。一年後，聯合國想要一份關於她製作毛衣賺了多少錢的報告。傑尊姑秀說：「我一件都沒賣。我為薩迦法王和家裡其他成員各織了一件。所以沒賺到任何錢。」

一九七一年，昆氏家族全家從山地小鎮穆索里搬到拉賈普爾邦的小鎮，並住在薩迦中心，該中心成立於一九六四年，是一所寺院，所有的難民僧人都可以在這裡接受以薩迦傳統為主的佛法教育。該學院還提供佛教儀式、儀式音樂、宗教舞蹈和藝術方面的指導。至今仍是培養薩迦僧人的重要寺院。

㉑ 二〇一三年採訪傑尊姑秀。

圖 32、謝伊姑秀和尊貴的傑尊姑秀在印度。攝於二〇〇二年。

第四十一任薩迦法王的長期弟子傑・古德伯格回憶說：「他們家全都住在那裡，包括尊貴的傑尊姑秀、她的丈夫和四個兒子。一九七一年九月，尊貴的傑尊姑秀和她的家人搬去加拿大。一九七一年五月，我和彼得・德拉・桑提納剛開始在拉傑普爾的薩迦中心，跟隨法王學習《親友書》（龍樹菩薩致樂行國王的書信）。此外，究給企千仁波切也於夏季到達，爲法王傳授《續部總集》。」㉒

關於究給企千仁波切，第四十一任薩迦法王曾這樣稱讚他的老師：「許多人能獲得從聞學經典中生起的智慧（聞所生慧）。有些人能獲得從思惟佛法中生起的智慧（思所生慧）。很少人能獲得從禪修

㉒ 二〇一七年四月十六日，傑・古德伯格的電子郵件。

中生起的智慧（修所生慧）。尊貴的究給企千仁波切是一位證得這三種智慧的人。僅僅遇見他就算是一種福報，且是極大的加持。」㉓

傑・古德伯格繼續說：「法王住在薩迦中心的一座老房子裡，而到了秋季，那塊地上建了一座廟堂，廟堂上方二樓的兩個房間成爲法王的起居室和會客室。達嫫聽列巴久臧嫫住在廟堂側邊的一個小房間裡。」

第四十一任薩迦法王的婚姻

儘管達嫫聽列巴久持續進行密集的修持，但她仍操心著度母宮傳承的延續。第四十一任薩迦法王是唯一倖存的男嗣，他必須結婚才能有未來的繼承人。達嫫聽列巴久與一些喇嘛商議，爲法王找尋一位合適的妻子。她辦到了（見圖表 5）。一九七四年初，西藏康區德格王國的貴族德格霍秋藏家的女兒札西拉吉與第四十一任薩迦法王結婚（圖 33）。按照傳統，婚事低調而質樸。

傑・古德伯格（圖 34）回憶道：「我們幾個住在拉賈普爾並協助法王的外國人，平時都會去普魯瓦拉慶祝藏曆新年。一九七四年，當法王、法王的姨媽——我們叫她嫫嫫拉或達嫫姑秀——以及隨從們要前往普魯瓦拉的時候，人在拉賈普爾的我、傑瑞德・羅頓、約翰・塔特都被明確告知，今年不允許我們陪同法王前往普魯瓦拉，而必須

㉓ http://www.tsechen.org/index.php/english/about-sakya/sakya-masters/45-his-eminence-chogye-trichen-rinpoche。另見傑克森（2020）。

圖 33、印度普魯瓦拉，婚禮後的嘉嫞札西拉吉與第四十一任薩迦法王。攝於一九七四年二月。

留在拉賈普爾。我們都覺得很奇怪。大約一週或十天後，我們收到消息，我們終於獲准前往普魯瓦拉的慶祝活動。抵達後，我們得知婚禮已經結束，並認識了新任的年輕達嫫，名字爲札西拉吉。」

一九七四年十一月，嘉嫞㉔札西拉吉生下了長子法王子大寶金剛（未來的第四十二任薩迦法王）。達嫫聽列巴久樂壞了。嘉嫞札西拉吉回憶說：「姨媽見到孫子眞是太高興了。法王子大寶金剛會給她

㉔ 嘉嫞是對薩迦法王夫人的尊稱。

圖 34、傑・古德伯格（左一）與度母宮一家人在馬來西亞沙勞越的古晉。大約攝於一九七七年。

一個燦爛的笑容。她說：『我唯一的遺憾就是他不能叫我嫫嫫拉（奶奶）。』」全家一起住在普魯瓦拉才幾個月，之後就回到拉賈普爾的薩迦中心。度母宮協會恰巧買下了一棟非常靠近薩迦中心的房子。㉕如今薩迦法王已經結婚，而薩迦中心是個寺院機構，所以決定最好讓他們住在那棟房子。

達嫫聽列巴久去世

幾個月後，昆氏一家到尼泊爾參拜位於博達那附近的塔立寺。他們一回來，達嫫聽列巴久便生病了。她只病了幾個月。嘉媾札西拉吉回憶說：「她並不痛苦，但多年來她第一次需要睡在床上。達嫫說：

㉕ 度母宮協會的成立宗旨為執行薩迦傳承及昆氏家族的佛法和慈善事業。

『我很高興你成爲一位達嫫（薩迦法王的妻子），我非常高興能見到孫子。』達嫫念誦了祈願，希望他能健康成長，好好爲薩迦服務。她對我很滿意。」

當時，達嫫聽列巴久提到，她養育了那麼多孩子——傑尊姑秀、薩迦法王、她的侄孫女兼侍女阿嘉卓噶（附錄 A）、阿嘉卓噶的兒子慈林多傑（附錄 B）、傑尊姑秀的大兒子明就、小法王子大寶金剛（在她去世前八個月）。傑．古德伯格回憶道：

「達嫫姑秀聽列巴久也照顧傑尊瑪的二兒子祿頂霞仲。當傑尊瑪和她的其他家人搬到加拿大時，他被留在印度。留在印度是為了成為祿頂霞仲〔其伯父祿頂仁波切（生於 1931）的繼任者〕，現在他是祿頂堪布（印度曼都瓦拉俄爾寺住持）。㉖前任住持（他的伯父）已經退休，被稱為大住持或堪千。達嫫表示她的一生圓滿了。她養育了薩迦法王，關愛他、照顧他，使他成為偉大的上師，為他找到達嫫，並生下長子。」㉗

㉖ 傳統上，俄爾寺住持的任期是三年，期間幾乎不間斷地廣泛教授教法。這三年的時間，會在祿頂、康薩、塔澤、遍德這四所寺院（拉章）之間交替。一九五九年中國佔領西藏後，俄爾寺體系遭到破壞。尊貴的祿頂堪千仁波切蔣揚尼瑪（生於 1931 年）成為俄爾寺第七十五任住持，直到二〇〇〇年三月十六日卸任，他有效地領導並維護了俄爾派。就在那時，他的侄子傑尊姑秀的二兒子在曼都瓦拉的俄爾吉祥欸旺邱登寺陞座，繼任為俄爾法脈第七十六任住持，現被稱為尊貴的祿頂堪仁波切。而前任第七十五任住持，現被稱為祿頂堪千仁波切。

㉗ 二〇一六年三月十六日，傑．古德伯格的電子郵件。

當達嫫聽列巴久生病時，她的胞弟札西巴惹從達蘭薩拉來探望她，他在那裡爲西藏流亡政府工作。通常他一年會去探望她幾次，大多數時候他們一起慶祝藏曆新年。達嫫見到弟弟非常高興，對他說：「我現在不會遺憾自己沒見到你了。你不必再來。也不用擔心。薩迦法王和一些侍者都在幫助我。」

在達嫫短暫生病期間照顧她的主要侍者阿嘉卓噶（見附錄A）表示，達嫫聽列巴久曾告訴她，度母來到她的身邊，而當她念誦作明佛母咒的時候，作明佛母出現了。家裡的一位老僕人桑傑拉說，達嫫聽列巴久經常說有位穿紅衣的女子一再出現。他說他知道達嫫聽列巴久還有許多其他淨相，只是她不細說。

達嫫聽列巴久去世前，第四十一任薩迦法王給予她許多灌頂。其中之一是薩迦派特別的四面普明大日如來灌頂，能清淨業障，避免往生三惡道。他還給予她喜金剛和長壽佛的灌頂。當她臨終時，法王給予了金剛瑜伽母灌頂，就在法王祈請智慧尊降臨融入其心識時，她圓寂了。第四十一任薩迦法王繼續完成了灌頂。達嫫聽列巴久圓寂於一九七五年藏曆五月二十五日（陽曆七月，因此非常炎熱），她在光明中保持了四天。這表示她是一位高度了證的行者，能夠控制自己的細微心識。

在圓寂七天後舉行荼毘之前，達嫫聽列巴久身著本尊的冠冕和嚴飾，雙手持金剛鈴杵。她的身體以蓮花坐姿安放進佛塔式樣的大土龕內，前面有一個開口。在土龕的最底部，繪有她主要禪修本尊的紙壇城。某些喇嘛死後只有繪上四面普明大日如來的壇城，但達嫫聽列巴久的情況不同，她的大日如來壇城上有第二層的金剛瑜伽母壇城，再來是第三層的喜金剛壇城。壇城之上是木頭，木頭之上是一個盛放遺體的大金屬「盆」。（金屬盆用來收集她的骨灰和舍利。舍利是一種如同小水晶珠般的特殊遺骸，被視為聖物，受到信眾的珍愛。骨灰會用來做「擦擦」，即遺骨脫模塑像。）荼毘儀式時，在場的人於點燃木頭之前，都向達嫫聽列巴久的遺體獻上哈達。在火化過程中，第四十一任薩迦法王修持喜金剛；俄爾寺住持祿頂堪仁波切修持金剛瑜伽母；薩迦學院住持堪布阿貝仁波切修持四面普明大日如來。煙霧以順時針方向直線上升。這是殊勝的徵兆，表明達嫫聽列巴久的細微心識已經得到解脫。由骨灰製成的小型遺骨泥塔（擦擦），被放在山岳或丘陵的水中，作爲她色身的最後供養。

傑尊姑秀在加拿大

傑尊姑秀提到，無論是她弟弟還是她姨媽，抑或是她本人，都未曾想過有一天會搬到加拿大。這是他們一位朋友傑梅恩．克拉爾（見圖 33）提出的建議，傑尊姑秀說：「我認爲自己過得很好，相當富裕——但我猜她認爲我很窮。她問我是否想去加拿大。」他們的朋友認識加拿大駐印度大使，幫助他們獲得了加拿大的移民簽證。㉘

從西藏流亡到印度，對傑尊姑秀而言已是艱鉅又困難，但至少如

㉘關於他們移民加拿大的更多資訊，詳見 https://vajrasana.org/chime1.htm，「傑尊姑秀（Jetsun Kushab 或者 Jetsun Kushok）訪談錄」。

今她與家人在一起，身處於佛陀誕生的聖地——印度。印度的藏人也知道她是昆氏家族的女兒，並對她表示尊敬。然而在加拿大，傑尊姑秀、謝伊姑秀以及他們的孩子只是新移民。肯定沒有人知道西藏，當然也沒有人知道昆氏家族及其輝煌歷史。

在加拿大，傑尊姑秀和謝伊姑秀都必須找到工作（圖 35）。正如傑尊姑秀回憶：「我的丈夫在農場工作、餵牛，而我在家裡工作，整天做飯、餵養小孩——這眞是糟糕的經歷，因爲一整天都沒完沒了。」㉙ 後來，他們共同到一個蘑菇農場工作，且必須將蘑菇裝滿許多二十磅重的箱子。當他們完成這項繁重的工作回到家時，傑尊姑秀還得做飯、整理家裡，以及幫助年幼的兒子們完成家庭作業。

最終，謝伊姑秀成爲溫哥華卑詩省一所學校裡的校工，他在那裡一直工作到退休。傑尊姑秀也在每天下午及夏季幫忙打掃學校。後來，當他們的兒子長大一些時，她成爲時裝設計師宗達涅利的一名織布工。儘管面對種種的要求和挑戰，傑尊姑秀強調自己始終堅持修法。她說：「那些工作的日子，我會努力在早晨四點起床，做完修法後，七點半到八點半左右去上班，工作八個小時，然後回家給孩子們做飯。我的孩子都很棒，且願意幫忙。」㉚

當傑尊姑秀被問及：「你建議要如何將佛法融入日常生活？」時，她回答說：「你必須抓緊時間……如果你是眞心想要修法，就必

㉙ 見「傑尊姑秀訪談錄」https://vajrasana.org/chime1.htm。
㉚ 同上。

圖 35、謝伊姑秀和尊貴的傑尊姑秀在吉札達欽仁波切西雅圖的家中。大約攝於一九七六年。

須放棄一些其他事情……你必須逐漸斷除分心散漫……我在工作或做家務時，會持誦許多祈願文，有時候持咒，有時候唱歌。」因此，對傑尊姑秀來說，沒有什麼不能修行的藉口。我們必須將修持擺在第一位。

當傑尊姑秀和家人在加拿大安頓下來時，她的胞弟第四十一任薩迦法王於一九七九年二度到訪北美傳授佛法。當法王於第三世德松仁波切、吉札達欽薩迦在西雅圖建立的佛教中心教學時，一名女士問他：「爲什麼藏傳佛教的老師都是男性，沒有女性？」第四十一任薩迦法王回答說：「不是這樣的，我們也有女性教師，其中之一就是我的姊姊，她躲在加拿大的某個地方。」

傑尊瑪說：「他當時就是這麼說的。然後他來看我……他沒有給我壓力，只是說：『如果你能在西方教學，該有多好。』這是他唯一說過的話。」

當時傑尊姑秀私下教導一些學生，但沒有公開。第四十一任薩迦法王請她照顧他在洛杉磯、明尼阿波利斯、波士頓和紐約的佛法中心。傑尊姑秀說：「每當這些中心請我去時，我就會去，而且大多數時候我不太說話，但會給予灌頂和指導。」[31] 她灌頂和指導的法教有度母、文殊師利菩薩、觀世音菩薩、金剛手菩薩、金剛瑜伽母、長壽本尊、財神及許多其他的本尊。

傑尊姑秀在世界各地給予灌頂及教法，她在澳大利亞、巴西、英國、德國、匈牙利、馬來西亞、新加坡等地傳授教導。澳大利亞是她最早教學的地點之一。第四十一任薩迦法王鼓勵她去傳法，他說在西方，大多數修行人都是在家人，不像在西藏有很多僧尼。他對姊姊說：

> 「你一個在家人，與你教導的人有著非常相似的生活方式。你有家庭，有工作，那麼當你教學的時候……西方的女人會看著你想：『如果她能做到，那麼我們當然也能做到並獲得證悟。』這對你有益，對其他眾生也有益。」[32]

隨著傑尊姑秀在教學方面的開展，她身爲上師的聲譽也日漸遠播。許多人很高興能見到一位學識淵博、稱職勝任且平易近人的女性

---

[31] 同上。

[32] 同上。

上師，並跟隨她學習。

傑尊姑秀也教導一些傑出的喇嘛，例如蔣揚欽哲確吉羅卓的轉世宗薩欽哲仁波切（生於 1961 年）。他請她賜予完整的金剛瑜伽母加持與其七天教法。一九九〇年代，當他來到溫哥華時，傑尊姑秀在她位於里士滿的中心給予他這個教法。仁波切還從她那裡接受了其他灌頂。一九九八年，在溫哥華舉行了一場白度母灌頂，當時傑尊姑秀、宗薩欽哲仁波切和索甲仁波切提供聯合課程，由傑尊姑秀授予灌頂，其他兩位上師教授修持。宗薩欽哲仁波切總是鼓勵自己的學生，有機會的話可以去見傑尊姑秀，並將她視爲證悟者。

傑尊姑秀不僅被邀請到已成立的佛法中心教學，還在北美成立了一些新的中心。在卑詩省里士滿的家附近，她成立了薩迦策千圖登林，並在那裡給予許多灌頂，還經常參加每週一次的度母法會及每月一次的金剛瑜伽母薈供。另外，她知道修行者需要一個合適的地方好進行長期閉關，於是一九八七年，她在華盛頓州聖荷安島成立了薩迦卡雀林閉關中心。中心位於森林道路的盡頭，在最少的干擾之下有利於修行。薩迦卡雀林的意思是「薩迦的金剛瑜伽母之地」，來自世界各地的行者們會到此處進行爲期三個月的金剛瑜伽母閉關，或者個人閉關。傑尊姑秀在閉關中心多次傳授爲期七天的金剛瑜伽母法門。㉝她的另一處中心是位於加利福尼亞阿爾巴尼的薩迦大樂林。

㉝ 薩迦卡雀林的網頁上說：「今天，她肩負著一項特殊任務，即教導所有的修行者，尤其是修行中的女性，並為其樹立榜樣。」 http://sakyakachodcholing.org/jetsun-chimey-luding-rinpoche/。

此外，隨著幾個薩迦中心在西方開展，人們需要準確的經文翻譯。傑尊姑秀在金剛瑜伽母修持的翻譯方面，從成就法的內容，到七日教法、薈供、食子供以及火供等，也做出了深遠的貢獻。多年來，她與不同的學生和譯者合作，以增進翻譯的品質。她在二〇〇七年編寫的金剛瑜伽母成就法特別受到歡迎，因爲伊莉莎白·奈帕（Elizabeth Napper）的譯文優雅，還配有美麗的本尊設計和佛教圖示，方便行者觀想。傑尊姑秀也監督了度母修法、普賢王如來祈願文、十六羅漢讚頌文、觀音菩薩成就法、喜金剛成就法、白妙音天女成就法等許多的翻譯。有時候，一些年輕的薩迦派仁波切在海外傳法，卻沒有成就法的譯本給學生使用時，就會打電話給傑尊姑秀在溫哥華的佛法中心，請求傳送法本給他們，以便爲學生們提供所需的修持資料。而第四十一任薩迦法王爲來自世界各地學生授予道果教法的活動，也是由她的三個主要中心主辦，包括一九九五年在聖荷安島的薩迦卡雀林，二〇〇〇年在溫哥華的薩迦策千圖登林，二〇一六年在法蘭克福薩迦格丹林。

正如阿尼企美卓瑪和達嫫蔣揚薩迦在傑尊姑秀的姑婆怙主貝瑪聽列（見第七章）的面前感受到轉化，傑尊姑秀的許多弟子也在她面前體驗到內心的喜悅和平靜。萊蒂亞·祖南洋與喇嘛貢噶仁波切的兄弟弘·祖南洋[34]結婚，她覺得自己與傑尊姑秀極爲親近。萊蒂亞回憶道：

---

[34] 弘·祖南洋（Hiroshi Sonami，1930-1988）是俄爾寺的一名住持，他的全名及稱號為俄爾塔澤堪布索南嘉措仁波切。

「一九八四年，傑尊姑秀到南加州訪問。先生用我們當時僅有的一點錢，為傑尊瑪買了一副還算負擔得起的最漂亮耳環。我不認識傑尊姑秀，也很驚訝地發現她對我先生竟有多麼重要。除了法王和究給企千之外，他對其他上師總是非常內斂。然而，傑尊瑪對他來說極度重要，以致他請求傑尊瑪在自己臨終時前來。而她確實來了。我一直很清楚地知道，她會在我們身邊，照顧我和女兒，而她做到了。傑尊瑪總是在我們需要她的時候出現——每次都是如此。」㉟

傑尊姑秀擅長安撫焦慮和憂慮的人，以果斷、嚴肅的方式爲他們提供清晰簡潔的建議。她就像是一道精準的鐳射光線，明確地知道迷惑的根源。如果她有空，她會請你喝茶聊天。離開她家時，許多人臉上洋溢著完美的笑容，心情平靜；這些都是受她加持的跡象。

如今，傑尊姑秀的長侄第四十二任薩迦法王大寶金剛（見圖表5）與達嫫格丹敦吉結婚，育有兩個女兒和一個兒子：長女傑尊瑪貢噶聽列巴德（見終章），次子法王子虛空金剛仁波切，以及幼女傑尊瑪貢噶企美旺嫫薩迦。她的次侄是第四十三任薩迦法王智慧金剛，與達嫫索南巴吉結婚，育有一個女兒兩個兒子：長女傑尊瑪阿旺澤津拉嫫（2011 年生），次子法王子悉達多金剛仁波切（2014 年生），以

㉟ 二〇一九年一月十日，萊蒂亞的電子郵件。

圖 36、度母宮一家在印度普魯瓦拉慶祝藏曆新年。攝於二〇二〇年。

及幼子法王子悉丹塔金剛仁波切（2019 年生）。傑尊姑秀經常能在傳法、灌頂等場合看到他們，也在拉賈普爾及普克爾街（夏宮所在地）㊱的度母宮家庭聚會上見面。他們還經常一起在普魯瓦拉的度母宮慶祝藏曆新年。（圖 36）

傑尊姑秀並未直接教導她的侄孫女，因爲她們的祖父（第四十一任薩迦法王）和她們自己的父親（第四十二任及第四十三任薩迦法王）本身就是偉大的上師。所有年輕的傑尊瑪都在爲自身角色所需的佛法學習做準備。作爲一個致力於幫助眾生從苦難中解脫，並洞悉實相的佛法家族，昆氏家族不斷延續其長達數個世紀的佛行事業，傑尊瑪則依然擔任著爲所有眾生實現此目標的強大助伴。

㊱ 第四十三任薩迦法王智慧金剛為年輕僧人們建立了薩迦學院，全家也居住在那裡。見 http://sakyaacademy.org。薩迦學院坐落於德拉敦巴加旺普爾的普克爾街。

【終章】

傑尊瑪貢噶聽列，第一位純素主義的傑尊瑪

藏傳佛教有個傳統，會認證爲了利益眾生而特意投生到某個特定地方的人。這些人被稱爲「祖古」，即轉世活佛。女性的祖古在藏傳佛教中是很少見的（圖 37），本書前文所採用的諸多傳記中，皆未曾提到有哪一位傑尊瑪被認證爲轉世活佛。不過，傑尊瑪貢噶聽列巴德則由第十四世達賴喇嘛認證爲康卓達拉拉嫫的轉世。康卓達拉拉嫫（1938-2002）是一位寧瑪派修行者兼伏藏師。另一個不尋常的事實是，傑尊瑪貢噶聽列的祖父第四十一任薩迦法王，也是康卓達拉拉嫫之父阿龐鄔金聽列林巴（1895-1945）的轉世①。

傑尊瑪貢噶聽列的父親是第四十二任薩迦法王大寶金剛薩迦，他是第四十一任薩迦法王的長子；母親則爲達嫫格丹敦吉（1978 年生）。②達嫫格丹回憶說：

我在妊娠期間，心中都非常寧靜。其中，我有好幾個月都在修前行法，③念了無數次的金剛薩埵心咒，這讓我在整個孕期都感到輕盈而純淨……我還去尼泊爾博達那的

① 參見霍利・蓋雷（Holly Gayley）（2019）《生生世世不分離：西藏淨相者南楚仁波切與康卓達拉拉嫫的生平與情書》，博爾德：雪獅出版社。第四十一任薩迦法王被同時認證為兩個不同的轉世，其中一個是來自安多地區的寧瑪派大師鄔金聽列林巴（1895-1945），不過，該寧瑪家族並未按照傳統要求薩迦法王回到安多，而是接受他留在薩迦，成為薩迦法王。

② 有關達嫫格丹的略傳，參見 http://hhsakyatrizin.net/wp-content/uploads/2017/02/Melody of Dharma10.pdf 【譯註】如今該網頁已無法閱讀。

③ 前行修持為：「透過做大禮拜以培養謙卑；透過觀想本尊金剛薩埵以達到淨化；透過獻上象徵宇宙的曼達來積累福德資糧；透過上師瑜伽來加強虔敬心。」這四項前行的每一項，都必須至少做十萬次。

圖 37、傑尊瑪貢噶聽列（左一）與她的父親第四十二任薩迦法王及全家。

大白塔做了無數次的「扣拉」（順時針方向繞行）。我懷孕時，受到祿頂堪千仁波切的加持，並獲得宗薩欽哲仁波切加持且開光過的特殊護輪（護身符），讓我在整個孕期中佩戴。④

④二〇一九年八月二十一日，達嫫格丹的電子郵件。本章下文的許多資訊都源自這封郵件。

這是本書所收錄傳記中，第一個清楚說明一位母親在懷胎期間所進行的一些佛法修持。

傑尊瑪貢噶聽列的姑婆傑尊姑秀（第八章及第九章）出生於佛陀天降日，也就是佛陀爲母親講授《阿毗達摩》重要教義後，從忉利天返回人間的日子。⑤同樣地，傑尊瑪貢噶聽列也出生在吉祥日——卓越祖師薩迦班智達的圓寂日，而薩迦班智達爲薩迦五祖之一，也是一位著名的學者和行者，這被解讀爲她未來將有偉大成就的預示。傑尊瑪貢噶聽列和所有降生在昆氏家族的孩子一樣，出生不久就得到了她人生的第一次加持，來自於她的祖父第四十一任薩迦法王，用甘露在她的舌頭上寫下文殊師利菩薩的種子字「諦」。在她出院回家之前，她的父親，即第四十二任未來的薩迦法王也加持了她，保護她並遣除任何潛在的違緣障礙。傑尊瑪貢噶聽列是第四十一任薩迦法王和嘉嫞札西拉吉至今六個孫輩中最年長的一位（見圖表5）。

回到府上後，全家人按照傳統，享用了吉祥的酥油飯和茶，爲女嬰創造一個美好的開始。另外，尊貴的宗薩欽哲仁波切訂購了「十二個華麗花籃」以表示「歡迎她來到這個世界」。達嫫格丹回憶道：

「接下來的幾天和幾星期，各個寺院和尼院，以及許多僧眾、尼眾、在家人，持續為傑尊瑪供養曼達。我也注意到一件事情，就是接著幾年她經常獲得餽贈。我們收到

⑤在西藏，這一天被稱為「佛陀天降日」。

來自朋友、家人和許多匿名人士的禮物。每次我希望為她準備一些東西，比如冬天裡能有個好睡袋，我就會突然透過郵件收到一個睡袋！真是太神奇了！」⑥

她繼續說道：

「我們發現，她小時候會稱父親為『阿爸』，無論我們多麼鼓勵她說『雅布拉 』(對父親的尊稱)，她都會堅持說阿爸。她也堅持不用名字來稱呼兩名僧人，而是『阿莫』『努努』等這類陌生的名字。我們一直不明白這一切是從哪裡來的，直到她被尊者十四世達賴喇嘛認證為康卓達拉拉嫫的轉世，我們才曉得，阿爸就是康卓達拉拉嫫對她父親的稱呼！而且我們相信，那些僧人的稱呼，也是她前世所認識僧人的名字。

「如果她在西藏，她的成長環境可能讓她與大多數人隔絕，大部分時間都被限制在家中的房間裡，每天接受一兩位老師的嚴格訓練。現在，傑尊瑪的日程安排相當縝密，但其中充滿了讓她開拓眼界的書籍、彼此互動的人物，以及可供參訪和探索的地方。每個方式都有其優點和缺點，但我認為在當今時代，這樣的接觸是至關重要的。

⑥ 二〇一九年八月二十一日，達嫫格丹的電子郵件。

「她和其他同齡的年輕女性一樣，喜歡手工藝品，用雙手刻字、創造東西。她也愛閱讀、健身、體能活動，還有力量訓練！她已經去過許多國家，並且精通多種語言。」⑦

傑·古德伯格是第四十一任薩迦法王的長期弟子，傑尊瑪貢噶聽列的父親第四十二任薩迦法王請他在傑尊瑪訪問紐約瓦爾登時，教她一些英語。⑧他寫道：

「我們一起上課的時間不多，但無論如何她的英語很好，而且她對各個學科的知識也相當廣博。例如，我們討論到印度的歷史，她都能舉一反三。我們討論到佛陀的生平，她也有清晰的認識。她提到正在學習演奏印度竹笛（班蘇里）。如你所知，她會說多種語言（中文、印度話、英語）以及藏語。」⑨

作爲傑尊瑪，傑尊瑪貢噶聽列創造了多項第一。除了是第一個被認證爲祖古（轉世活佛）的傑尊瑪，她還是第一個在印度長大、接受傳統薩迦派教育、同時就讀於台拉登一所小型私立學校的傑尊瑪。她早年的生活記錄被放在網路上，這個部落格 http://www.jetsunma.

---

⑦ 同上。
⑧ 位於紐約沃爾頓的策千貢卻林是北美度母宮所在地，傑尊瑪貢噶聽列在那裡住過好幾次。
⑨ 二〇一九年十一月十七日，傑·古德伯格電子郵件。

blogspot.com 有她的相片日誌，YouTube 上有她幼年各類事件的紀錄。她可能也是第一個能說四種語言的傑尊瑪。從出生起，她就只吃素食，在年輕的時候，她基於信仰而成爲一名純素主義者，希望盡量減少對有情的傷害，並展現對有情的悲心。二〇一九年六月三日的一段影片中，可以看到她和胞弟請求大家在薩嘎達瓦殊勝月成爲素食者，或甚至茹素更長的時間。⑩ 傑．古德伯格說：「她看起來非常內斂，溫柔且純淨。」⑪

從幼年起，傑尊瑪貢噶聽列就接受了所有昆氏孩子都會經歷的訓練方式。達嫫格丹說：

> 「她從祖父（第四十二任）薩迦法王和父親（第四十一任）薩迦法王那裡接受了許多灌頂，包括無數的喜金剛灌頂、普巴金剛灌頂、長壽灌頂、兩次完整的道果法共法、薩迦教函與俄欽教函（薩迦五祖和俄欽金剛持合集）的口傳、金剛瑜伽母加持，以及護法的各種灌頂及教導。」⑫

傑尊瑪貢噶聽列如今正循著本書所描述，以早期薩迦傑尊瑪生平故事中的相同方法，來培養佛法方面的修證。她的祖父和父親若有公

⑩ http://www.youtube.com/watch?v=ly6R_jc3DSo。
⑪ 二〇一九年十一月十七日，傑．古德伯格的電子郵件。
⑫ 二〇一九年八月二十一日，達嫫格丹的電子郵件。

開的道果法灌頂、釋論、傳授，她經常會去領受這些主要教法。例如二〇一二年五月，第四十一任薩迦法王在北美度母宮所在地策千貢卻林（位於紐約沃爾頓）傳授道果法，他坐在面向受眾的主法座上，他的兒子大寶金剛薩迦坐在稍低一點的法座上，面向他的父親。傑尊瑪貢噶聽列則坐在更低一點的法座上，位子比其他出席法會的重要喇嘛還高。在這些廣大的教導中，她看來相當專注、投入地聽著教導和解說。而她只有五歲。

之後，在同一年的十月，她與祖父母第四十一任薩迦法王和嘉媛札西拉吉、雙親、外祖母揚卓雜督藏，以及幼小的弟弟一同朝聖。⑬她的母親達嫫格丹說，他們「進行廣大的朝聖，包括藍毗尼、菩提伽耶、瓦拉納西和拘屍那揭羅這四個主要佛教聖地，然後是僧伽施、舍衛城、王舍城和毗舍離這四個次要的聖地。」一家人在這些聖地進行了許多祈願，就像當時年輕的傑尊姑秀和未來的第四十一任薩迦法王在一九五六年和一九六一年前往印度朝聖時所做的那樣。在一些朝聖照片中，可以看到年僅五歲的傑尊瑪分發佈施、供養與花朵，或者坐在父親身邊，陪伴他們在聖地進行修法和念誦祈願。

傑尊瑪貢噶聽列在很小的年紀，就「自豪地堅信要成爲一名尼師」。⑭二〇一七年三月六日正值十歲時，她的願望實現了。在度母宮家族位於印度普魯瓦拉的第二家園舉行了一場私密的儀式，傑尊瑪

⑬ 參見《法音》二〇一三年四月，第 11 期，第 19-41 頁，內含多幅朝聖之旅的照片。
⑭《法音》二〇一七年十二月，特刊，第 53 頁。

貢噶聽列從祖父第四十一任薩迦法王那裡接受了皈依戒。她的直系親屬和姑婆傑尊姑秀出席了這個重要時刻，並祝賀她達到該里程碑。《法音》中說：

> 「傑尊瑪具有傑出的道德品質、正確的判斷和沈著冷靜，宣誓要成為喇嘛中的典範。她已經開始作為昆氏家族代表的職涯，迄今為止表現得雍容優雅且泰然自若。」⑮

二〇一八年九月，年輕的傑尊瑪和母親及隨行人員到訪西藏的康區與安多地區。許多藏人以極度的熱情和情感歡迎他們。當她們到訪德格與宗薩附近的一些重要寺院和廟堂時，年輕的傑尊瑪作爲公認的上師，傳授了蓮花生大士、度母和文殊師利菩薩的灌頂。她所到之處都有數百人排隊接受她的祝福。記錄她在這次歷史性訪問期間一些事務的《法音》特刊寫道：「儘管傑尊瑪年紀輕輕，但她完美地履行了職責。……她給予加持並主持開光。……參觀了學校和醫院。……這些職責本來是屬於較年長的喇嘛的。」⑯

一行人訪問康區和安多之後，還前往中國的一些佛教聖地。他們到了文殊菩薩道場五臺山著名的五峰參拜祈福，去了八世紀所造而位於樂山的巨大未來佛像，又登上峨眉山頂並與普賢菩薩結緣。他們最

⑮ 同上，第 54 頁。
⑯ 《法音》二〇一八年五月，第 17 期，第 71 頁。

後一站來到了北京，於昆氏家族祖先、蒙古皇帝忽必烈汗國師八思巴的舍利塔前祈願。

二〇一八年十二月二十一日，傑尊瑪貢噶聽列的父親第四十二任薩迦法王大寶金剛，和她的叔叔第四十三任薩迦法王智慧金剛，一起在度母宮所在地拉賈普爾附近德吉林的薩迦尼院，主持了薩迦班智達圓寂日的紀念法會，並慶祝傑尊瑪貢噶聽列的生日。⑰ 第四十二任薩迦法王臉書專頁上的一段影片，顯示傑尊瑪貢噶聽列正在接受祖父第四十一任薩迦法王的加持與祝福，並收到來自祖母嘉嫞札西拉吉及其他家人的生日祝福。當天晚些時候，她則爲了有需求者分發食物。該篇貼文的結論爲：

> 「願你健康成長，如文殊菩薩般智慧，如觀音菩薩般慈悲，如金剛瑜伽母般無畏，如作明佛母般懷愛。願你繼續觸及更多人的生命。稀世的珍寶，祝你生日快樂！」⑱

幾天後的十二月二十三日，傑尊瑪貢噶聽列的祖父舉行了一個私下的普巴金剛食子灌頂，對象是圓滿宮法王子無著金剛仁波切（1999年5月1日生）、傑尊瑪貢噶聽列的胞弟法王子虛空金剛仁波切、妹

---

⑰ 她的生日是根據藏曆計算，所以每年生日的日期不同。

⑱ https://www.facebook.com/SakyaTrizin42/posts/yesterday-was-jetsunma-kunga-trinley-palters-12th-birthday-may-everyone-also-be-/2226860137534461/。

圖 38、傑尊瑪貢噶聽列（面對法王的後排左方）攝於祖父第四十一任薩迦法王於印度拉賈普爾度母宮佛堂所舉行的一場灌頂儀式。

妹傑尊瑪貢噶企美旺嫫，以及她自己。（圖 38）⑲

儘管傑尊瑪貢噶聽列年紀尚輕，但已然表現出對佛法的殷切投入，以及對人和動物的關懷。她正追隨著姑婆傑尊姑秀（第八章和第九章），以及姑婆之姑婆怙主貝瑪聽列（第五章）的步伐，成爲一名傑出的喇嘛。一千多年來，昆氏家族持續不斷地訓練和培養女兒們成爲優秀的行者和上師。今天，隨著全球媒體的使用，也許未來傑尊瑪的生活再也不會隱密無蹤。

⑲ https://www.facebook.com/sakya.dolmaphodrang/posts/1911122955666650。

【附錄A】

與薩迦家族長期侍者阿嘉卓噶的訪談

二〇〇七年十二月，印度拉賈普爾度母宮

我的名字是索南卓噶本修。我在土虎年（1938）生於西藏後藏的江孜。達嫫聽列巴久臧嫫的父親和我的祖母是兄妹。我母親那方有很多孩子，五個兄弟和五個姊妹。達嫫帶著包括我在內的三姊妹去侍奉度母宮一家。我是老大，十四歲左右來到度母宮。兩個妹妹一個叫慈央，最近搬去賓夕法尼亞州，另一個叫臧嫫，是一名尼師。

一九五六年，我十八歲，達嫫爲我決定了婚事。按照家族安排婚姻的傳統，未來的新娘並不知道有人正在爲她籌劃婚姻。一天，有人告訴我要穿得漂亮點，因爲我們要去參加一些慶祝活動。到了未來老公的家，我才知道當天要出嫁。我並沒有爲此做好準備。（看來她不喜歡這樣的安排。）我後來生了兩個兒子，慈林是一九五八年生的（圖39），另一個是一九五九年生的。

一九五九年，全家逃亡印度，我則留了下來。妹妹慈央早已離開，不在度母宮，（妹妹）臧嫫是尼師，跟著家族逃亡。

家裡人逃走後不久，中國人來到度母宮，在所有的門、房間和櫃子上都蓋了中國官印。許多侍者被關進監獄；有十個主要的侍者，包括我。我必須帶著剛出生的嬰兒入獄；大兒子慈林和他的爺爺奶奶在

圖 39、阿嘉卓噶和她的兒子慈林多傑在印度拉賈普爾的度母宮。攝於二〇二二年。

一起。白天，囚犯們得去修路，晚上則被關在牢裡。中國人審問了我好多次。不停地問我：「那家人是怎麼逃走的？誰幫了他們？當他們逃走時，誰和他們在一起？」他們要逃離的所有細節。他們還想知道所有的財物——被封住的箱子裡有什麼？還有其他箱子嗎？珠寶在哪裡？我知道其他的寶藏嗎？他們一再地如此發問。

六個月後我被釋放，但之後又被拘留。中國人要求重新展開爲期六個月的調查。他們企圖把我塑造成一個毆打「農奴」的殘忍地主。因爲我無可指責，所以我終於被釋放了。進出監獄的這兩年，工作辛苦，吃得又少，我的孩子就這樣死在獄裡。

一九六二年出獄後，我二十四歲，有一種自由的感覺，而並未回到丈夫身邊。雖然度母宮周圍有許多中國保安人員，我還是偷偷溜了進去。我躡手躡腳地打開一些箱子上的封條，把裡面的東西送給家裡的一些私人侍者。儘管若是警衛發現我，我就會被處決，但我堅信自己會受到保護，因為我是在幫助這個家庭。我懷著這樣的信念而承擔那些風險。當我準備要溜走時，我打開了一個箱子的封條，發現裡面有法器，包括一些銀製的曼達盤、金剛鈴和杵，這些都是家人在印度找不到的東西。如今，家人仍在使用它們，所以我很開心。

在薩迦地區，中國守衛准許我們在白天拾柴。我把法器藏在裙袍裡，假裝去拾柴。家人安排了一名侍者在一處祕密的地方接我，他會帶我去印度。因為中國人正在尋找逃跑的藏人，所以我們晚上走路，白天休息。翻過平原和幾座不太高且沒有積雪的山峰後，我們到了錫金邊境。這趟路程花了五天時間。一到錫金，我們遇到了較險峻的地形和雪山，但我們已經在自由的領土上。

最後，我在大吉嶺邦達昌家與度母宮家人重逢。在監獄裡的時候，我想過自己可能會死，再也見不到家人。當我終於和他們重逢時，我多希望那不是夢。想到那一天，我就有著幸福的淚水，那是我一生中最難忘的日子之一。

家人也都喜出望外。他們詢問我的旅程和困境，並且很高興這一切都已經過去了。我們再次重聚。我決定和其他來自薩迦地區的家庭一起留在大吉嶺。我在這個社區工作了幾年。一九六九年，我終於在普魯瓦拉與家人團聚。

我喜歡上家裡的一個主要侍者澤本釀達，我們成了夫婦。不幸的是，在薩迦法王建立普魯瓦拉兩年後，澤本釀達、圖多祖古①與司機在一場車禍中喪生。許多藏人難民的主要生計來自於製作地毯，而他們是去德里購買織地毯的羊毛後，於回程中意外過世的。

作者注：「在阿嘉卓噶勾勒出她的生平後，我問到，她的表姑達嫫聽列巴久（第七章）對她而言是否如同母親一般。」以下是我的理解：

阿嘉卓噶②以謙虛的態度表示，她不會把自己與達嫫聽列巴久的侄女尊貴的傑尊姑秀和侄子薩迦法王（他們都是達嫫帶大的）相提並論。她與達嫫的關係十分親近，達嫫也的確把她當成自己的孩子一樣照顧。隨著她的成長，達嫫也非常信任她。

她說，達嫫有很多才能。在西藏，阿嘉卓噶看到達嫫有很多文書工作。由於阿嘉不識字，她也不知道那些文件的內容。度母宮為薩迦法王安排了一位特別的醫生，達嫫從他那裡學會如何製藥，在西藏和印度，達嫫都會將自己製作的醫藥分發給需要的人們。

達嫫的刺繡精良，她喜歡為寶瓶等法器製作金色的裝飾。她還做串珠，薩迦中心至今仍在使用她做的一個串珠曼達。她喜歡做飯，且因能為藏曆新年製作精緻的藏式糕餅而聞名；當他們在印度時，所有

① 關於尊貴的圖多祖古，參見第九章注 19。
② 阿嘉（大姊姊）是對年邁婦女的尊稱。

藏式糕餅都是她做的，她也在印度學會如何製作芒果醬。她和形形色色的人聊天，是個會講故事的人。藏曆新年和其他假日的時候，她會和侍者們一起玩牌，大家都玩得很開心。

阿嘉卓噶說：「即使在剛到印度時，度母宮並沒有很多東西，我們也過得十分開心。這在很大程度上要歸功於達嫫。她有一種高貴的氣質。她的決策相當明確，無論做出什麼決定，她都會徹底執行。」

我問阿嘉拉，達嫫聽列巴久對她有哪些主要的影響？這是個美式問題，所以她對此感到驚訝。

她回答說：「達嫫設法讓家人安全到達印度，設法讓薩迦法王和傑尊瑪得到所有合宜且重要的教法；這使他們成為偉大的上師。她養育了每個人，一手包辦一切。她總是想著自己能為薩迦社群做些什麼，從來不考慮個人利益。」阿嘉卓噶說，她之所以待在薩迦家族，就是因為達嫫的存在。

我還問了阿嘉卓噶有關達嫫胞弟札西巴惹的事情，他是一名陸軍上將，在尊者達賴喇嘛逃亡的時候擔任護衛。

她表示，弟弟是一位修行人——薩迦法王說他是格魯派的——但和達嫫不一樣。他在西藏是位深受愛戴的將軍，不像有些人會欺負下屬，他總是彬彬有禮且助人為樂。人們都懷念他，他對西藏流亡政府非常忠誠。雖然來自大家族，但只有達嫫和札西逃到了印度，他們在西藏時就很親近，到了印度也一樣很親近。

【附錄B】

與阿嘉卓噶之子慈林多傑的訪談

二〇〇七年十二月，印度拉賈普爾度母宮

作者注：「慈林多傑一九五八年生於薩迦。當他的母親阿嘉卓噶在西藏因侍奉貴族而入獄時，他由祖父母照顧。大約兩年後，母親第二次出獄時，他們逃到了印度。」

由於我母親在印度工作，所以表姑婆達嫫聽列巴久認爲她可以來照顧我。她是我的「教母」。表姑婆把我當成她的孩子之一。……後來，我們在大吉嶺待了幾個月，全家決定搬到穆索里。

在穆索里，我記得年長的侍者都說我是最幸運的小孩之一。當所有藏人都淪爲難民，而許多人不得不忍受巨大艱辛和磨難的期間裡，我和昆氏家族在一起。當時我是家裡唯一的小孩，所有人都照顧我，尤其是表姑婆。她和我很親近。作爲她特別的孩子，我一直很開心；家裡每個人都對我呵護有加。我是個非常搗蛋的小孩，家裡的年長侍者很難管教我。爲了讓我滿足，他們給了我太多糖果，以致我後來病得很重。從七歲到九歲，我都在生病，需要動手術切除一個胃部腫瘤。手術費用由家裡和基督教會各出一半。而我調皮到把縫線給拆了，在他們重新縫合一切之前，我差點沒命。我覺得是表姑婆和度母

宮救了我的命。

表姑婆眞是寵壞了我，我要什麼就給什麼。侍從們便利用這一點，當他們想去看電影時，他們會在我面前談論，讓我感興趣。我就會請表姑婆讓我去看電影，當然侍從也得一起去。等到傑尊拉在一九六五年生下她的大兒子明就後，我就不再是唯一的小孩了。他們十分重視明就，表姑婆也非常愛他。我開始嫉妒他，並給他看了一隻可怕但無害的昆蟲。他害怕到哭了起來。我記得表姑婆罵我，說我對明就很壞。

她是個偉大而虔誠的修行者，每天都供食子。當她修完法時，會要我把水倒掉，並將食子放在乾淨的地方。她希望我以完美的方式完成工作，這樣我就可以獲得一些福報。鳥類和昆蟲會把食子吃掉。有時候我也幫她供水和供酥油燈。

我還記得她強調不能浪費食物。尤其記得她說，耕作、種植和收穫時害死了那麼多蟲子，我應該要吃完每一粒米。時至今日，想起她的話，我便會吃完每一粒米。

我母親住在大吉嶺，從事修路。昆氏家族覺得我應該接受良好的教育，也許之後可以爲家族服務。從六歲到八歲，我在穆索里新建的藏人之家學校讀了兩年。當薩迦法王搬到拉賈普爾的薩迦中心時，他把我送去當地一所天主教學校讀了一年。然後我被瑞士援助藏人組織選中，可以去德拉敦的學校上學。我大部分的學校教育都在德拉敦。我在學習方面資質普通，所以讀完十年級後就沒有繼續深造。在我對畫唐卡展現出興趣後，表姑婆就安排我去達蘭薩拉新建的唐卡學校做學徒。我學了七年，之後又待了兩年。

在達蘭薩拉，我遇到一位藏醫，我們處得很好。我想和她結婚，但最終她決定出國。母親也鼓勵這樁婚事，雖然婚事沒有成功，但我了解到我很幸運。看來我的一生就是爲家族服務，若是我結婚了，就會很難達成。當我在達蘭薩拉時，表姑婆的胞弟札西巴惹也住在達蘭薩拉，並開了噶吉素食餐廳，他會來看我。他總是很高興能見到我。他鼓勵我去爲薩迦家族服務。後來薩迦法王要我根據他所喜歡的祿頂拉章收藏作品，畫出十六羅漢的唐卡。在我完成這些之前，昆氏家族要我加入家族並爲家族服務。由於我忙於處理郵寄、支票簿、開車送家人，以及陪同薩迦法王到印度各個地方，我就不再畫畫了。

家裡人把我和母親當成好朋友和可以信賴的人。他們認爲我們對家庭奉獻良多且十分可靠。我覺得自己是在修持上師瑜伽，我的心願就是服務度母宮，爲其一切所需而努力。

【附錄 C】

薩迦法王和法王子

薩迦法王

薩迦昆氏家族的每一位成員都有特定的頭銜和職責。最有聲望和最重要的稱號是「薩迦法王」(「薩迦法座的持有者」)。儘管今日，薩迦法王這一稱號已經無處不在，但它是一個新的稱號。圓滿宮長子吉札達欽仁波切曾向傑佛瑞．舍寧解釋說，早期薩迦法王的稱號很簡潔，被稱作「赤千」(「大法座持有者」)。可是，當今薩迦派的領袖流亡在外，而不是在西藏薩迦法座的所在地，所以稱號就改爲「薩迦法王」。①

一七〇〇年代前，主要的稱號是「貢瑪」(「無上者」)，已經普遍使用了好幾世紀。如今，雖說它不再是正式稱號，許多藏人仍然稱呼「薩迦法王」爲「薩迦貢瑪」。一七〇〇年代末，當薩千貢噶羅卓成爲薩迦派領袖，其正式稱號從薩迦貢瑪改爲赤千，薩千貢噶羅卓後來被追溯爲第三十一任薩迦赤千 / 法王。赤千這個稱號沿用到一九五九年流亡之前。最後一位在薩迦陞座的赤千是傑尊姑秀的胞弟第四十一任薩迦法王。當前，尤其是在西方，薩迦現任的法座持有

① 二〇一八年七月一日，感謝傑佛瑞．舍寧透過電子郵件向我提供這個資訊。

者，其最廣爲人知的稱號便是薩迦法王。（同時，如下文詳述，自二〇一四年薩迦法王傳承制度變更，及二〇一七年第四十一任薩迦法王退位，他現在被稱為貢瑪赤千仁波切。）

薩迦法王的職位由薩迦昆氏家族的一名男性成員擔任。昆氏家族的所有兒子都會受訓以成爲薩迦法王，每個人都必須在世俗事務方面擁有豐富的知識和訓練，儘管只有少數人會眞正繼位。大多數情況下，薩迦法王會一直擔任法座持有者，直到他圓寂或決定放棄職位。沒有哪一位薩迦法王是被逼著退位的，不少薩迦法王則在位長達數十年之久。事實上，第四十一任薩迦法王（1959-2017 年在位）是陞座年齡最小且在位時間最長的薩迦法王。

雖然薩迦法座持有者的稱號在幾個世紀以來有了變化，但更戲劇性的變化則發生在二〇一四年，當時，度母宮的第四十一任薩迦法王與圓滿宮的吉札達欽仁波切基於俄爾寺住持的繼任體系，共同商議並設計了一個新的繼任制度。以下節選自發表於二〇一四年十二月十一日宣布新體制的信函：

「請銘記，趁我們老一輩仍然興旺、尚能藉此機會提供指導之時，我、第四十一任薩迦法王建議度母宮及圓滿宮兩宮，輪流承擔薩迦法王的職責，按年齡資歷和職位所需資格而任期三年。此協定意義重大，因為所有成員都有機會任職薩迦法王而承擔責任。」②

② http://hhsakyatrizin.net/official-announcement-12-11-14/。

第十四世達賴喇嘛同意此項決議，並送出了他的「加持認證」。二〇一七年三月九日，第四十一任薩迦法王的長子大寶金剛在印度薩迦學院圖登南嘉寺陞座爲第四十二任薩迦法王。第四十一任薩迦法王目前的稱號爲薩迦貢瑪赤千。

雖然眞正的昆氏家族起源於十一世紀，但幾個世紀以來已經發展出不同的家族分支。從十五世紀到十九世紀初，只有堆確家族的血統純正，而且經常將法座傳給兒子或姪子。然而，在第三十二任薩迦法王德欽旺度寧波（1763-1809，第三十一任薩迦法王薩千貢噶羅卓之子）之後，這種團結便岌岌可危。他的兩個兒子貝瑪敦都旺楚和阿旺貢噶仁千共娶了一位妻子，以確保血統純正（見第三章圖表 1）。他們生下一個兒子，名叫阿羌蔣貢多傑仁千，但兄弟倆並不滿意這樣的安排。妻子似乎偏愛弟弟阿旺貢噶仁千。兄弟倆決定將家庭分成不同的分支（見圖表 2、3），各自建立自己的宮殿：「貝瑪敦都旺楚建了度母宮（卓瑪拉章），阿旺貢噶仁千建了圓滿宮（彭措拉章）。家族就此分裂，薩迦法王的繼承權也出現了爭議。」

每個父親自然都希望自己的兒子繼任法座。然而，繼承人經常受到爭議。決定繼任者的時候，有兩個標準：（1）無論哪一宮持有薩迦法王的法座，都要選擇年長的男性；（2）無論派任家族中最年長的男性年齡爲何，都會在兩宮之間輪替。結果就是：每個家庭通常都會選擇對自己兒子有利的方式。

昆氏家族所有的子嗣都被視爲聖者，他們常年修行而擁有聖者般的力量。他們表面上看似普通人，但對於薩迦派的信眾而言，他們被視作菩薩的化身。男性是以下三大菩薩的化身：代表慈悲的觀世音菩薩，代表智慧的文殊師利菩薩，以及代表力量的金剛手菩薩。他們可能是其中一位、兩位，甚至全部三位菩薩的同時化身。菩薩誓願要平等無私地幫助一切有情眾生，並向他們展示解脫輪迴的佛法道路。因此薩迦派的信眾對昆氏家族的子嗣能幫助一切眾生這件事，都抱有極大的敬意、信心和期盼。最重要的是，薩迦法王被視爲是殊勝的佛法老師或者上師，他們會在佛法事業和世俗活動上提供幫助。

在昆氏家族中，修習佛法受到強調和鼓勵，可是當一名子嗣成爲薩迦法王時，他的主要職責既包括佛法層面，也包括政治事務。在西藏，薩迦有自己的政府，獨立於達賴喇嘛在拉薩建立的西藏中央政府。薩迦政府有一官員稱爲「夏佩」，主管政府的日常事務。③赤千，即薩迦法王，任命夏佩，而夏佩是薩迦法王的主要政治官，並且擁有相當大的權力。夏佩這一稱號的字面意思是「蓮足」，「夏」是「足」的尊稱，「佩」是「佩瑪（蓮花）」的縮寫。一般來說，只有本尊才有蓮足。當寫信給夏佩時，他被稱爲「大權者」。④然而儘管夏佩有極大的權力和自主權，但只有薩迦法王才能制定政策，做出決斷，或撤銷政府官員的決議。另外，薩迦法王還對薩迦南、北寺，以及任命住持和收納佈施的人員有最終掌控權，後者被派往西藏各地爲寺院募集款項。薩迦法王也可以修改寺內的戒律實施規則。因此儘管

③凱西奈利與艾克沃（1969），第 202 頁及其後內容。另見第七章有關赤千與夏佩關係的詳細描述。

④藏文讀音 miwang chenmo，mi：人；dbang（wang 的拼音）：權力；chenmo：偉大。

擁有這種自主權，「但這種自由僅限於由薩迦法王及其臣民等共同信仰所涉及的系列活動，故而政府的功能減到最低。」⑤

在《西藏的一個封地：薩迦的政治制度》一書中，C.W. 凱西奈利和羅伯特 B. 艾克沃描述了第四十任薩迦法王阿旺圖多旺楚的日常活動。整體而言，他每天淩晨三點到三點半起身，祈願並禪修至六點吃早飯。從上午八點到晚上六點，他進行各種政治及宗教事務，兩小時的午飯時間。但是在一個月中的某些日子（每月五到六天），他會從早上八點到十二點一直做祈願和供養，每月其他的兩到三天，則會從下午兩點到六點做祈願和供養。於這些宗教紀念日的期間，他會在午餐時間處理一切政事。晚上七點半，他則與家人或者一些朋友一起用餐。晚上十點，大家都去睡覺。每位薩迦法王的興趣愛好各不相同，阿旺圖多旺楚白天有空的時候，會在南、北寺僧人的幫助下編纂要進行刻版印刷或手寫的經書。⑥

儘管昆氏家族如今流亡在外，但他們仍然繼續履行著許多的佛法責任，就像他們在西藏做的那樣。二〇一四年十二月十一日公布薩迦法王任期變動的信函中，還包括以下的主要職責：

「在每一位薩迦法王的任期內，他的職責包括教導《道果法》的共法與密法、《成就法總集》《續部總集》等

⑤ 凱西奈利與艾克沃（1969），第 190 頁。

⑥ 同上，第 197-198 頁。

主要教法；主持每年的重要傳統大法會，也就是薩迦法座紀念供養法會；監督薩迦寺院的訓練和學習；尋求透過研讀和修持來促進和發展佛法的方法；滿足薩迦派信徒的願望；最後，極為重要的是，他要實踐能使佛法所有領域、寺院和薩迦信眾不斷進展的特殊事業。」⑦

法王子

昆氏家族的子嗣被稱為法王子（董瑟，「來自骨頭傳承之子」）。⑧雖然這並非昆氏家族獨有的稱號，但卻是他們的主要稱號。在西藏的胚胎學理論中，骨骼、大腦和脊柱來自父精，而血、肉、血管、器官等來自母血。⑨因此，子嗣們從父親那邊得到骨頭。有趣的是，女性後代並沒有被稱作來自骨頭或身體任何其他部位的傳承之女，而是用了一個截然不同的稱號，被尊稱為「傑尊瑪」（見第一章）。

正如本書關於傑尊瑪的傳記中所描述的，所有的孩子，無論是女兒還是兒子，都會從小就受訓以成為優秀的佛法修行人。他們由自己的父親、叔伯來教導，偶爾也會由姑媽或姨媽教育，家裡還為他們挑

---

⑦ http://hhsakyatrizin.net/official-announcement-12-11-14/。

⑧ 藏文拼音 gdung sras，gdung：骨頭（敬語）；sras：兒子。

⑨ 參見法蘭西斯．加雷特（Frances Garrett）（2008）《西藏的宗教、醫藥與人體胚胎》，第 75 頁，紐約魯特里奇出版社。

選導師。每個孩子都要學習字母表以及如何用藏語讀寫。因爲他們很可能成爲給予經文口傳的老師，所以必須成爲快速而熟練的讀誦者。由喇嘛迅速清晰地讀誦經文的這種傳法方式，稱爲口傳。有時口傳會持續好多天，喇嘛必須能夠熟練地讀誦，並且具有清晰有力的嗓子。口傳的目的在於向修行人引介法教，傳法和聽法都被認爲具有福德，因爲那些法教都是佛陀或其他殊勝上師之語。

昆氏家族的每個孩子也都會接受道果法的教導，薩迦派認爲道果法是最殊勝的修行體系，依循而爲將能獲得證悟，以期幫助所有眾生達到同樣的目標（見第一章）。所有子嗣都被要求應成爲道果法的熟練行者，進行必須的閉關，了解禪修、法會以及其他附屬修法，並在一生中多次傳授此教法。

另外，如前所述，昆氏家族的所有子嗣都被受訓成爲薩迦法王。此外，在子嗣中，尤其是最年長的兒子，應該結婚並生下繼承人。即使他更願意獨身或出家爲僧，但他知道自己有義務延續昆式血統而結婚。正如我們所見，有時候兄弟倆會共娶一妻（見第一章及書中其他各處）。

因此，昆氏家族的每個孩子都被培訓以成爲傑出的行者。兒子和女兒之間的主要區別是兒子有更多的責任，特別是在成爲薩迦法王之後。自二〇一七年起，薩迦法王的任期僅限三年，因此我們在二十一世紀見證了昆氏家族的持續演變，以及他們致力於將佛法傳播到世界各地的新篇章。

參考資料

主要書面資料

察速聽列仁千（1974）《薩迦法王察速聽列仁千自傳回憶錄》（*Autobiographical Reminiscences of Sakya Trizin Dragshul Trinlei Rinchen*），二卷本。德拉敦薩迦中心（Dehra Dun: Sakya Centre）。

察速聽列仁千（2009）《薩迦傳承祖師傳記及家譜補記》（*Supplement to the Genealogy and Biographies of Transmission Lineage Masters of the Sakyas*）。印度普魯瓦拉：第四十一任薩迦法王金禧年長壽供養委員會（Puruwala, India: Long-Life Offering Committee of the Golden Jubilee for the 41st Sakya Trizin）。

格西圖傑旺楚（日期不詳）《薩迦傑尊瑪略傳》（*Brief Biographies of the Sakya Jetsunmas*）。未發表。

格西圖傑旺楚未發表的個人手稿（日期不詳），有關達嫫聽列巴久的一些資訊。

堪千阿貝仁波切編纂（2008-10）《道果法教論總集》（道果祖師傳）（*The Great Collection of the Lamdre Tshogse Teachings*（Biographies of Lamdre Masters），第 29 卷。加德滿都：薩千國際（Kathmandu: Sachen International）。

薩千貢噶羅卓（2009）《家族廣譜及薩迦祖師列傳》（*Extensive Genealogy and Biographies of the Great Sakya Masters*），印度薩迦法王金禧年長壽供養委員會出版。

慈林旺傑（Tsering Wangyal）與雅瑪貢波（Yama Gonpo）（2005）《水晶明鏡：朗納寺之史》（*Crystal Mirror: A History of Lang Nak Monastery*），第

1-97 頁。北京藏傳醫學及占星學院（Beijing: Mi rigs dpe skrun khang）。

訪談資料

阿嘉卓噶（達嫫聽列巴久的侍者；見附錄 A），2007 年 12 月，印度拉賈普爾度母宮採訪。

阿尼企美（第 3 世德松仁波切的妹妹，達嫫蔣楊薩迦的姨媽），2007 年 11 月 14 日與 15 日在尼泊爾博達那塔蘭寺採訪。

企旺祖古（印度拉賈普爾薩迦中心的前任主任），2015 年在印度拉賈普爾的薩迦中心採訪。

達嫫蔣揚薩迦（圓滿宮吉札達欽薩迦的妻子），2007 年 6 月、2012 年和 2018 年在她華盛頓州西雅圖家中採訪。

東登仁波切（西藏俄爾寺的轉世喇嘛兼歷史學家），2005 年 2 月 11 日，於華盛頓州岸線市家中採訪。

卓龐仁千慈林（認識怙主貝瑪聽列的一位偉大西藏自由戰士），2016 年 8 月 24 日西雅圖家中，由他的女兒達嫫蘭澤薩迦協助訪談。

格西圖傑旺楚（1938 年到 1961 年住在薩迦擔任僧人的老師，最後定居於西雅圖。傑弗瑞．舍寧是其主要弟子之一）。2016 年 11 月 2 日在西雅圖採訪。

傑．古德伯格（第 41 任薩迦法王和尊貴的傑尊姑秀之長期弟子），2016 年 3 月 16 日的郵件。

噶玉準（達嫫聽列巴久小弟的第二任妻子），2007 年 12 月在她印度達蘭薩拉的家中採訪。

嘉嫞札西拉吉（第四十一任薩迦法王的妻子），2007 年 12 月，印度拉賈普爾度母宮。

尊貴的傑尊姑秀，2008 年、2010 年、2013 年、2017 年，加拿大卑詩省里士滿及紐約沃爾頓。

第四十一任薩迦法王。2004 年 2 月、2007 年 12 月、2012 年 6 月、2013 年 6 月以及 2018 年 12 月透過電子郵件，於印度拉賈普爾的度母宮和紐約沃爾頓的多次採訪。

傑尊瑪企美旺嫫（吉札達欽薩迦的妹妹）。2007 年 8 月 28 號在華盛頓州西雅圖她姊姊（傑尊瑪才亙旺嫫）的家中採訪。

傑尊瑪才亙旺嫫（吉札達欽薩迦的妹妹）。2007 年 8 月 28 號在華盛頓州西雅圖她家中採訪。

貢噶永丹霍秋藏（藏學研究院的前任主任，第四十一任薩迦法王妻子的大表兄），2009 年 4 月 23 日，在錫金甘托克的藏學研究院採訪。

喇嘛貢噶塔澤仁波切（西藏俄爾寺轉世喇嘛，傑尊姑秀與第四十一任薩迦法王的侄子），2011 年 6 月 21 日，在紐約沃爾頓採訪。

洛桑 P. 拉倫巴（全印廣播電台第一個藏語節目的創設者，在藏人流亡至印度時擔任其翻譯），2007 年 10 月，在他新墨西哥州桑塔非的家中採訪。

阿羅仁波切（前世為傑尊姑秀與第四十一任薩迦法王的主要老師之一），2011 年在紐約沃爾頓採訪。

舍波洛藏達給（Sho Bo Lozang Dhargey）（達嫫聽列巴久娘家本修家族小姪子），2007 年 12 月 12 日，在印度喜馬偕爾邦西德普爾，諾布林卡學院採訪。

丹津達瓦（錫金俄爾寺的前任住持），2009 年 4 月 17 日和 22 日，在錫金榮傑俄爾寺採訪。

慈林多傑（阿嘉卓噶之子，與母親皆為度母宮家族的侍者），2007 年 12 月，在印度拉賈普爾度母宮採訪。

美國之音藏人專題節目《重建 1950 年代》（*Voice of America, Tibetan section, "Reconstruction the 1950's"*），節目包括一系列與不同藏人的訪談。與當

時住在薩迦的竹清嘉措訪談。

次要資料

馬修．阿凱斯特（Matthew Akester）（2004）〈傑瑞拉康的遺蹤〉（The Last Traces of Gyere Lhakhang），第 55-64 頁，發表於《西藏期刊》（*The Tibet Journal*）第三期，總第 29 期。

伊莉莎白．本納德（2010）〈一個祕密事件：一位薩迦達嫫的婚禮〉（A Secret Affair: The Wedding of a Sakya Dagmo），發表於《西藏研究選集：第 11 屆國際藏學研討會論文集》（*Tibetan Studies: Proceedings of the eleventh seminar of the International Association for Tibetan Studies*），第 37-63 頁，S. 阿思藍（S.Arslan）與 P. 薛格（P.Schweiger）編輯，科尼斯文特：國際藏人和佛教研究學院有限責任公司（Koenigswinter: International Institute for Tibetan and Buddhist Studies GmbH）。

伊莉莎白．本納德〈丹眞旺嫫〉（2012a.）。人物寶庫網站 http://www.treasuryoflives.org/biographies/view/Kelzang-Chokyi-Nyima/11883.

伊莉莎白．本納德〈貝瑪聽列〉（2012b.）。人物寶庫網站 http://www.treasuryoflives.org/biographies/view/pad+ma-%27phrin-las/13186.

伊莉莎白．本納德〈生而修行：薩迦傑尊瑪現象〉（Born to Practice: The Sakya Jetsunma Phenomenon）（2015）。發表於《西藏研究評論》（*Revue d'Études Tibétaines*）。第 34 期，1-20 頁。https://religiondocbox.com/Buddhism/104471150-Born-to-practice-the-sakya-jetsunma-phenomenon.html.

瑟默．卡納罕與喇嘛貢噶仁波切（Summer Carnahan with Lama Kunga Rinpoche）（1995）《面對我的敵人：西藏貴族孜本舒谷巴回憶錄》（*In the Presence of My Enemies: Memoirs of Tibetan Nobleman Tsipon Shuguba*），新墨西哥州聖菲市：淨光出版社（Santa Fe, NM: Clear Light Publications）。

C.W. 凱西奈利（C. W. Cassinelli）及羅伯特・艾克沃（Robert B. Ekvall）（1969）《西藏的一個封地：薩迦的政治制度》（*A Tibetan Principality: The Political System of the Sa Skya*），紐約伊薩卡康沃爾大學出版社（Ithaca, NY: Cornell University Press）。

究給企千仁波切（2003）《「遠離四種執著」：論傑尊札巴嘉贊的〈修心與見地之道歌〉》（*Parting from the Four Attachments: Commentary on Jetsun Drakap Gyaltsen's Song of Experience on Mind Training and the View*），紐約艾薩卡雪獅出版社（NY: Snow Lion Press）。

羅納爾德・大衛森（Ronald Davidson）（2005）《西藏文藝復興：佛教密宗在西藏文化中的重生》（*Tibetan Renaissance: Tantric Buddhism in the Rebirth of Tibetan Culture*），紐約哥倫比亞大學出版社（New York: Columbia University Press）。

德松仁波切（1995）《修行三次第：關於俄欽貢噶倫朱〈三現分〉的口語評論》（*The Three Levels of Spiritual Perception: An Oral Commentary on "The Three Visions"*），傑瑞德羅頓（Jared Rhoton）譯，波士頓：智慧出版社（Boston: Wisdom Publications），2003 年第二次修訂。

伊莉莎白・英格麗希（Elizabeth English）（2002）《金剛瑜伽母的觀想、儀軌與形態》（*Vajrayogini: Her Visualizations, Rituals and Forms*），波士頓：智慧出版社。

阿方索・弗里曼與加布里埃爾・弗里曼（Alphonso Freeman and Gabriella Freeman）（1996）《與傑尊姑秀的訪談》（*Interview with Jetsun Kushab*）。《卻揚：西藏宗教文化之聲》（*Cho Yang: The Voice of Tibetan Religion and Culture*）第 7 期第 95 頁。https://vajrasana.org/chime1.htm.

法蘭西斯・加雷特（Frances Garrett）（2008）《西藏的宗教、醫藥與人體胚胎》（*Religion, Medicine and the Human Embryo in Tibet*），紐約：魯特裡

奇出版社（New York: Routledge）。
霍利・蓋雷（Holly Gayley）（2019）《生生世世不分離：西藏淨相者南楚仁波切與康卓達拉拉嫫的生平與情書》（*Inseparable across Lifetimes: The Lives and Love Letters of the Tibetan Visionaries Namtrul Rdinpoche and Khandro Tare Lhamo*），博爾德：雪獅出版社（Boulder, CO: Snow Lion）。
菲力浦・格拉斯（2015）《無曲之詞》（*Words Without Music*），紐約裡芙萊特出版社（New York: Liveright Publishing Company）。
梅爾文・古德斯坦（Melvyn Goldstein）（1971）《中藏的階層、一妻多夫及家庭結構》（*Stratification, Polyandry, and Family Structure in Central Tibet*）。發表於《人類學西南期刊》（*Southwestern Journal of Anthropology*）第一期，總第 27 期，第 64-74 頁。
梅爾文・古德斯坦（1991）《1913 年 -1951 年的現代西藏史：喇嘛國的滅亡》（*A History of Modern Tibet, 1913-1951: The Demise of the Lamaist State*），伯克萊：加利福尼亞大學出版社（Berkeley: University of California Press）。
簡妮特・嘉措（Janet Gyatso）、漢娜哈夫涅維克（Hanna Havnevik）編輯（2005）《西藏女性》（*Women in Tibet*），第 79 期。紐約：哥倫比亞大學出版社。
米凱拉・哈斯（Michaela Haas）（2013）《空行母的力量：十二位塑造藏傳佛教在西方傳承的非凡女性》（*Dakini Power: Twelve Extraordinary Women Shaping the Transmission of Tibetan Buddhism in the West*），波士頓及倫敦：雪獅出版社。
漢娜・哈夫涅維克（1999）。博士論文《傑尊洛欽仁波切（1865-1951）自傳所述之生平》（*The Life of Jetsun Lochen Rinpoche*（1865-1951） *as Told in Her Autobiography*），奧斯陸大學（University of Oslo）。
伊莎貝拉・希爾頓（Isabel Hilton）（1999）《尋找班禪喇嘛》（*The Search for*

the Panchen Lama），紐約：W.W. 諾頓公司（New York: W.W.Norton and Company）。

大衛·傑克森（David Jackson）（1989）《俄爾寺欽旺邱登歷代住持年表》（*Sources of the Chronologh and Succession of the Abbots of Ngor E-wam-chos Idan*），發表於《柏林印度學研究》（*Berliner Indologische Studien*）4-5:49-94。

大衛·傑克森（2003）《西雅圖聖者：藏密大師德松仁波切》（*A Saint in Seattle: The Life of the Tibetan Mystic Dezhung Rinpoche*）（2003），波士頓智慧出版社。

大衛 P. 傑克森（2020）《偉大的喇嘛：金剛乘上師究給赤千仁波切傳》（*Lama of Lamas: The Life of Vajra Master Chogye Rinpoche*），二卷本，加德滿都：金剛出版社（Kathmandu: Vajra Publications）。

蔣貢工珠（Jamgon Kongtrul）（2012）《蔣揚欽哲旺波傳》（*The Life of Jamyang Khyentse Wangpo*），馬修·阿克斯特（Matthew Akester）譯，新德里雪謙出版社（New Delhi: Shechen Publications）。

桑迪·約翰遜（Sandy Johnson）（1996）《西藏長老》（*Tibetan Elders*），紐約：里弗海德出版社（New York: Riverhead Books）。

河口慧海（1909）《西藏三年》（*Three Years in Tibet*），倫敦：貝納爾斯神智學會出版社（Benares and London: Theosophical Publishing Society）。

穹拉仁波切（1996）《生命之旅》（*My Life and Lives*），紐約拉托出版社（New York: Rato Publications）。【譯註】中譯本由春天出版社發行。

格爾登仁波切（Kirti Rinpoche）（2013）《根敦群培，一位偉大思想家的描述：關於根敦群培的口述回憶》（*Gendun Chophel, Portrait of a Great Thinker: Oral Recollections about Gendun Chophel*），達蘭薩拉：藏學文獻圖書館（Dharamsala: Library of Tibetan Works and Archives）。

傑梅恩・克拉爾與瑪麗蓮・艾克達爾・拉維克茲（Germaine Krull and Marilyn Ekdahl Ravicz）（2018）《信守諾言：印度藏人回憶錄》（*A Promise Kept: Memoir of Tibetans in India*），Xlibris 自助出版社。

卡洛爾・麥克格拉納瀚（McGranahan Carole）（2002）〈地是龐達的，天是龐達的：1920 年代拉薩的謀殺、歷史與社會政治〉（Sa spang mda' gnam spang mda": Murder, History and Social Politics in 1920's Lhasa）。發表於《康巴歷史：人、地方與主權的願景》（*Khams Pa Histories: Visions of People, Place and Authority*），第 104-124 頁，勞倫斯・艾普斯坦（Lawrence Epstein）編，雷登：布瑞爾出版社（Leiden: Brill）。

卡洛爾・麥克格拉納瀚〈敘述剝奪：西藏與歷史的性別邏輯可能性〉（Narrative Dispossession: Tibet and the Gendered Logics of Historical Possibility）（2010）。發表於《社會及歷史的比較研究學》（*Comparative Studies in Society and History*）第 52 卷第 4 集，第 768-797 頁。

阿尼蔣楊旺嫫（Ani Jamyang Wangmo）編（2013）《法音》（*Melody of Dharma*）。4 月刊，第 19-41 頁。

阿尼蔣楊旺嫫編（2017-12）《法音》特刊，第 53-54 頁。

阿尼蔣楊旺嫫編（2018-5）《法音》第 17 期，第 70-72 頁。

阿羅仁波切（2019）《解脫道上的明燈》，喇嘛確札仁波切（Lama Choedak Rinpoche）譯，澳大利亞：坎培拉郭絨出版社（Canberra, Australia: Gorum Publications）。

俄欽貢卻倫朱著，洛桑札巴與傑・古德伯格譯，《三現分：藏傳佛教薩迦派根本教法》（*The Three Visions: Fundamental Teachings of the Sakya Lineage of Tibetan Buddhism*），紐約：伊薩卡雪獅出版社，2002 年再版。最初由新加坡：金瓶出版社（Golden Vase Publication in Singapore）1987 年初版，名為《三現分莊嚴》（*The Beautiful Ornament of the Three Visions*）。

達瓦諾布，《紅星照耀西藏》（*Red Star Over Tibet*），倫敦：科林斯出版社，1974 年出版。

蔣揚諾布（Jamyang Norbu）（2005 年 6 月 17 日）《新語言，新西藏，第二部，中國的西藏及藏文現代化傳奇》（*Newspeak and New Tibet, Part 2, The Myth of China's Modernization of Tibet and Tibetan Language*）。Phayul.com。

盧西安諾・佩泰奇（Luciano Petech）（1973）《1728 年 -1959 年西藏貴族與政府》（*Aristocracy and Government in Tibet*, 1728-1959），羅馬：義大利中近東與極東學院，羅馬東方系列第 45 卷（Roma: Serie Orientale Roma XLV, Instituto Italiano Per Il Medio ED Estremo Oriente）。

蔣揚薩迦與朱莉・艾梅瑞（Julie Emery）（1990）《雪域公主：蔣揚薩迦在西藏》（*Princess in the Land of Snows: The Life of Jamyang Sakya in Tibet*），波士頓：香巴拉出版社（Boston: Shambhala）。

薩迦班智達貢噶嘉贊（2001）《三律儀論：小乘、大乘與金剛乘的根本區別》（*A Clear Differentiation of the Three Codes: Essential Distinctions among the Individual Liberation, Great Vehicle, and Tantric Systems*），傑瑞德 D. 羅頓譯，阿爾巴尼：紐約立大學出版社（Albany: State University of New York Press）。

大寶金剛薩迦、卓瑪拉嫫（Drolma Lhamo）與喇嘛蔣巴洛瑟（Lama Jampa Losel）（2003）《薩千貢噶寧波與第四十一任薩迦法王傳》（*Biographies of the Great Sachen Kunga Nyingpo and H.H. the 41st Sakya Trizin*），拉賈普爾：薩迦學院（Rajpur: Sakya Academy）。

第四十一任薩迦法王（1982）《「遠離四種執著」——薩迦派基礎修心教言集》（*A Collection of Instructions on Parting from the Four Attachments: The Basic Mind Training of the Sakya Tradition*），傑・古德伯格（阿旺桑丹）

譯，新加坡：薩迦丹佩林（Singapore: Sakya Tenphel Ling）。伯克利薩班基金會（Berkeley: The Sapan Fund）2018 年二次修訂。

第四十一任薩迦法王《解脫心與識，第一部：引介成佛之道》（*Freeing the Heart and Mind, Part One: Introduction to the Buddhist Path*）（2011），波士頓：智慧出版社。

第四十一任薩迦法王《偉大的薩迦女性》（*Great Sakya Women*）（2017），第 1-26 頁，雀宗瑪貢噶雀諄（Chodrung-ma Kunga Chodron）編輯，紐約沃爾頓：大悲遍空寺（Walden, NY: Tsechen Kunchab Ling Publications）。

拉呼爾．聖克提亞（Rahul Sankrityayan）（2014）《我的第三次西藏考察》（*My Third Expedition to Tibet*）（1936），索南嘉措（Sonam Gyatso）譯，達蘭薩拉：西藏作品檔案圖書館（Dharamsala: Library of Tibetan Works Archives）。

薩拉特．錢德拉．達斯（Sarat Chandra Das）（1902）《拉薩與中藏之旅》（*Journey to Lhasa and Central Tibet*）。W. W. 洛克希爾（W. W. Rockhill）編輯，紐約：E. P. 德頓出版社（New York: E. P. Dutton and Company）。

柯帝士．切福（Kurtis Schaeffer）（2005）〈一位中古西藏女隱士的自傳〉（The Autobiography of a Medieval Tibetan Hermitess）。收錄於珍妮特．嘉措與漢娜．哈維涅維克編輯的《西藏婦女》，第 83-109 頁，紐約：哥倫比亞大學出版社。

傑夫．舍寧（1983），博士論文《薩迦法王傳承》（*The Sakya Throne Holder Lineage*），西雅圖：華盛頓大學（University of Washington, Seattle）。

傑夫．舍寧（1990）《薩迦宗教建築》（*The Religious Structures of SA-KYA*）。收錄於《西藏文化集：紀念特瑞爾懷利》（*Reflections on Tibetan Culture: Essays in Memory of Turrell V. Wylie*），第 11-47 頁，勞倫斯．艾普斯坦因（Lawrence Epstein）與理查 F. 謝本（Richard F. Sherburne）編，紐約李維

斯頓 E. 梅倫出版社（Lewiston, NY:E. Mellen Press）。

米蘭達・肖（1994 年出版）《激情證悟：佛教密宗中的女性》（*Passionate Enlightenment: Women in Tantric Buddhism*），普林斯頓大學出版社（Princeton University Press）。

賽勒斯・斯登（2001）《光明生命：西藏早期道果法傳承祖師傳》（*Luminous Lives: The Story of the Early Masters of the Lam'bras Tradition in Tibet*），波士頓：智慧出版社。

賽勒斯・斯登（2007）《曠原之王：西藏鐵橋鑄造者唐東嘉波》（*King of the Empty Plain: The Tibetan Iron Bridge Builder Tangtong Gyalpo*），第 28 頁，伊薩卡紐約雪獅出版社。

賽勒斯・斯登編譯（2006）《以果爲道：薩迦道果法傳承之核心教授》（*Taking the Result as the Path: Core Teachings of the Sakya Lamdre Tradition*），波士頓：智慧出版社，2006 年出版。

愛麗絲・特拉弗斯（Alice Travers）（2006）〈外交遊戲中的女性：錫金王室與西藏聯姻中之首要（十三世紀至二十世紀）〉（Women in the Diplomatic Game: Preliminary Notes on the Matrimonial Link of the Sikkim Royal Family with Tibet （13th-20th Centuries））。發表於《藏學公告》（*Bulletin of Tibetology*）42.1-2：91-128 頁。（法語）

愛麗絲・特拉弗斯（2008-12）〈排外和開放：甘丹頗章貴族婚姻策略研究 （1880-1959）〉（Exclusiveness and Openness: A Study of Matrimonial Strategies in the Dga'ldan pho brang Aristocracy（1880-1959））。發表於《世界西藏研究協會期刊》（*Journal of the International Association of Tibetan Studies*），第四期，第 1-27 頁。

密格瑪策天（Migmar Tseten）（2008）《薩迦傳承之寶：上師言教》（*The Treasures of the Sakya Lineage: Teachings from the Masters*），波士頓及

倫敦：香巴拉出版社。玉竹措姆（Yudru Tsomu）（2014）《貢波南卡在康區的崛起：新龍的盲戰士》（*The Rise of Gonpo Namgyel in Kham: The Blind Warrior of Nyarong*），馬里蘭藍翰：羅曼出版（Lamham, MD: Rowman）。

宗喀巴（Tsong-kha-pa）（2014）《菩提道次第廣論》（*The Great Treatise on the Path to Enlightenment: Lam Rim Chen Mo*），拉里千莫翻譯委員會譯（Lamrim Chenmo Translation Committee），約書亞・科特勒（Joshua Cutler）與蓋伊・紐蘭（Guy Newland）編輯，波士頓：雪獅出版社。

弗里德里克・文圖利（Frederic Venturi）（2013）《創建聖地：西藏中世紀首都薩迦的宗教地理》（*Creating Sacred Space: The Religious Geography of Sa Skya Tibet's Medieval Capital*）。印第安納大學（University of Indiana）博士論文。

阿尼蔣楊旺媄與派翠西亞・多諾胡（Patricia Donohue）編輯（2010）〈尊貴的傑尊瑪貢噶聽列巴德薩迦，偉大的薩迦昆氏傳承佛法繼承者〉（Her Eminence Jetsunma Kungpa Trinley Palter Sakya, Dharma Heir of the Great Lineage of the Khon Sakyapa）。發表於《法音》雜誌第 1 期，第 17 頁，印度：拉賈普爾薩迦度母宮辦公室（Rajpur, India: The Office of Sakya Dolma Phodrang）。

特瑞爾・懷利（Turrell Wylie）（1964-1965）〈西藏薩迦地區殯葬習俗〉（Mortuary Customs at Sa-skya, Tibet）。收錄於《哈佛亞洲學期刊》（*Harvard Journal of Asiatic Studies*）第 25 期；第 229-242 頁。

金耶喜（Yeshi Kim）與阿闍黎札西慈林（Acharya Tashi Tsering）（1991）〈一位西藏瑜伽女的傳記：秀瑟傑尊 1852-1953〉（The Story of a Tibetan Yogini: Shungsep Jetsun 1852-1953）。收錄於西藏之年特刊《卻揚：西藏宗教文化之聲》，第 130-143 頁，達蘭薩拉：尊者達賴喇嘛宗教文化事

務委員會（Dharamsala: Council of Religious and Cultural Affairs of H.H. the Dalai Lama）。https://theyoginiproject.org/wisdom-dakinis/shuksep-jetsunma-chonyi-zangmo。

網站

https://www.facebook.com/sakya.dolmaphodrang/posts/1911122955666650

https://www.facebook.com/SakyaTrizin42/posts/yesterday-was-jetsunma-kunga-trinley-palters-12th-birthday-may-everyone-also-be-/2226860137534461/

http://hhsakyatrizin.net/teaching-great-sakya-women/

http://hhsakyatrizin.net/teaching-vajrakilaya/

http://www.hhthesakyatrizin.org/pdfs/news_11_daughter.pdf【編按】如今該網頁已無法閱讀。

http://www.himalayanart.org/items/54316

https://www.himalayanart.org/items/3313721

https://www.himalayanart.org/search/set.cfm?setID=178

http://jetsunma.blogspot.com

http://www.lotsawahouse.org/tibetan-masters/dudjom-rinpoche/mirror

https://www.lotsawahouse.org/tibetan-masters/jamyang-khyentse-wangpo/history-of-simhamukha

https://www.pyramidkey.com/legends-of-muktinath/

http://www.rigpawiki.org/index.php?title=Dzogchen

https://www.rigpawiki.org/index.php?title=Khenpo_Shenga

http://www.rigpawiki.org/index.php?title=Kurukulla

http://rywiki.tsadra.org/index.php/Ngorchen_Konchog_Lhundrup

https://safricachamtrulrinpoche.wordpress.com/2012/06/26/my-vital-advice

http://sakyakachodcholing.org/jetsun-chimey-luding-rinpoche/

https://www.shentongkalacakra.com/2020/01/05/part-ii-on-the-sikkimese-trail-of-jamyang-khyentse-chokyi-lodro-the-golden-stupa-of-tashi-ding-and-the-doorway-to-shambhala/

http://tenzinpalmo.com/index.php?option=com_content&task=view&id=18&Itemid=1

https://theyoginiproject.org/accomplished-yoginis/nangsa-obum

https://theyoginiproject.org/wisdom-dakinis/shuksep-jetsunma-chonyi-zangmo

http://theyoginiproject.org/yoginis-her-story/wisdom-dakinis#tabid-10【編按】如今該網頁已無法閱讀。

http://tibet.prm.ox.ac.uk/biography_201.html

http://tibet.prm.ox.ac.uk/photo_1999.23.1.33.2.html（Tibet Album, Oxford）

http://www.tibetjustice.org/materials/china/china3.html

https://treasuryoflives.org/biographies/view/Ngakchang-Ngawang-Kunga-Rinchen/7053

https://treasuryoflives.org/institution/Tengyeling

https://www.tsechen.org/index.php/english/about-sakya/sakya-masters/45-his-eminence-chogye-trichen-rinpoche

http://vajrasana.org/chime1.htm

https://www.youtube.com/watch?v=ly6R_jc3DS【編按】如今該影片已無法撥放。

圖片出處

卷首照片：尊貴的傑尊姑秀正在口傳。攝於 1990 年代中期。羅絲瑪麗．勞克利夫（Rosemary Rawcliffe）提供且版權所有。

1、傑尊瑪才亙旺嫫和傑尊瑪企美旺嫫攝於西藏薩迦的圓滿宮。由圓滿宮提供。

2、薩迦的拉康欽莫寺，也稱為薩迦大寺，攝於 2007 年。攝影：莫茲辛斯基（Moszcynski）。

3、嘉媾札西拉吉的大家庭，攝於錫金甘托克，1964 或 1965 年。由左上至右上：貝瑪旺欽（嘉媾的姑媽之子）；札西臧波（嘉媾的哥哥）；貢噶永丹霍秋藏（嘉媾的大表哥）；年紀還小的嘉媾札西拉吉（十二或十三歲）；楊千（嘉媾的姊姊）。左下至右下：札西帕莫，貢噶永丹霍秋藏的母親（1975 年在大吉嶺去世）；舍尼藏楊千（嘉媾的姨媽）；蔣揚森格安江〔嘉媾的父親（1917-1996），在拉賈普爾去世〕；丹卻旺嫫〔嘉媾的母親（1916-1996），在曼都瓦拉去世〕；慈玲措嫫（姑媽之女，貝瑪旺欽之姐）。貢噶永丹霍秋藏提供。

4、薩迦寺的主殿，攝於薩迦。選自《雪域西藏》第 107 頁，喬瑟貝．圖奇著。大衛．傑克森（David Jackson）提供。

5、俄爾寺，西藏後藏，攝於 1939 年。攝影：菲利斯．博法．巴拉蘭（Felice Boffa Ballaran）。

6、卓龐仁千慈林，1953/1954 年攝於安多地區的西寧。達嫫蘭澤薩迦提供。

7、尊貴的德松仁波切，西雅圖，1962/1963 年。選自《西雅圖之賢哲》第 467 頁，大衛．傑克森著。大衛．傑克森提供。

8、尊貴的蔣揚達嫫薩迦與尼師阿尼企美卓瑪在西雅圖，大約攝於 2003 年。

達嫫蔣揚薩迦提供。

9、第十三世達賴喇嘛。

10、尊者察速聽列仁千在薩迦法座上，周圍是隨從，攝於 1934 年。在他右邊身著錦緞法袍的，便是他的小兒子阿旺貢噶嘉贊。左邊是首相（來自夏爾家族），前邊是香伯蘭老爺（來自壤炯巴家族）。版權屬於費德瑞克威廉森紀念基金會（Frederick Williamson Memorial Fund），劍橋。

11、薩迦北寺的大部分建築；中央最大的建築是喜拓拉章。選自《西雅圖之賢哲》第 166 頁，大衛．傑克森著。大衛．傑克森提供。

12、休閒中的達嫫聽列巴久。尊貴的傑尊姑秀企美祿頂提供。

13、身為西藏軍隊將軍的札西巴惹，1950 年代中期攝於拉薩。噶玉準提供。

14、薩迦，度母宮，約攝於 1940 年代。

15、尊貴的傑尊姑秀與第四十一任薩迦法王。2002 年攝於印度拉賈普爾。艾普爾卓噶提供且版權所有。

16、達欽貢噶仁千在度母宮的庭院裡，1940 年代末攝於薩迦。選自《西雅圖之賢哲》第 145 頁，大衛．傑克森著。大衛．傑克森提供。

17、年輕的第四十一任薩迦法王，1957 年攝於西藏亞東。法王表示：「這是在亞東（錫金與西藏邊界附近）照的，當時我們正從錫金返回，因為大雪，在那裡被困了兩個星期。」攝影：尊貴的傑尊姑秀。

18、在度母宮舉行的金剛舞，攝於 1957 年 5 月。第四十一任薩迦法王說：「薩迦度母宮在每年五月的節慶時，都會跳金剛舞，嘉令（西藏嗩吶）吹奏者則會穿上特別的服飾。」攝影：尊貴的傑尊姑秀。

19、尊貴的當巴仁波切身穿密乘服裝（阿旺羅卓賢遍寧波）。莫克莫科托夫提供。此照片也出現在大衛．傑克森所著《西雅圖聖人》第 173 頁。

20、第十四世達賴喇嘛在西藏卓木，攝於 1951 年。

21、尊貴的康薩霞仲（阿旺羅卓丹津寧波）。度母宮提供。

22、年輕的第四十一任薩迦法王和堪蔣巴臧波在拉薩邦達昌家的佛殿，攝於1956年。度母宮提供。

23、尊貴的蔣揚欽哲確吉羅卓。

24、第十四世達賴喇嘛與第十世班禪喇嘛在錫金，攝於1956年。攝影：霍邁·維亞拉瓦拉（Homai Vyarawalla）。

25、尊貴的傑尊姑秀在印度菩提伽耶摩訶菩提寺向度母祈願，攝於2002年。艾普爾卓噶提供且版權所有。

26、尊貴的企旺祖古在印度拉賈普爾的薩迦中心。企旺喇嘛提供。

27、達嫫聽列巴久頭戴傳統後藏髮飾，攝於1959年。旁邊插入的照片是她的兄弟札西巴惹，攝於印度達蘭薩拉。噶玉準提供。

28、度母宮家族與隨行人員在印度鹿野苑，攝於1960年。坐在椅子上的第四十一任薩迦法王，身旁站著的人便是傑尊姑秀。尊貴的傑尊姑秀企美祿頂提供。

29、尊貴的傑尊姑秀、達嫫聽列巴久和西方阿尼弗雷達貝迪。1960年代中期攝於印度。弗雷達·豪爾斯頓·貝迪（Freda Houlston Bedi, 1911-1977）又稱爲帕摩修女，是最早於藏傳佛教中受戒的西方女性之一，在達爾豪斯建立「小喇嘛之家」學校。尊貴的傑尊姑秀企美祿頂提供。

30、第四十一任薩迦法王和他的上師尊貴的阿貝仁波切。攝於1960年代。羅絲瑪麗·勞克利夫提供。

31、尊貴的傑尊姑秀與兒子祿頂堪仁波切。攝於1990年代中期。羅絲瑪麗·勞克利夫提供且版權所有。

32、謝伊姑秀和尊貴的傑尊姑秀在印度。攝於2002年。艾普爾卓噶提供。

33、印度普魯瓦拉，婚禮後的嘉媾札西拉吉與第四十一任薩迦法王。攝於1974年2月。從左至右：敬愛的喇嘛貢噶仁波切，紀錄片攝影師傑梅恩·克拉爾（Germaine Krull, 1897-1985），嘉媾札西拉吉，達嫫聽列巴久，第四十一任薩迦法王。莫克·莫科托夫（Moke Mokotoff）提供且版權所有。在《嚴守誓約：印度藏人回憶錄》（*A Promise Kept: Memoir of Tibetans in India, Xlibris*，2018年出版）一書中，傑梅恩·克拉爾與瑪麗蓮·拉維克茲描述了度母宮家族在印度的早期歲月。

34、度母宮一家在馬來西亞沙勞越的古晉。大約攝於1977年。從左至右：傑·古德伯格（阿旺桑丹）、僧人確彭措、第四十一任薩迦法王、嘉嫞札西拉吉、小法王子大寶金剛仁波切、侍者桑傑拉。

35、謝伊姑秀和尊貴的傑尊姑秀在吉札達欽仁波切西雅圖的家中。大約攝於1976年。克里斯·威爾金森（Chris Wilkinson）提供。

36、度母宮一家在印度普魯瓦拉慶祝藏曆新年2020。後排立者（從左至右）：謝伊姑秀仁千祿頂、達嫫格丹敦吉、嘉嫞欽莫札西拉吉、達嫫索南巴吉。前排坐者（從左至右）：傑尊瑪阿旺澤津拉嫫、傑尊姑秀企美祿頂、法王子虛空金剛仁波切、第四十二任薩迦法王大寶金剛仁波切、貢瑪薩迦赤千（第四十一任薩迦法王）、第四十三任薩迦法王智慧金剛仁波切（懷抱法王子悉丹塔金剛仁波切）、法王子悉達多金剛仁波切、傑尊瑪貢噶聽列巴德、傑尊瑪貢噶企美旺嫫。度母宮提供。

37、傑尊瑪貢噶聽列（左一）與父親第四十二任薩迦法王、母親達嫫格丹敦吉，前排爲胞弟法王子虛空金剛仁波切、妹妹傑尊瑪貢噶企美旺嫫。達嫫格丹敦吉提供。

38、第四十一任薩迦法王於印度拉賈普爾度母宮佛堂舉行普巴金剛食子灌頂。從左至右：傑尊瑪貢噶企美旺嫫、傑尊瑪貢噶聽列、度母宮法王子虛空金剛仁波切、圓滿宮法王子無著金剛仁波切。度母宮提供。

39、阿嘉卓噶和她的兒子慈林多傑在印度拉賈普爾的度母宮。攝於2022年。羅絲瑪麗·勞克利夫提供。

THE SAKYA JETSUNMAS：The Hidden World of Tibetan Female Lamas
By Elisabeth A. Benard © 2021 by Elisabeth A. Benard
Published by arrangement with Shambhala Publications, Inc.,
2129 13th St, Boulder, CO 80302, USA,
www.shambhala.com through Bardon-Chinese Media Agency
Complex Chinese translation copyright © 2025 By Oak Tree Publishing Publications

成就者傳記　JS0022

西藏女性上師的隱密世界

The Sakya Jetsunmas: The Hidden World of Tibetan Female Lamas

---

作者	伊莉莎白・A・班納德（Elisabeth A. Benard）
譯者	普賢法譯小組
責任編輯	劉昱伶
封面設計	耳東惠設計
內頁排版	歐陽碧智
業務	顏宏紋
印刷	韋懋實業有限公司

發行人	何飛鵬
事業群總經理	謝至平
總編輯	張嘉芳
出版	橡樹林文化 台北市南港區昆陽街 16 號 4 樓 電話：886-2-2500-0888 #2736　傳眞：886-2-2500-1951
發行	英屬蓋曼群島商家庭傳媒股份有限公司城邦分公司 台北市南港區昆陽街 16 號 8 樓 客服專線：02-25007718；02-25007719 24 小時傳眞專線：02-25001990；02-25001991 服務時間：週一至週五上午 09:30-12:00；下午 13:30-17:00 劃撥帳號：19863813　戶名：書虫股份有限公司 讀者服務信箱：service@readingclub.com.tw 城邦網址：http://www.cite.com.tw
香港發行所	城邦（香港）出版集團有限公司 香港九龍土瓜灣土瓜灣道 86 號順聯工業大廈 6 樓 A 室 電話：852-25086231　傳眞：852-25789337 電子信箱：hkcite@biznetvigator.com
馬新發行所	城邦（馬新）出版集團 Cité（M）Sdn. Bhd.（458372U） 41, Jalan Radin Anum, Bandar Baru Seri Petaling, 57000 Kuala Lumpur, Malaysia. 電話：+6（03）-90563833　傳眞：+6（03）-90576622 電子信箱：services@cite.my

一版一刷　2025 年 7 月
ISBN：978-626-7449-94-3（紙本書）
ISBN：978-626-7449-93-6（EPUB）
售價：550 元

城邦讀書花園
www.cite.com.tw

國家圖書館出版品預行編目（CIP）資料

西藏女性上師的隱密世界 / 伊莉莎白・A・班納德（Elisabeth A. Benard）著；普賢法譯小組譯. -- 初版. -- 臺北市：橡樹林文化出版：英屬蓋曼群島商家庭傳媒股份有限公司城邦分公司發行，2025.07
面；　公分. --（成就者傳記；JS0022）
譯自：The sakya jetsunmas : the hidden world of Tibetan female lamas.
ISBN 978-626-7449-94-3（平裝）

1.CST: 藏傳佛教　2.CST: 女性傳記　3.CST: 西藏自治區

226.969　　114006759

填寫本書線上回函